영어 시험
잘 보는법

영어 시험 잘 보는 법

1판 1쇄 발행일 2023년 4월 5일
1판 3쇄 발행일 2023년 4월 6일

지은이 장아미
펴낸이 金昇芝
편집 김은영 김도영
디자인 유어텍스트

펴낸곳 블루무스
출판등록 제2022-000085호
전화 070-4062-1908
팩스 02-6280-1908
주소 경기도 파주시 경의로 1114 에펠타워 406호
이메일 bluemoose_editor@naver.com
블로그 blog.naver.com/bluemoosebooks
인스타그램 @bluemoose_books

ISBN 979-11-91426-86-1 03370

블루무스는 일상에서 새로운 시선을 발견해 현재를 더욱 가치 있게 만들고자 합니다.

내신 성적 끌어올리는
초중고 영어 공부 로드맵

영어 시험

잘 보는 법

장아미 지음

블무
루ㅅ

시험에 무너지지 않는
'영어 공부법'은 있다

"선생님, 어떻게 공부해야 영어 100점 맞아요?"

시험 기간이 되면 아이들이 입을 모아 묻습니다. 이 글을 읽는 여러분께 묻고 싶습니다. 영어 시험에서 좋은 점수를 받으려면 어떻게 해야 할까요? 머릿속에 떠오르는 생각은 많지만 한마디로 딱 잘라 말하기 어렵습니다. 막연하게 영어 원서를 많이 읽어야 한다는 것 외에는, 영어 시험을 위한 공부 방법을 모르기 때문입니다.

집집마다 아이에게 영어 공부를 시키는 목적도, 방식도 다릅니다. 그럼에도 영어 교육의 필요와 목적이 하나로 수렴하는 지점이 있습니다. 바로 성적입니다. 아이가 이 세상을 살아가는 데 영어가 아이의 무기이자 경쟁력이 되길 바라는 마음으로 꾸준히 영어 공부를 시켜왔지만, 막상 성적표를 받는 시기가 되면 마음이 좀 달라집니다. 이른바 '레벨 테스트'를 치르거나 학교에서 영어 시험 성적표를 받아 들고 나면 그 순간부터 아이의 점수에 연연하게 됩니다.

많은 부모님들이 내 아이가 어릴 때부터 자연스러운 영어 표현에 익숙해지게 하려고 영어 원서 읽기와 영어 DVD 보기가 주축이 되는 이른바 '엄마표 영어'를 시작합니다. 영어가 모국어가 아닌 상황에서 영어로 된 자료를 많이 접하는 것이 효과적인 학습법임에는 틀림없습니다. 그러나 원서 읽기나 영어 DVD 보기가 시험까지 책임져 줄까요? 절대 아닙니다.

아이 입에서 나오는 영어 문장과 아이가 읽는 영어책의 수준이 아이 영어 실력의 바로미터라고 여기는 엄마들은 아이의 초등 시절 내내 원어민과의 회화 수업이나 원서 레벨 높이기에 치중합니다. 그러다가 중학교에 올라가 첫 시험을 치르고 나면 엄마도 아이도 성적을 보고 놀랍니다. 말문도 조금 트이고, 원서도 곧잘 읽으니 당연히 성적도 잘 나올 거라 철석같이 믿었는데 막상 성적표에 찍힌 점수는 그게 아닙니다. 그때부터 갈피를 잡지 못하고 엄마는 아이를 다그칩니다. 불안한 마음에 찾은 학원은 엄청난 과제량을 요구하고 학원 과제를 해내느라 잠이 부족한 아이는 학교 수업을 제대로 듣지 못합니다. 정작 시험문제는 수업에서 가르친 것에서 나오는데 말입니다. 잠이 부족하고 성적은 떨어지는 악순환이 반복되면서 아이는 점점 영어에 대한 의욕을 잃어갑니다. 초등학생 때 영어 실력이 우수하던 아이가 중학교에 와서 영어를 싫어하게 되는 이유입니다. 그 후 고등학교에 가서 내신을 잡지 못하고, 원하는 대학이 있어도 수능 최저 등급을 맞추지 못해 고생하다가 결국 영어를 포기하는 것이 '영포자' 들의 전형적인 경로입니다.

어디서부터, 무엇이 잘못되었을까요? 학원에서 공부 습관을 잘못 들여서? 엄마가 원서를 너무 많이 읽혀서? 다 맞는 말입니다. 하지만 가장 큰 실패 요인은 따로 있습니다. 바로 영어 공부의 목적지 설정 이 잘못되었다는 것입니다.

지금 우리는 처음으로 돌아가야 합니다. '영어를 왜 공부해야 할 까요?' 조기유학과 이민을 준비한다면 회화 중심으로 공부하는 것이 맞습니다. 하지만 국내 인서울 대학을 준비한다면 시험을 위한 영어 에 반드시 대비해야 합니다. 그것이 현실입니다. 어설프게 영어를 공부하면서 '뭐라도 하고 있으니 어떻게든 되겠지' 하고 안심하면 안 됩니다.

시험을 위한 영어에 대비하라는 것은 성적만 중요하다는 뜻도, 영 어를 언어가 아닌 기술로만 익히라는 '가짜 공부 제안'도 아닙니다. 오히려 그보다 더 큰 의미를 담고 있습니다. 시험을 잘 친다는 것은 곧 좋은 성적을 낸다는 뜻입니다. 초등 시절 다양한 방법으로 영어 를 공부하던 아이들이 중학교에 와서 일제히 시험대에 오르게 됩니 다. 엄마도 아이도 그간 열심히 영어를 공부했으니 시험을 잘 쳐서 좋은 성적을 받고 싶은 마음일 겁니다. 시험은 실력을 확인하는 지표이자 다음 단계로 나아가기 위한 중요한 관문입니다. 아이의 자존감과 공부 동기와도 밀접하게 연관되어 있습니다. 시험을 잘 치른 아이가 신이 나서 공부를 더 열심히 한다는 말은 새삼스럽지도 않습니다. 그런데 이 시험을 잘 치기 위해서는 지금 하고 있는 영어 공부 방식이 과연 적절한지 돌아봐야 합니다.

아이가 어릴 때부터 해온 영어 공부를 좋은 성적으로 연결하는 균형 잡힌 영어, 이른바 밸런스 영어를 실천하는 4단계 시스템(학습동기-영어책 읽기-문법과 독해-자기주도학습)을 소개합니다. 밸런스 영어를 통해 아이는 자기주도공부 습관, 영어 공부에 대한 즐거움, 목표를 달성하는 데서 오는 성취감을 얻게 됩니다. 그 위에 영어 시험을 위한 실력을 쌓아 올립니다. 이 과정을 거치지 않고 영어 공부를 하면 당장 중고등학교에서 원하는 성적을 얻지 못할 뿐 아니라 대학생, 어른이 되어서까지 영어와는 영영 담을 쌓게 됩니다.

밸런스 영어는 단지 좋은 점수를 얻어 좋은 대학에 가는 것을 목표로 하지 않습니다. 4단계 시스템을 완성하고 균형 잡힌 공부를 해나가는 과정에 들이는 모든 시간과 노력은 실력과 인성을 함께 갖춘 사람을 만듭니다. 즉, 아이들은 밸런스 영어를 통해 공부력을 키우는 동시에 학교 수업에 충실하면서, 시험을 치르면서 자신에게 직면한 과제를 포기하지 않고 해결해 나가는 내면의 힘을 키우는 것입니다. 공부력과 내면의 힘은 학교뿐 아니라 사회에 나가서도 아이를 받치는 그 힘을 길러내는 것이 공교육의 궁극적인 목표입니다.

이 책이 아이들에게 성적으로 이어지는 영어 공부습관을 잡아주는 한편 내면의 힘을 키우는 데 도움이 되기를 바랍니다. 글을 쓰는 동안 학교 수업과 학력평가 일로 바쁜 와중에도 영어 공부법에 대해 함께 고민해준 남편과 무한한 지지를 보내주신 부모님, 그리고 누구보다 하루하루 밸런스 영어를 실천하며 이 공부법에 대한 확신을 심어준 나의 아이들 민영, 태경에게 깊은 고마움을 전합니다.

2023년을 시작하며
장아미

고등 영어로 가는 길에 놓인
수많은 함정들

영어 잘하던 초등 아이, 중고등에서 왜 이럴까

지피지기면 백전백승: 초중고 영어의 차이를 알아야 한다

초등학교 1학년, 호기심으로 기본기를 다져라

초등학교 2학년, 독해의 걸음마가 시작된다

초등학교 3학년, 리더스북으로 리딩 수준을 높여라

4장 초등 고학년, 밸런스를 잡지 않으면 안 되는 시기

원서만 고집하면 중고등학교 시험 앞에 무너진다

5장 중학교, 시험으로서의 영어 공부를 하는 법

6장 고등학교, 진짜 승부처에서의 영어 시험 공부법

달라지는 입시제도, 2025 개정교육과정에 대비하라

고등학교 3학년, 승부는 밸런스에서 판가름 난다

1장

고등 영어로 가는 길에 놓인
수많은 함정들

영어 잘하던 초등 아이,
중고등에서 왜 이럴까

엄마표 영어로는
모든 것을 해결할 수 없다

몇 해 전 근무했던 학교를 떠올리면 잊을 수 없는 학생이 있습니다. 영어 시간이 되면 유독 몸을 배배 꼬며 수업을 듣지 못했던 세훈이입니다. 세훈이는 수업이 시작되면 의자에서 일어나 영어실 뒤편을 어슬렁거리고 수납장을 뒤적이거나 바닥에 드러누웠습니다. 그런 세훈이를 수업에 참여시키기란 여간 어려운 것이 아니었습니다. 겨우 자리에 앉혔다 싶으면 옆자리 친구가 수업에 집중하지 못하게 방해하기 일쑤였습니다. 다른 수업시간에는 어떤지 동료 교사에게 물으면 집중도가 높은 것은 아니지만 자리에서 벌떡 일어나 교실을 배회한다거나 수업을 듣는 친구를 괴롭히지는 않는다고 했습니다.

다년간의 교직 경험을 통해 볼 때 보통 이런 성향의 아이들은 교사에게도 부정적입니다. 그런데 세훈이는 달랐습니다. 자리에 앉자고 하면 죄송한 얼굴로 얼른 자리에 앉았고, 친구의 공부를 방해하는 행동에 주의를 주면 금세 멈추었습니다. 하지만 수업을 시작하면 또다시 어찌할 바를 모르다 바닥으로 내려가고 어슬렁거리기를 반복했습니다. 세훈이를 좀 더 알아야겠다는 생각에 세훈이의 담임선생님께 양해를 구하고 세훈이와 방과 후에 이야기를 나누었습니다.

> "세훈아, 영어 시간이 많이 힘들어? 세훈이가 자리에 앉아 있지 못하고 이리저리 돌아다니는 것을 볼 때면 선생님이 불안하고 걱정돼. 다른 친구들이 수업을 듣는 데도 방해되고 말이야."
>
> "……죄송해요."

대뜸 죄송하다는 말부터 내뱉는 세훈이에게 적잖이 놀랐습니다. 자기 행동에 변명을 하거나 핑계를 댈 거라고 생각했지만 죄송하다고 말할 줄은 몰랐습니다. 뭐가 죄송한 것인지 미처 묻기도 전에 세훈이는 누군가 묻기를 기다린 것마냥 이야기를 이어 나갔습니다.

> "선생님이 저를 가르치시려고 애쓰는 것 잘 알아요. 그런데요, 영어를 보기만 하면 화가 나요. 초등학교 때 엄마가 억지로 영어 공부시킨 게 생각

영어 시험 잘보는법

이 나서 너무너무 화가 나요. 선생님 제가요, 6학년 때는 공부를 굉장히 잘했어요. 엄마가 시키는 대로 다 했어요. 그런데 중학교에 오니까 공부가 너무너무 하기 싫고 특히 영어는 더 싫어요. 질렸어요. 영어 생각만 하면 가슴이 답답해요."

그 뒤에 세훈이가 자신이 다닌 초등학교 이야기를 하며 학교 이름을 언급했습니다. 지역에서 알아주는 사립초등학교였습니다. 실제로 이 학교 출신 아이들이 중학교에 와서 상위권 성적을 유지하는 경우가 많았기 때문에 학부모들이 선호하는 학교이기도 했습니다. 세훈이는 학교에서 영어 수업을 별도로 하기도 했고 따로 과외도 받으면서 영어를 많이 공부했다고 했습니다. 어릴 때는 별생각이 없었는데 6학년 겨울방학 즈음 영어문법 문제집을 풀면서 처음으로 답답함을 느꼈다고 했습니다. 그리고 중학교에 오니 영어 수업시간만 되면 화가 나서 견딜 수가 없다는 것이었습니다. 세훈이의 이야기는 결국 "엄마가 너무 미워요."로 끝났습니다.

사실, 수업시간에 보여주는 모습만 보았을 때 세훈이는 그저 산만하고 집중력이 떨어지는 문제 아이였습니다. 하지만 막상 이야기를 나누어 보니 세훈이는 자기 생각도 조리 있게 말하고 있었던 일도 세세하게 전달할 줄 아는 똑소리 나는 아이였습니다. 다만 마음속에 해결하지 못하는 화가 많을 뿐이었습니다. 안타까웠습니다. 이렇게나 말을 조리 있게 잘하는 아이라면 그냥 두어도 언어능력은 뛰어났을 텐데……. 일방적인 세뇌식 영어학습에 질려서 결국 엄마를 미워하게 되었다니 진심으로 마음이 아팠습니다. 한두 번 상담을 통해 해결할 수 있는 것이 아니어서 더욱 안타까운 기억으로 남았습니다.

이 사례는 억지 영어 공부가 학습동기를 없애버린 경우입니다. 엄마의 뜻대로 영어 공부를 이어오다 정작 중학교에 와서는 엔진의 힘이 다해버린 것이죠. 공부라는 차에 시동을 걸고 그것을 계속 굴러가게 하려면 튼튼한 엔진이 필요합니다. 이 엔진이 바로 아이의 학습동기, 즉 '공부하고 싶은 마음'입니다. 엔진 상태를 무시한 채 액셀만 밟아대면 차가 망가집니다. 아이의 마음을 살피지 않고 공부를 강요하면 아이의 학습동기가 망가지는 것과 같은 이치입니다.

초중고를 통틀어 가장 중요한 것이 바로 이 학습동기입니다. 학습동기는 공부를 시작하게 하는 힘입니다. 공부를 잘하다가도 친구 관계, 가정형편, 학교적응 등 다양한 이유로 슬럼프가 찾아옵니다. 그때 다시 공부하게 하는 힘이 바로 이 학습동기입니다. 왜 공부를 해야 하는지, 그 이유를 찾지 못한 아이는 결코 꾸준히 학습할 수 없습니다. 초등 때는 엄마의 요구로, 사교육의 힘으로 공부를 이어갈 수 있을지 모르지만 엔진의 상태를 무시한 채 운전을 하다 보면 어느 날 갑자기 차가 멈춰버립니다. 차를 굴리는 가장 중요한 동력이 다했기 때문입니다. 아이 스스로 하려는 마음이 없는 상태로 꾸역꾸역 공부를 하다 보면 어느 날 아이는 완전히 공부를 놓아버립니다.

모든 학습계획을 엄마 혼자 짜고 '우리 아이는 시킨 대로 잘하네'

영어 시험 잘보는 법

라고 안심해서는 안 됩니다. 아이의 몸은 엄마가 의도한 대로 움직일지 몰라도 마음은 점차 엄마랑 멀어질 겁니다. 초등 때의 학습동기란 결국 엄마와의 좋은 유대관계에서 시작됩니다. 억지로 시키면서 학습동기를 기대하지 마세요. 영어문법 지식이나 문장구조는 언제든 선생님께 배울 수 있지만 공부할 마음이 없는 아이는 선생님의 할아버지가 와도 어찌할 도리가 없습니다. 억지로 시키는 영어 공부는 당장은 효과가 있는 것처럼 보여도 장기적으로는 영어와 멀어지게 하는 지름길이라는 것을 명심하기 바랍니다.

원어민 선생님만 믿다가 낭패를 본다

"원어민 선생님이랑 하는 수업, 그룹으로 묶어서 할 생각 없어? 그 수업 보내면 애 영어 걱정 안 해도 될 것 같아."

원어민 선생님과 하는 수업에만 보내면 아이 영어 걱정은 끝이라고 생각하는 엄마들이 있습니다. 아이 영어에 종종거리지 않고 안심하고 싶은 엄마 마음은 충분히 알 것 같습니다. 하지만 원어민 선생님과 함께하는 수업을 들으면 내 아이 영어 걱정, 정말로 끝일까요?

아이가 초등학교 3학년쯤 되니 주변 엄마들이 아이를 그룹으로 묶어 원어민과 함께하는 수업에 보내자고 했습니다. 제 주변에는 화상으로 일주일에 1, 2회 30분씩 원어민과 대화하는 프로그램을 진행하고 있는 엄마도 있었고, 유명하다는 원어민 선생님과 1대 1 수업을 하기 위해 아이를 차에 태워 먼 거리를 오가는 엄마도 있었습니다. 하지만 저는 선뜻 원어민 수업이 내키지 않았습니다. 커리큘럼을 보니 회화 교재를 정해 챕터별로 진행하거나 원어민 선생님이 매번 주제를 정해 아이와 대화를 나누는 식이었습니다. 듣기-말하기 위주의 영어 공부로는 중학교, 고등학교 영어를 감당할 수 없다는 것을 알고 있어서인지 그러한 커리큘럼이 제게는 별로 매력적이지 않았습니다.

엄마들은 아이가 원어민 선생님과 수업을 하고 나서 영어로 듣고 말하는 것에 부담이 줄었다거나 교과서에 나오는 판에 박힌 표현이 아니라 현지에서 쓰이는 이른바 '살아 있는' 영어 표현을 쓰게 되었다고 좋아합니다. 아이가 느끼는 영어 부담이 줄고, 현지 생활 표현을 구사하면 영어를 '잘한다'라고 할 수 있을까요? 이 아이는 장차 학교 영어에 능한 아이가 되어 정말로 엄마의 영어 걱정을 '끝낼 수' 있을까요?

저는 원어민 선생님과 함께하는 수업에서 '영어는 즐겁다'는 긍정적인 마인드를 갖추게 되었다면 그 수업을 통해 얻을 수 있는 것은 다 얻었다고 봅니다. 학습동기 유발을 위해 원어민 선생님과 수업을 하겠다면 말리지 않겠습니다. 하지만 이것으로 영어 걱정을 끝내고 싶다는 마음이라면 그것만으로는 충분하지 않다고 말씀드리고 싶습니다. 거듭 당부하지만, 듣기와 말하기 위주의 학습 방식은 중고등

영어 시험 잘보는 법

학교에서 안 통합니다.

 학습동기만 잘 갖추면 우리 아이 영어는 탄탄대로일까요? 학습동기는 영어를 꾸준히 이어가기 위한 마음 밭입니다. 여기에 듣기, 말하기, 읽기, 쓰기라는 씨앗을 골고루 심고 그것이 잘 클 수 있도록 돌봐야 성공적인 영어 공부라고 할 수 있습니다. 그런데 아이가 어릴수록 엄마는 듣기, 말하기 위주의 학습에 치우치는 경향이 있습니다. 미취학 아동이나 초등 저학년을 대상으로 하는 영어 공부방 커리큘럼도 핵심표현 한 가지를 배우고 그것을 그림으로 표현하거나 노래로 반복하는 식입니다. 초등학교에서 막상 영어를 배울 때면 주로 노래(챈트)와 대화 위주다 보니 더욱 듣기, 말하기를 미리 해두길 잘했다 생각합니다.

 하지만 듣기, 말하기는 중학교, 고등학교 영어 교육 과정에서 극히 일부분입니다. 당장 중학교만 봐도 성적에 큰 영향을 미치는 중간고사, 기말고사에 듣고 푸는 문제는 없습니다. 모두 글을 읽고 이해하여 답하는 문제입니다. 학기 전체에 걸쳐 꾸준히 진행되는 수행평가는 어떻냐고요? 듣기, 말하기 영역이 있지만 쓰기가 차지하는 비중과 난이도에 비하면 그 중요도가 현저히 떨어집니다. 이런데도 초등학생 때 듣기, 말하기 수업에만 치중하는 게 장기 학습플랜에 도움이 될까요?

'완독 영어책 리스트'는
성적을 보장하지 않는다

초등 시절을 듣기, 말하기가 아닌 읽기에 상당한 시간을 할애한 경우는 어떨까요? 중학교 2학년 담임을 맡았던 어느 날, 학부모님께 전화 한 통을 받았습니다.

"영어책을 많이 읽었는데, 영어 성적이 왜 이럴까요?"

영어 공부에 대해 상담하고 싶다고 말문을 여신 어머니는 한숨을 크게 쉬시더니 이처럼 말씀하셨습니다. 그 당시는 아이들이 1학기 기말고사를 치른 뒤였습니다. 성적표가 배부되고 영어 성적을 확인하신 후 생각보다 낮은 점수에 홀로 고민하다가 전화를 했다고 했습니다. 도저히 아이의 영어 성적이 납득이 안 가는 눈치였습니다. 그러나 평소 지윤이와 수업을 해본 저로서는 이상할 게 없었던 점수였습니다.

지윤이는 똑똑한 아이였습니다. 자신의 의견을 조리 있게 말로 표현할 줄 알고 글도 꽤 잘 썼습니다. 하지만 교과서 내용 점검을 위한 형성평가를 치면 꼼꼼히 읽어야 답할 수 있는 문제를 자주 틀렸습니다. 실수인가 싶어 다시 풀라고 해봐도 마찬가지였습니다. 지윤이는 대략적인 내용 파악에는 능했지만 깊이 생각해야 하거나 주의 깊게

영어 시험 잘보는 법

읽어야 풀 수 있는 문제는 어려워했습니다. 지윤이는 글을 빠르게 훑어보듯 읽는 아이였습니다. 영어책을 읽을 때도 비슷한 양상이었으리라 짐작합니다.

엄마 입장에서는 지윤이가 소화하는 책이 엄청났을 것이기에 영어 실력 역시 그에 비례할 것이라 짐작하셨을 겁니다. 그러나 빠르게 읽어 내용만 대강 파악하는 양 늘리기식 독서로는 학교 시험에 필요한 사고력이나 추론 능력을 기르기 어렵습니다. 한 페이지를 읽더라도 전후 상황을 따져가며, 원인과 결과, 시간의 흐름 등을 생각하면서 찬찬히 읽는 습관이 필요합니다. 빠르게 읽는 것이 마냥 나쁘다는 말이 아닙니다. 꼼꼼히 따져 읽는 습관 없이 마냥 속독만 한다면 읽기 능력에 구멍이 생길 수밖에 없다는 이야기입니다. 중학교에 가서 첫 시험을 보고 나서야 그간의 영어책 읽기가 거품이었음을 알게 되면 이미 때는 늦습니다. 지윤이의 경우, 책은 많이 읽지만 책 읽기 방법이 틀렸다고 봐야 합니다. 배우고자 하는 언어의 입력량을 늘릴 때는 쉬운 책을 많이 읽는 이른바 다독을 통해 독서량을 늘리는 것이 바람직합니다. 그러나 일정량 책을 읽고 나면 그다음은 단어 하나, 문장 한 줄이 가지는 의미를 따져 읽는 연습이 필요합니다. 지윤이는 초등학교 시기에 이 과정 없이 책만 읽어 오다 중학교에 진학한 것입니다.

언어학자 스티븐 크라센Stephen D. Krashen은 한 언어를 배울 때 그 언어로 쓰인 책을 통해 언어를 습득하는 것만이 유일한 방법이라고 말했습니다. 이 말이 영어 교육계에 선풍적인 바람을 일으키면서 영어책 읽기가 영어 공부의 왕도로 여겨지는 분위기가 형성되었습니다. 영어책만 읽으면 말하기도 쓰기도 한 방에 해결되는 것처럼 여겨지게 된 것이지요. 하지만 '양 늘리기식 영어책 읽기'로는 결코 영어를 충분히 익히지는 못합니다. 영어책을 '제대로' 읽으면, 즉 다독으로 양이 쌓여 있는 상태에서 정독을 통해 단어와 문장의 의미를 곱씹으며 영어책을 읽으면 책을 통해 영어 문장구조와 문법체계를 잠재적으로 익히게 됩니다. 이렇게 제대로 익힌 영어는 중고등학교에 와서 문법이나 문장구조 분석 수업과 만나면 폭발적인 영어 실력으로 이어집니다. 이때 우리는 영어책 읽기의 진가를 알게 됩니다.

그러나 이것은 어디까지나 영어책을 '제대로' 읽었을 때의 이야기입니다. 내 아이가 읽은 영어책 리스트가 늘어난다고 해서 아이의 영어 실력도 함께 늘어난다고 착각하면 안 됩니다. 제대로 한 권 읽기 방법은 2장에 소개하겠습니다.

수행평가라는 함정:
공부 잘하는 아이가 성적이 낮은 이유

다은이는 수업시간에 별로 말이 없는 아이였습니다. 교사와 눈맞춤을 많이 하지도, 발표를 적극적으로 하는 아이도 아니었습니다. 모둠활동을 할 때에도 같은 모둠 친구들과 활발하게 의견을 주고받지 않았습니다. 그러나 수업 중 치러지는 형성평가용 퀴즈는 거의 다 맞히고 문법 지식도 뛰어났습니다. 선생님이 내는 퀴즈에 유일하게 다은이만 정답을 맞힐 때면 기특하고 대단해서 칭찬이라도 해주고 싶은데 다은이는 대답만 툭 던지고는 이내 시선을 아래로 내려버렸습니다. 다은이의 시선 아래에는 영어 교과서 밑에 깔린 수학 문제집이 종종 비치곤 하였습니다. 정답은 곧잘 맞히지만 모둠활동에도 시큰둥하고 영어 수업시간에 다른 과목을 공부하는 다은이를 두고 며칠을 고민했습니다. 하루는 수업을 마친 후 조심스레 다은이를 불렀습니다.

"다은아, 선생님하고 잠깐 이야기할까?"

저의 갑작스런 부름에 다은이는 갸우뚱한 얼굴이었습니다.

"평소 다은이가 영어 시간에 내는 돌발 퀴즈에 답하는 걸 보면 깜짝 놀랄

때가 있어. 언제 그런 공부를 다 한 거야?"

"음…… 초등학생 때 배운 거예요. 교육청 영재로 선발되어서요."

"그랬구나! 배운다고 다 자기 지식이 되는 것이 아닐 텐데 다은이가 진짜 제대로 공부했나 보다!"

제 이야기에 다은이는 큰 반응이 없었습니다. 그래서 진짜 이야기를 해야겠다 싶었습니다.

"다은아, 종종 영어시간에 수학 문제를 푸는 것 같던데, 그건 왜 그런 거야? 수학 숙제가 많니?"

"다 아는 것을 자꾸 반복하는 것 같아서 시간이 아까울 때도 있고요. 숙제이기도 하고요."

"그래, 다은이가 아는 것을 반복하니 지겨웠나 보구나. 그래도 매번 배운 것을 활용하는 모둠활동이 달라지니 선생님은 다은이가 좀 더 적극적으로 참여했으면 해. 수학 숙제는 수업이 아닌 시간에 해결하고 말이야."

"네."

다은이는 짧게 대답하고 꾸벅 인사를 하고는 교실로 갔습니다. 그 날 영어실에서 저는 많은 생각에 잠겼습니다.

얼마 뒤 중2 첫 지필평가가 있었습니다. 다은이는 예상대로 높은 점수를 받았습니다. 그러나 지필평가 이후 바로 이어진 쓰기 수행평가에서 다은이는 지필평가의 반에도 못 미치는 점수를 받았습니다. 너무 많이 배워서 지겹다고 한 바로 그 대목을 활용한 수행평가였습니다. 지식을 묻는 지필고사는 다은이에게 쉬웠으나 자신의 생각을 묻는 수행평가에서 아는 것을 제대로 활용하지 못했습니다. 모둠 아이들이 서로 생각을 나누며 아이들이 서로에게 점수를 주는 과정에서도 이렇다 할 점수를 받지 못했습니다. 같은 조 아이들과 적극적으로 대화를 주고받지 않은 탓에 아이들이 다은이 생각을 잘 알 수 없었기 때문입니다.

중학교에서 저는 학생들에게 줄곧 지식을 전달합니다. 그런데 실제 수업을 해보면 정작 학생들에게 진짜 배움이 일어나는 지점은 바로 배운 지식을 활용해서 스스로 글을 써보고 친구와 대화를 나누며 지식을 확장하는 기회를 가질 때입니다. 그렇기에 한 가지를 가르치면 반드시 그 개념을 토의, 토론, 글쓰기로 확장하는 경험을 주는 쪽으로 수업을 구성하려고 노력합니다. 배운 핵심표현을 활용해 말할 거리를 만들어 옆 친구와 대화하는 과정에서 아이들은 영어 문장을 습득합니다. 스스로 주제를 찾고 해당 문장에 문법 개념을 적용하면서 아이들은 그 문법을 진짜 자기 것으로 습득합니다.

이러한 과정을 통해 교사가 목표하는 것은 하나입니다. 바로 '스스로 공부할 요소를 찾아 지식을 확장하는 능력', 이른바 '자기주도 학습력'입니다. 그런데 이 과정을 잘 해내는 아이가 교실에 많지 않습니다. 스스로 생각해본 적 없이 받아들이는 수업에만 익숙한 아이들은 교사가 말할 거리와 쓸 거리를 정해주기를 기다립니다. 스스로 소재를 찾아 영어를 공부하는 것이 어색한 아이들입니다. 다은이 역시 영어 지식은 뛰어났지만 한 가지 주제에 대해 생각하고 말하며 영어를 몸소 체득할 기회가 없었습니다.

혼자 많이, 잘 알고 있는 것만으로 버틸 수 없는 것이 중고등학교 영어입니다. 학생 참여형 수업이 확대되면서 토의, 토론, 글쓰기의 비중은 점차 더 커지고 있습니다. 초등학생 때 배운 지식을 실전에 적용하여 학습 결과와 연계시키려면 수동적으로 배운 것을 체화함으로써 아웃풋이 나올 수 있게 해야 합니다. 영어 지식을 채우는 데에 급급하여 이 과정에 소홀하게 된다면 결코 좋은 성적을 기대할 수 없습니다.

배운 것을 풀어내기 위해 굳이 친구와 함께해야 하거나 비싼 금액을 내고 토의, 토론프로그램이 있는 학원에 다닐 필요는 없습니다. 부모님께 자신이 배운 것을 설명하는 것만으로도 자기 생각을 영어로 표현할 수 있는 훌륭한 연습이 될 수 있습니다. 특히 아이가 초등학교를 다니는 내내 '선생님 놀이'를 적극 활용하실 것을 권합니다. 거실이나 주방 한쪽 벽면에 화이트보드를 놓고 아이에게 그날 배운 내용을 설명해 달라고 하는 과정이 도움이 됩니다. 아이가 선생님이 된 것처럼 말입니다. 그날 읽은 영어책의 내용을 설명해도 좋고, 문법을 배웠다면 그 문법을 다시 풀어서 설명해 달라고 하는 것이 좋습니다. 이 과정에서 아이는 자신이 이해한 것을 점검하고 모자란 부분을 확인할 수 있으며 상대를 이해시키기 위해 효과적으로 내용을 전달하는 말하기까지 연습할 수 있습니다. 주말에 잠시라도 좋으니 이런 시간을 꼭 가져보기를 바랍니다.

앞서 말한 사례들을 보면서 '혹시 우리 아이도?' 하면서 불안해할 독자가 있을 것입니다. 이런 분들의 불안을 잠재우고 초중고 각 단계에서 이루어져야 할 영어 공부의 올바른 방향을 잡기 위해 각 단계의 영어가 어떤 특성을 가지고 있는지부터 알아봅시다.

지피지기면 백전백승:
초중고 영어의 차이를 알아야 한다

줏대 없는 방향 전환이
내 아이를 영포자로 만든다

아이의 영어가 늘지 않는 이유를 미리 알고 대비하여 내 아이가 영어 1등급이 되기를 바라는 엄마라면, 나는 그렇다 치더라도 내 아이만은 영포자가 되는 것을 막고 싶은 엄마라면 초중고 단계에서 이루어지는 영어학습과 시기별 특성을 먼저 알고 해당 단계에 맞춰 아이 공부계획을 짜야 합니다. 초중고 시기별 영어 공부의 패턴을 한눈에 보기 위해 표를 준비했습니다.

초등 시기에는 영어책 읽기에 주로 많은 시간을 할애합니다. 초등 영어 교육과정은 듣기, 말하기 위주로 이루어지므로 학교 영어를 따

초등학교	중학교	고등학교
영어책 읽기의 중요성을 알고 영어책을 비교적 많이 접하는 시기	영어책 읽기에서 갑자기 문법 학습, 내신 대비로 급선회하는 시기 → 1차 영포자 발생	수능 및 모의고사 영어 문제 풀이에 집중하는 시기 → 2차 영포자 발생

라가는 데 큰 부담이 없다 보니 책 읽을 시간을 확보할 수 있어 더욱 원서 읽기에 치중하게 됩니다. 엄마가 도서관, 전자책, 오디오북을 활용해서 적극적으로 영어책을 읽을 수 있도록 도와주는 것도 대부분 이때입니다. 그러나 초등학생 때 영어책을 잘 읽어오던 아이들이 중학생이 되면서 영어책 읽기를 대부분 그만둡니다. 내신 성적에 비중을 두면서 단어 암기, 문법학습에 많은 시간을 할애하느라 영어책 읽을 시간이 현저히 줄어드는 것이 현실입니다. 원서 읽기를 지지하던 엄마들이 막상 아이가 중학교에 진학하고 곧 성적이 나온다고 생각하니 책만 붙들고 있어서는 안 되겠다는 불안감에 내신 성적을 다루는 학원을 알아보고 아이와 이렇다 저렇다 상의할 새도 없이 아이를 학원에 보냅니다. 숨 막히게 들이닥치는 문법 지식과 성적에 대한 부담으로 아이는 중학교 영어에 연착륙하지 못하고 이내 영어를 외면하고 맙니다. '초등학생 때는 영어책을 많이 보았지만 중학생이 되었으니 이제부터 내신 위주 영어를 해야지' 하는 식의 갑작스러운 방향 전환에 '영포자', 말 그대로 영어를 포기하는 아이들이 속출하는 시기이기도 합니다.

이 상태로 고등학교에 진학한 아이들이 문법과 독해실력이 기본인 수능 영어를 접하게 되면 그야말로 영어는 영영 손도 못 대는 과목으로 전락해버리고 맙니다. 그럭저럭 초중등 시절을 지나왔는데 진짜 영어 실력이 필요한 순간에 엄청나게 긴 영어 문장의 위압감과 의미를 모르는 단어 군단에 질려 이내 의욕을 상실합니다. 학교에서는 설상가상으로 안 그래도 어려웠던 모의고사를 내신 시험 범위에 포함시킵니다. 고등학교에 올라와 부쩍 늘어난 영어학습량과 어려워진 내용에 근근이 버텨오던 영어 공부 근육이 툭 하고 끊어집니다. 2차 영어포기자가 발생하는 순간입니다. '영포자' 이른바, 영어포기자가 발생하는 1, 2차 위기 구간을 잘 넘기기 위해서는 무엇에 집중해야 하고 어떤 공부법을 시작해야 할까요? 각 시기를 좀 더 깊이 들여다봅시다.

초등 영어, 원서 읽기라는 함정에 빠진다

앞서 언급한 크라센 이야기를 좀 더 하겠습니다. 세계적인 언어학자 스티븐 크라센의 《읽기 혁명The Power of Reading》은 읽기를 통한 외국어 습득에 대해 과학적인 증거와 사례를 들어 설명하고 있는 책으로 1994년 초판 출간 이후 지금까지 가장 영향력 있는 언어 교육서로 꼽힙니다. '읽기는 언어를 배우는 최상의 방법이 아니라 유일한 방법'이라는 것이 그가 책을 통해 말하고자 하는 전부입니다. 이 문장이 유명해지면서 아이에게 영어를 가르치려는 엄마들 사이에는 '영어 공부＝원서 읽히기'라는 공식이 자리 잡았습니다.

　이러한 분위기를 타고 영어책 읽기가 가장 활발하게 이루어지는 시기는 바로 아이의 초등학교 시절입니다. 초등 시기는 아이가 영어 공부 의지나 학습동기가 없더라도 엄마의 의지가 있다면 아이가 따라오는 시기이기도 하고 중고등학교에 비해 학교에서 소화해야 하는 교과 학습량이 적어 영어에 비교적 많은 시간을 쏟을 수 있기 때문입니다. 이때 엄마들이 주로 진행하는 것이 바로 영어책 읽기입니다. 대부분의 어학원에서도 원서 읽기를 기반으로 커리큘럼을 운영합니다. 이렇다 보니 초등 영어는 원서 읽기에 너무 치우친 경향이 있습니다.

　원서 읽기가 영어학습의 기본이 되어야 하는 것은 맞습니다. 그러나 이것만 고집하다가는 중고등학교에서 만나게 될 '학교 영어', 즉 평가로 이어지는 문법과 독해 위주의 영어에서 낭패를 보기 십상입니다. 원서로만 영어를 접한 아이들은 중고등학교에 가서 학습과 평가 중심으로 급선회하는 영어를 만나면 상당수 당황하게 됩니다. 영어책 읽기를 통해 쌓은 영어 실력이 상당한데도 학교 영어 스타일에 적응하지 못하여 실력만큼 성적을 내지 못하는 경우도 있습니다.

중학 영어,
문법이 발목을 잡는다

우리 아이가 초등학교 때 학교 영어를 잘 따라가고 있다고 생각했는데 중학교에 가서 영어가 갑자기 어렵다고 말한다거나 영어에 흥미를 잃었다면 다음의 세 가지 경우를 생각해볼 수 있습니다.

> 첫째, 핵심표현을 활용한 노래, 게임 등 활동 위주의 초등 영어 수업에
> 비해 설명의 비중이 늘어난 중학교 영어가 지루하다고 느끼는 경우
> 둘째, 초등학교 내내 사교육의 힘을 빌려 영어를 공부해 오다 주도적으
> 로 학습해야 하는 중학교 환경이 낯선 경우
> 셋째, 중학교 영어 수업에 필요한 기초문법과 단어를 익히지 않은 경우

위의 세 가지 경우에서 첫 번째라면 문제 해결이 가장 쉽습니다. 비록 중학교 영어 수업에서 문법이나 문장 구문 분석 등 교사의 설명이 차지하는 비중이 초등에 비해 높긴 하지만 이마저도 게임이나 활동 등을 활용하여 개념을 깨칠 수 있도록 가르치므로 중학교 수업방식에 적응하면 다시 영어에 대한 흥미를 회복할 것입니다.

둘째의 경우 첫 번째만큼 해결이 쉽지는 않습니다만, 중학교 1학년 시기인 자유학기제 시기를 잘 보내면 충분히 극복할 수 있습니다. 문제는 바로 세 번째와 같은 경우입니다. 얼추 수업을 따라가는

영어 시험 잘보는 법

것처럼 보이고 딱히 영어에 대한 어려움을 호소하지 않으며 그럭저럭 초등 시절을 보냈는데 막상 중학교에 진학하고 보니 영어 수업을 전혀 알아들을 수 없어서 이내 아이가 영어를 포기해 버리는 경우입니다. 대체 문법이 수업에서 차지하는 비중이 어떻길래 아이들이 이런 반응을 보이는 것일까요?

중학교 1학년 영어 교과서와 3학년 영어 교과서를 보면서 중학교 영어에서 문법이 차지하는 비중을 가늠해 보겠습니다.

먼저 중학교 1학년 영어 교과서의 3과 본문에 나오는 내용입니다. 초등학교 영어 교과서에 비해 줄글이 길어지고 읽어내야 할 분량이 월등히 많아집니다. 일단 주어와 동사, 품사와 같은 기초적인 문법 용어를 익히고 문장 체계를 알아야 교과서가 눈에 들어오고 선생님

《MIDDLE SCHOOL ENGLISH 1》 YBM 중학교 1학년 영어 교과서(송미정)

설명도 귀에 들어옵니다. 초등 교과에 비해 글줄이 많고 구조가 복잡한 중학교 교과서에 거부감을 느끼면 그때부터 영어 진도를 따라가기가 어렵습니다.

중학교 3학년 교과서는 1학년 교과서에 비해 글밥이 늘어나고 표현이 어려워집니다. 중학교 영어 교과서는 1학년부터 3학년까지 단계별로 문법을 심화하고 배울 수 있도록 체계적으로 구성되어 있습니다. 차근차근 교과서를 따라오면 고등학교 교육과정을 이해할 수 있는 실력을 쌓을 수 있습니다. 그러나 초등 5, 6학년 때 중1 교과서 이해에 기반이 되는 기초문법과 문장의 구조를 이해하지 못한 경우 중학교 영어 교과서를 따라오는 것 자체가 힘들어질 수 있습니다. 이때가 바로 1차 영어포기자가 발생하는 때입니다.

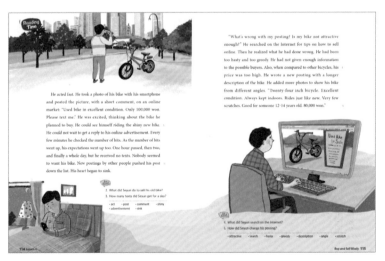

《MIDDLE SCHOOL ENGLISH 3》 YBM 중학교 3학년 영어 교과서(송미정)

영어 시험 잘보는 법

고등 영어, 높은 수준과
방대한 분량에 압도당한다

얼마 전 고등학교에 진학한 제자들이 첫 시험을 마치고 제가 근무하는 학교로 찾아왔습니다.

"선생님! 시험 범위가 너무 많아요! 교과서만 나오는 게 아니고요. 문제집이나 모의고사에서 나왔던 문제도 다 시험 범위였어요!"

인문계 고등학교에 진학한 제자들은 하나같이 영어 시험 범위가 너무 방대했다고 입을 모았습니다. 특성화 고등학교에 입학한 제자 중 대학 진학을 생각하고 있는 친구들도 같은 이야기를 하였습니다. 결국 어느 쪽으로 진학을 하든 입시를 앞둔 고등학생들에게 영어는 공부할 양이 방대한, 어떻게든 넘어야 할 산입니다.

중학교 영어 수업이 초등학교 영어 수업에 비해 문법과 읽기 능력이 강화되었다고는 하지만 여전히 의사소통 능력을 기르는 것이 목적이라면 고등학교 영어 공부에서 읽기 능력, 좀 더 정확히는 담화 분석 능력이 훨씬 중요해집니다. 나중에 설명하겠지만, 지문 내용을 파악할 수 있어야 모의고사 문제도 풀고 수능 대비도 합니다. 이 실력을 쌓지 않은 채로 모의고사 문제와 수능형 문제를 접한 아이들은 결국 영어 시험이 부담스럽다고 느끼게 됩니다. 이것이 2차 영어포기자가 발생하는 이유입니다.

고등학교에 가면 내신 성적과 수능, 어느 것 하나 소홀히 할 수 없습니다. 방대한 시험 범위를 소화해서 중간고사, 기말고사를 치르고 듣기, 말하기 영역까지 포함한 수행평가도 잘 치러야 하며 꾸준히 담화분석 능력을 길러 수능도 대비해야 합니다. 고등학교에 진학하면 우리 아이들은 그야말로 '올라운드 플레이어'가 되어야 합니다. 그렇다면 초중등 시절을 어떻게 보내야 고등학교에 가서 당황하지 않고 원하는 영어 성적을 얻을 수 있을까요?

공교육이 아이에게 원하는 것: 올라운드 플레이어

집집마다 영어를 하는 목표도, 이유도, 방법도 다 다르지만 아이들은 때가 되면 초등학교에 입학해서 영어라는 과목을 처음 만나게 됩니다. 중학교에 가면 성적이 매겨지는 시험이라는 것도 처음 치러 보고 고등학교에 진학해서는 학력평가와 수능 모의고사를 치면서 수능을 대비합니다. 우리나라 공교육 체계 안에서 영어를 '잘' 한다는 것은 어떤 의미일까요? 지금 우리가 영어 원서를 읽고 독해문제집을 풀고 영어문법을 들여다보는 것은 결국 영어를 '잘'하기 위해서입니다. 아니, 좀 더 정확히는 입시, 그것도 대학 입시에서 성공하기 위해서입니다. 결국 내신 및 수능 1등급 만들기는 초등 때부터 제대

영어 시험 잘보는 법

로 시작해야 합니다.

영어 점수를 높이려면 중간고사, 기말고사와 같은 지필평가에 대비함과 동시에 듣기, 말하기, 읽기, 쓰기 능력을 종합적으로 요구하는 수행평가에도 능해야 합니다. 학교에서 원하는 성적을 내기 위해서는 단순 교과 지식부터 종합적 사고력까지 말 그대로 두루두루 능력을 쌓아 올라운드 플레이어가 되어야 합니다. 시기적으로 그때그때 힘을 더 주어야 하는 학습영역이 있는 것은 사실이지만 그렇다고 나머지를 완전히 놓아서도 안 됩니다. 그보다는 원서 읽기, 문법 학습, 독해학습이 서로 보완하는 구조라고 생각해야 합니다. 원서를 읽을 때는 약간의 문법 공부와 문장 독해가 원서 읽는 속도를 높여주는 도구가 되어야 하고 문법에 힘을 주는 시기에는 영어 원서 읽기와 작문을 통해 배운 문법을 완전히 내 것으로 소화해야 합니다.

올라운드 플레이어를 요구하는 학교 교육이 야속하다고 느낄 수도 있습니다. 이마를 짚고 한숨을 내쉴 엄마들의 모습이 그려지기도 합니다. 하지만 애초에 영어를 배운다는 것, 외국어를 배운다는 것 자체가 듣기, 말하기, 읽기, 쓰기의 균형을 요하는 작업입니다. 언어의 본질이 결국은 균형이라는 이야기입니다. 학교는 이 균형을 목적으로 평가를 구성합니다. 따라서 내 아이의 영어 1등급이 목표라면 처음부터 균형 잡힌 영어학습이 필수입니다.

2장

12년 영어의 큰 그림,
밸런스 영어를 토대로 세워라

올라운드 플레이어를 만드는
밸런스 영어

영어 잘하려면
4가지만 알면 된다

밸런스 영어란 학습동기-영어책 읽기-문법과 독해-자기주도학습 4가지 축이 균형을 이루어 수능 및 내신 1등급에 이르게 하는, 이른바 공교육형 올라운드 플레이어를 만들기 위한 영어학습법입니다.

초등 때는 엄마가 아이와 소통하며 관계를 돈독히 하는 것이 먼저입니다. 그런 다음 영어책 읽기를 시작으로 영어학습에 들어가야 합니다. 영어책 읽기에 가장 큰 비중을 두되, 문법과 독해를 병행하며 초등 영어를 이어갑니다. 이후 중학교 입학을 앞두고 초등 고학년 시기에 아이의 영어 실력에 맞추어 문법과 독해 비중을 늘립니다. 중학

생이 되면 학습적인 면 외에도 자기주도학습력을 끌어올리는 데 집
중해야 하고, 이후 이어지는 고등학교 시기에는 그간 쌓아온 공부량
과 학습력이 시너지를 일으키는 구간입니다. 이때 만족스러운 성적
이나 입시 결과를 기대하려면 시기별로 힘주는 부분을 달리하면서
밸런스 영어의 4가지 축을 끝까지 유지해야 합니다. 상황에 맞게 영
어학습 요소를 '밀당'하는 것이 밸런스 영어를 성공시키는 키포인트
입니다. 학년이 올라갈수록 종합적인 학습력을 요구하는 우리나라
공교육 체계에서 4개 축이 맞물려 연쇄적으로 서로 영향을 미치는
밸런스 영어는 시간이 지날수록 위력을 발휘하는 학습법입니다.

학습동기,
그거 어떻게 만드는 건데

아이 영어 교육에 대해 주변 엄마들과 이야기를 나누다 보면 마치 짠 듯이 이렇게 이야기하고는 합니다.

"초4까지는 영이 완성하고, 초5부터는 수학에 집중해야죠."

초4까지는 영어를 '완성'한다니 어디부터 어디까지가 영어 완성인지 시작도 끝도 애매합니다. 초4에 원서로 〈해리포터〉 시리즈를 읽겠다는 것이 목표인 엄마들도 많습니다. 그때 〈해리포터〉를 못 읽으면 큰일 날 것처럼 이야기합니다. 정작 아이는 그것이 영어학습의 목표인지도 모르는 경우가 대부분입니다. 영어 교육이 사교육 시장과 맞물리면서 엄마의 불안감을 조장하는 광고와 사례가 넘쳐납니다. 엄마 스스로 교육 주관을 세우고 마음을 다잡아도 옆집 엄마가 어학원 리스트를 줄줄 꿰고 있는 것을 볼 때마다, 아이의 친한 친구가 영어책을 막힘 없이 읽는 것을 볼 때마다 어렵게 다잡은 마음은 속수무책으로 무너집니다. 맨몸으로 사방에서 날아오는 화살을 맞다 보면 심지어 '내가 아이를 방치하고 있나?' 하는 생각마저 듭니다. 결국 엄마는 여느 아이들처럼 내 아이를 어학원 차량에 넣고 나서야 비로소 안도의 한숨을 내쉽니다. 하지만 이 모든 과정 어디에서도 아이의 마음을 묻지는 않습니다.

공부를 시작하게 하는 힘은 바로 아이가 스스로 찾아낸 공부의 이유입니다. 이것이 '학습동기'입니다. 모든 학습의 가장 중요한 시작이 바로 학습동기 유발인데 대부분의 엄마들이 이 과정은 건너뛰고 무엇을 해야 하는지에만 집중합니다. 무엇을 하든 '왜 그 일을 하고 싶은지' 명확한 이유를 가지고 시작하는 것이 올바른 시작입니다. 밸런스 영어의 나머지 3개 축을 다 못 갖추더라도 학습동기 하나만큼은 확실해야 합니다. 첫 단추를 잘못 꿰면 결국 마지막에 틀어집니다. 중간 단추 채우기가 그럭저럭 되는 것처럼 보여도 결코 원하는 목표에 도달할 수 없습니다. 아이가 스스로 '왜 영어를 공부하고 싶은지'에 대한 밑그림을 그려야 합니다. 자기주도학습력이 차가 굴러가게 하는 기름이라면 학습동기는 차에 시동을 거는 힘입니다. 자기주도학습력이 뛰어나 공부습관이 잘 잡혀 있는 학생들도 친구관계, 가정환경, 학교 적응 등 다양한 이유로 슬럼프가 올 수 있는데, 이때 슬럼프를 극복할 수 있게 도와주는 것이 바로 '나는 공부를 왜 하는가?'에 대한 답인 학습동기입니다.

영어는 언어입니다. 문화와 삶의 방식이 한데 어우러져 나온 결과물입니다. 우리말을 억지로 외우지 않았듯이 영어 역시 처음부터 타의에 의한 학습으로 접근해서는 안 됩니다. 분명히 영어 '학습'이 필요한 순간은 옵니다. 그러나 그것이 시작은 아니어야 합니다. 어릴 적 재미있게 읽은 책을 한번 떠올려 보십시오. 그 책이 재미있어서 다음

영어 시험 잘보는 법

책, 또 다음 책을 읽은 기억도요. 영어도 그렇게 시작해야 합니다. '스스로 해보고 싶은 마음'이 빠진 영어는 결국 오래가지 못합니다.

그러나 '학습동기부터 갖추고 공부를 시작해야 한다'라는 말이 '아이 스스로 책상에 앉아 공부할 때까지 엄마가 공부를 시키지 말아야 한다'와 동의어는 아닙니다. 그보다는 오히려 엄마가 아이와 소통하며 공부하고 싶은 마음을 자극한다고 생각해야 합니다. 사실 아이들은 그저 노는 것이 지상 최대의 과제인 존재입니다. 그런 아이들이 초등 저학년 때 스스로 공부하기를 기다리다간 자칫 공부습관을 만들 골든타임을 놓칠 수 있습니다. 엄마가 공부계획을 짜되, 이 과정을 아이와 함께해야 합니다.

한국어를 주로 쓰는 환경에서, 아니 한국어만으로도 충분히 살아갈 수 있는 환경에서 외국어는 스스로의 필요에 의해 배워야 비로소 자신의 것이 됩니다. 이것을 고려하지 않은 채 엄마가 주도해서, 성적을 올려야 해서 공부하는 영어는 기둥 없이 나무의 가지만 세우는 격입니다. 결국 열매는 맺지도 못하고 부러지고 맙니다. 영어를 배운다고 해서 당장 영어권 국가에 가서 살 것도 아니고 영어를 24시간 쓰지도 않습니다. 이런 상황에서 영어를 시작하게 하는 힘은 바로 아이 스스로 생각하는 영어의 필요성입니다. '학교 영어를 잘하고 싶다', '내가 좋아하는 연예인이 영어로 한 인터뷰를 알아듣고 싶다'처럼 아이 스스로 영어 공부를 시작할 동기를 찾는 것이 우선입니다. 그렇게 시작하고 나서 자연스럽게 영어책 읽기로 넘어가면 영어

책을 읽어내는 데에서 다시 다음 책을 읽어 나갈 학습동기가 생깁니다. 그렇게 다음 단계, 또 다음 단계로 올라설 수 있습니다. 밸런스 영어는 여기에 초점을 맞추고 있습니다. 학습동기가 한 번 생기고 나면 다음 과정에서 얻어지는 성취감으로 끊임없이 그 동기를 채워줄 수 있는 학습법, 그것이 밸런스 영어가 목표하는 바입니다.

영어책과 문법·독해, 서로 시너지를 내는 관계

영어를 익히는 데 있어 영어책 읽기의 중요성은 백번 강조해도 지나치지 않습니다. 영어책을 읽으면 잠재적으로 영어의 문장 형식을 익히게 되고 영어권에서 쓰는 단어와 어구에도 익숙해져서 자연스러운 영어를 구사하게 됩니다. 이것이 우리 아이들이 영어책을 꾸준히 읽어야 하는 이유입니다. 하지만 책읽기를 통해 이 정도 수준에 이르기 위해서는 하루에 상당한 시간을, 그것도 일정 시간을 매일 영어책 읽기에 쏟아야 합니다. 그만큼 시간을 쏟고도 각자가 가진 역량에 따라 목표한 바를 이루는 정도는 차이가 납니다. 당장 학교 시험이 있고 좋은 성적을 받고 싶다면 더더욱 책읽기를 통한 잠재적 영어학습 효과만을 기대하고 있을 수는 없습니다.

책읽기로 영어에 재미를 붙이고 읽은 책의 양이 늘어난 후에는 독해문제집과 문법 공부를 병행해야 합니다. 그간의 영어책 리딩은 영어 교재와 만나는 순간 영어 시험을 치러낼 탄탄한 내공이 되어 아이의 영어 실력을 든든하게 받쳐줍니다. 독해문제집은 책의 내용을 정확하게 이해하고 있는지, 대강 읽고 다 읽은 것처럼 여기지는 않는지 등 아이의 독서 스타일과 이해도를 점검할 기회를 주고 문법교재는 그간 아이가 책을 통해 잠재적으로 습득한 문장구조를 '문법'이라는 명확한 언어 체계로 정리해주기 때문입니다. 독해문제집은 시중에 수준별로 살 갖추어져 있으니 읽은 영어책이 천 권을 넘어서면, 아이의 초등 1학년 겨울방학쯤 수준에 맞추어 시작하는 것이 좋습니다. 또한 아이가 초등 4~5학년이 되면 문법교재를 풀며 정리해보면 좋습니다. 독해문제집과 문법학습이 아이의 영어책에 대한 흥미를 저해할까 걱정하는 부모도 있습니다. 하지만 독해와 문법이 영어책 리딩과 맞물리면 오히려 아이들은 책을 더 빨리, 더 정확하게 이해할 수 있습니다.

이 과정을 통해 아이들은 문법학습이 문장 이해 속도를 높이고 독해학습이 책읽기 전반에 걸쳐 이해도를 높이는 과정이라는 것을 스스로 깨닫습니다. 더 잘 이해하니 책이 더욱 재미있고 결국 더 많이, 더 잘 읽게 됩니다. 결국 영어책 리딩과 문법, 독해학습이 별개의 것이 아니라 서로를 보완하는 관계입니다. 그렇게 영어책 읽기와 독해, 문법학습은 지속적으로 시너지를 냅니다. 이처럼 영어책 리딩이 영어 교재와 만나 자신의 영어 내공으로 바뀌는 선순환을 경험한 아이는 수준 높은 영어책뿐만 아니라 문법과 독해 위주의 학교 영어에도 잘 적응하며, 목표한 영어 성적은 덤입니다.

독해나 문법학습을 집에서 진행하는 것이 부담스럽다면 학원이나 과외 등 외부의 힘을 빌려도 좋습니다. 다만, 어디서 누구와 공부를 하든 영어 독해나 문법이 어렵고 부담스러운 것이 아니라 영어를 더 재미있게 공부할 수 있는 방법임을 깨닫게 하는 것이 포인트입니다. 그러니 엄마 품을 떠나 학원이든 공부방이든 학습지든 다른 이의 도움을 받아 공부를 시키더라도 일단 시작은 엄마와 아이가 함께 그것을 공부해야 하는 이유를 생각해볼 기회를 가져야 합니다.

'영어 능력'이라는 자동차가 있다고 합시다. 이 차는 영어책 리딩만으로, 그렇다고 문법 공부나 독해문제집만으로 굴러가는 것이 아닙니다. 아이의 필요로 움직이기 시작해서 영어책 읽기로 속도를 내고 이후 문법과 독해 능력으로 수시로 보조를 맞춰주어야 잘 굴러갑니다. 읽기와 문법, 독해의 균형을 맞춰두면 영어 자체에 다소 재미가 떨어지는 순간이 오더라도 이 차는 굴러갑니다.

자기주도학습력의 핵심은 '책상에 앉은 모습'이 아니다?

'자기주도학습력'이란 무엇일까요? 정말 많이 듣기는 하는데 대체 그게 뭔지, 중요한 줄은 알지만 어떻게 그 학습력을 기를 수 있을까요? 현장에서 매일 학생들을 만나다 보면 자기주도학습력을 빼고 공부와 성적을 이야기할 수 없음을 절실히 깨닫습니다. 자기주도학습력 없이 이어오는 공부는 중학교 때 차차 기력이 쇠하고 고등학교에 가서는 완전히 힘을 잃기 때문입니다.

자기주도학습력이란 쉽게 말해 공부할 것을 스스로 계획하고 진행하는 능력입니다. 공부할 것을 계획하는 능력이라고 하니 공부할 때 모습만 떠올리는 사람들이 많습니다. 그러나 자기주도학습력은 '계획을 세우는 연습'과 '계획을 정해진 시간 안에 실천하는 실행력'의 합이라고 보는 것이 더 맞습니다. 아이가 초등학생이라면 잠들기 전 알림장을 보고 혹은 시간표를 보고 스스로 가방을 챙기는지를 생각해보세요. 내 아이가 중학생이라면 과목별 수행평가 기간과 지필평가 기간을 알고 있는지, 과목별 시험 범위는 파악하고 있는지를 살펴보세요. 시험 공부할 시간을 어떻게 분배하고 있는지도 봐야 합니다. 엄마가 가방 챙겨라, 숙제해라 잔소리를 해야만 준비를 하는 아이라거나 시험 기간에 임박해서 날을 새워가며 허겁지겁 공부를 하는 아이라면 자기주도학습력을 논하기 전에 이런 습관부터 해결해야 합니다. 단언컨대 자기주도학습력의 시작은 정해진 시간 안에 계획한 일을 할 줄 아느냐에서 시작합니다. 그 시작이 바로 초등학교 때 학교 갈 준비를 스스로 하는 습관입니다.

이것을 영어 공부에 적용해볼까요? 스스로 영어를 공부할 동기를 찾고 영어책 읽기와 영어학습을 오가며 공부의 선순환을 경험한 아이는 다음에 읽을 책을 주도적으로 선택합니다. 영어 문제집도 자기 스타일에 맞춰 고르려고 합니다. 그뿐만이 아닙니다. 스스로 고른 책을 언제 얼마나 읽을 것인지, 문제집은 얼마나 풀 것인지를 스스로 계획합니다. 이런 선택과 결과가 모여 자기주도학습력을 만듭니다. 학교에서 보는 이른바 모범생들이 그러하고 초등학생인 자녀를 길러보니 그렇습니다. 이것이 균형을 갖춰 영어를 공부할 때 얻을 수 있는 효과입니다. 영어 공부를 하려 했을 뿐인데 어느새 자기주도학습력까지 기를 수 있다면 해볼 만한 공부법 아닐까요?

영어가 학습이 되고 성적이라는 부담으로 다가오는 순간이 오더라도 시작부터 제대로 한 아이라면 그 순간을 견뎌냅니다. 책읽기를 통해 영어 자체의 재미를 느낀 아이라면 문법도 재미있고 독해도 재미있는 법입니다. 시작부터 헤매지 말고 '학습동기-영어책 읽기-문법과 독해학습-자기주도학습력'까지 4개 축의 균형부터 갖춘다면 적어도 엄마가 아이에게 영어 공부를 시키느라 스트레스받지 않아도 됩니다.

영어 시험 잘보는법

한글책에서 영어책,
어떻게 연착륙할까?

■ 한글책은 좋아하지만 영어책을 싫어한다면

제가 수년째 이어오고 있는 '엄마표 영어' 온오프라인 모임에서 "아이가 한글책만 보려고 하고 영어책은 싫어해요. 어떻게 영어책에 관심을 갖게 할 수 있을까요?"라는 질문이 올라왔습니다.

이런 경우 원인은 크게 두 가지로 압축할 수 있습니다. 첫째는 아이가 읽는 한글책의 정서 수준이 영어책의 정서 수준보다 높은 경우이고 둘째는 이와 반대로 아이가 읽는 한글책에 비해 부모가 권한 영어책이 지나치게 어려운 경우입니다.

첫 번째 경우를 이야기하기 위해서는 '정서 수준'이 무엇인지부터 알아야 합니다. 정서 수준이란 아이가 한글을 아느냐 모르느냐를 떠나 현재 아이가 '특정 상황을 이해하고 받아들이는 수준'이라고 이해하면 쉽습니다. 초등학교 고학년과 유치원생은 주변의 상황을 보고 판단하는 능력이나 사람을 통해 느끼는 감정의 수준이 달라서 이 두 아이에게 《아기 돼지 삼형제》를 들려주면 초등학교 고학년은 다 아는 내용이라 유치하다고 할 것이고 유치원생은 흥미롭게 듣습니다. 이것이 바로 정서 수준의 차이입니다. 연령대에 따른 공통적인 이해 수준이 있겠지만 그 안에서도 개인차가 있습니다. 같은 나이라 하더라도 유난히 어른스러운 아이도 있고 나이에 비해 정서 수준이 더 낮은 아이도 있다는 뜻입니다.

중학교에 들어와 이제 막 영어를 시작하는 아이를 예로 들어봅시다. 아이의 감정선은 이미 어른 혹은 사춘기 수준인데 영어를 이제 막 시작한다고 해서 숫자 세기나 색깔을 영어로 알려주는 단순하고 지시적인 수준의 영어책을 보여준다면 과연 아이가 흥미를 가질까요? 오히려 유치하다고 느끼거나 자신의 나이에는 맞지 않는 책이라고 생각할 것입니다. 이처럼 아이가 영어책을 즐기게 되기를 바란다면 아이의 영어 시작 시기를 떠나 정서 수준을 먼저 고려해야 합니다.

두 번째 경우는 부모의 마음이 앞서 아이의 영어책 몰입을 방해하는 경우입니다. 우리말이 아닌 다른 나라 언어로 책을 본다는 것은 정말 어려운 일입니다. 가뜩이나 모르는 말이라서 어려운 마당에 더 어려운 영어책을 들이밀면 아이가 즐겁게 볼 리가 없습니다. 아무리 그림이 예쁘고 유명한 책이라 해도 아이가 한 번 '어렵다, 재미없다'라고 느끼면 영어에 흥미를 붙이기가 여간 어려운 게 아닙니다. 이런 경험을 하고 나면 아이는 더욱 한글책만 찾게 됩니다. 큰 비용을 들여 준비한 영어 전집을 보지 않으니 부모 속만 탈 뿐입니다. 아이가 영어책에 시큰둥하면 부모 욕심에 아이 수준보다 너무 어려운 책을 준비한 것은 아닌지 체크해보아야 합니다.

■ 영어 공부에 '쌍둥이 책'이 도움이 될까?

아이가 책을 잘 이해했으면 하는 마음에 아예 한글 번역본을 먼저 읽고 영어책을 읽히려는 경우가 있습니다. "한글책을 먼저 읽고 영어책을 읽으면 이해하기 쉬울 것 같아 두 권을 준비했어요. 그렇게 읽어도 될까요?"라고 물어보는 경우, 이른바 '쌍둥이 책'을 찾는 경우입니다.

아이가 한글책을 먼저 읽으면 내용이 배경지식처럼 작용해서 영어책을 훨씬 잘 이해하지 않을까 기대합니다. 과학이나 사회 등 영어로 된 지식책을 읽을 때는 한글로 관련 분야 지식을 먼저 공부하는 것이 분명히 도움이 됩니다. 실제로 그 내용들이 배경지식으로 작용하기 때문입니다. 하지만 이야기책의 번역본과 원서 세트, 즉 쌍둥이 책의 경우라면 이야기는 달라집니다.

인간이 책을 읽으려는 이유 중의 하나는 미지의 것을 알고자 하는 마음입니다. 궁금해서 책을 통해 호기심을 채우려는 것입니다. 영어책을 읽을 때도 마찬가지입니다. 아이가 잔뜩 궁금해서 책을 펼치고 '이다음에는 어떤 내용이 펼쳐질까?'를 생각하며 책을 읽어야 모르는 단어의 의미도 추론하게 되고 책에 대한 기대감도 상승합니다. 기대감이 상승하면 책의 다음 내용을 빨리 알고 싶은 욕구가 영어라는 언어의 어려움을 없애기에 자연스럽게 영어를 익히게 됩니다. 자기도 모르는 사이 영어에 노출된다고 표현하는 것이 더 적절하겠습니다. 한글책을 먼저 읽고 같은 내용의 영어책을 읽는다면 이런 효과는 누릴 수 없습니다.

■ 영어 시작기에 한글책 비중이 낮으면

아이와 영어 공부를 시작하려는 부모가 무엇보다 잊지 말아야 할 것은 한글책의 수준이 곧 영어책의 수준이라는 명제입니다. 둘 중 하나를 택해야 한다면 단연코 한글책입니다. 아이가 어릴 때 한글책에 투자를 많이 하는 것이 결국 영어 실력을 빨리 높이는 길입니다. 영어를 시작하면서 한글책보다 영어책 비중이 높으면 레벨을 높이기가 쉽지 않습니다. 한글책의 양과 수준을 차차 높여 가면서 영어책의 양과 수준도 그에 비례하여 높여 가기 바랍니다. 특정 시기에 이르러 영어책이 한글책의 비중을 앞지르는 경우도 있습니다. 그러나 시작 시기에는 한글책에 영어책을 끼워 넣는 식으로 진행해야 합니다. 영어책을 더 많이 읽는다고 해서 수준이 확 높아지는 것이 아니기 때문입니다.

한글책보다 영어책 비중이 높아지면 영어책을 잘 보던 아이들도 갑자기 영어책을 거부할 수 있습니다. 영어 실력이 눈에 띄게 정체될 수도 있습니다. 아이가 영어책을 거부하고 있거나 실력이 늘지 않는다고 느껴진다면 영어책이 아닌 한글책에서도 원인을 찾아보아야 합니다. 더 높은 수준의 한글책을 요구하고 있거나 한글책 독서량이 이전에 비해 확연하게 줄어들어 이해의 폭이 좁아진 경우일 수 있습니다. 한글책을 먼저 채워야 다시 영어책을 읽는 선순환이 시작됩니다. 다만 어느 시기에 어떤 한글책을 읽어야 할지 모르겠다면 다음의 추천도서 사이트를 활용하는 것이 도움이 됩니다.

- 어린이도서연구회 추천도서

  http://www.childbook.org

- 국립어린이청소년도서관 사서 추천도서

  https://www.nlcy.go.kr

- 그림책박물관 추천도서

  http://picturebook-museum.com

■ 엄마의 조바심이 아이를 망친다

한글책이든 영어책이든 한 권을 제대로 읽기까지 전 과정이 중요합니다. 그런데 그것보다 더 중요한 게 있습니다. 바로 엄마의 조바심 버리기입니다. 스스로를 한번 돌아보세요. 내 아이와 영어를 시작하는 데 있어 조바심 내지 않을 자신이 있는지를 말입니다.

조기교육, 조급함, 조바심. 영어를 이야기할 때 '조'라는 말로 시작해서 득 되는 말이 하나도 없습니다. 하다못해 '조금만 더 할까?'라는 말도 아이들은 싫어합니다. 아이가 초등학교에 가기 전에는 수준에 맞게 천천히 가르치자고 마음먹었던 엄마들도 막상 아이가 1학년이 되고 나면 주변에서 들리는 소리에 '선행학습을 시켰어야 하나?', '나만 너무 늦은 건가?' 하는 불안감을 갖게 됩니다. 엄마표 영어를 시작하고도 불안한 마음에 아이가 생각보다 못 따라오는 것 같으면 화가 나기도 합니다. 영어를 늦게 시작했다 싶은 경우는 더합니다. 단기간에 성과를 내겠다는 엄마만의 큰 그림을 그리고 아이가 무작정 따라오기를 바랍니다.

아이가 1학년 여름방학을 며칠 앞둔 어느 날, 육아휴직 중이던 저는 하교하는 아이를 기다리다 복직할 학교로부터 전화 한 통을 받았습니다. 휴직 중 교사의 신변을 묻는 일상적인 통화였습니다. 전화를 끊고 문득 이런 생각이 들었습니다. 제가 일을 다시 시작하면 아이와 종일 함께 있을 수 있는 이 시간이 못내 아쉬울 거라고, 아이 공부 문제로 조바심만 내며 지내기에는 이 시간이 너무나 소중하다고 말입니다. 영어도 중요하지만 그

바탕에는 아이와의 행복한 경험과 시간, 즉 감정적 유대가 바탕이 되어 있어야 합니다. 이를 위해 엄마가 가장 먼저 내려둘 것이 바로 조바심입니다.

아이는 급할 것이 없습니다. 당장 영어를 써야 하는 것도 아니고 중고등학생들처럼 시험 부담이 있는 것도 아닙니다. 그런 아이에게 조바심 가득한 엄마표 영어를 들이미는 것은 어쩌면 처음부터 틀린 패입니다. 틀린 패를 쥐고 게임에 임하니 도통 승산이 없습니다. 아이가 어릴 때가 사실상 엄마가 가장 느긋한 마음을 가질 수 있는 때입니다. 이때 매일 영어책 한 권 읽는 습관만 자리 잡아도 큰 수확입니다. 아니, 결국 엄마표 영어는 이게 다라고 할 수 있습니다.

하루 한 권이면 충분하다는 마음으로 조바심을 버리세요. 그 한 권을 매개로 매일 꾸준히 책 이야기, 오늘 있었던 이야기를 나누는 것이 엄마표 영어의 터를 잡는 것입니다. 영어 책 한 권 읽는 습관이 일상에 들어오면 어느새 영어는 공부의 대상이 아니라 엄마와 아이 사이에 소통의 도구로 자리매김하게 됩니다. 엄마표 영어의 성공조건 중 가장 기본이 되는 것이 바로 엄마와 아이 사이에 쌓인 신뢰입니다. 엄마는 화내지 않고 아이는 지치지 않는 영어 공부, 그것이야말로 엄마표 영어의 성공적인 시작이고 그러려면 엄마 마음이 편안해야 합니다. 아이와 영어를 시작할 때는 급한 마음을 버리고 영어책 한 권이 일상에 스며들게 하는 데 집중하기를 권합니다. 그 한 권이 마중물이 되어 학습동기도 생기고 자기주도학습력도 생깁니다. 조바심만 버려도 밸런스 영어의 절반은 성공입니다.

고등 때 웃으려면
초등부터 무엇을 해야 할까

결국은 '시험'을
잘 봐야 하기에

어떤 책을 읽어야 하는지, 어떤 영어 공부법을 적용해야 하는지, 아이가 어렸을 때부터 영어에 관심을 갖고 알아본 독자라면 밸런스 영어 외에도 다양한 영어 공부법을 접해보았으리라 예상합니다. 하지만 막상 여러 가지 공부법을 적용해봐도 중고등학교에 진학해 첫 시험을 치르고 나면 예상과 다른 점수에 아이도, 부모도 당황합니다. 이에 부모들은 "영어 성적을 끌어올리려면 또 무얼 해야 하지?"라는 고민에 휩싸입니다. 이것저것 대입해보느라 부모와 아이는 지칩니다. 뾰족한 수가 없다는 생각에 마음이 불안해진 엄마와 아이는

영어 시험 잘보는법

또다시 새로운 영어 공부법을 찾아 학원을 옮겨 다닙니다.

첫 시험을 치른 후 이처럼 흔들리는 이유는 바로 목표가 정확하지 않고 시기별로 할 일을 모르기 때문입니다. 즉 시험에 대비할 수 있는 영어 공부 로드맵이 없기 때문입니다. 목표 지점이 어디인지, 초중고 시기별로 무엇을 어떻게 진행해야 하는지, 어떤 것을 필수로 공부해야 하고 어떤 습관을 꾸준히 이어가야 하는지를 알려주는 공부 방향에 대한 로드맵을 세워야 습관을 들이는 것은 물론 작은 성취부터 이룰 수 있습니다. 이러한 결과를 만들기 위해 아이는 단계별로 차근차근 작은 성공을 이루어내야 합니다. 아이가 공부에 있어서 성공하는 경험을 얻어내고 있는지, 또한 그 결과가 시험 성적과 내신 등급으로 이어질 수 있는지, 한 계단 한 계단 오를 때마다 과연 올바른 방향으로 가고 있는지를 점검해야 합니다.

16년차 현직 중학교 교사로서 수많은 아이들이 공부하는 모습을 보았습니다. 아이마다 특성이 다 다르지만 분명 그룹화할 수 있는 특징도 있습니다. 유난히 자기주도학습력이 뛰어난 아이들, 이해력은 좋지만 학습준비력은 떨어지는 아이들, 공부하고자 하는 마음이 준비되지 않은 아이들 등 다양한 장단점을 가진 아이들이 중학교 시기를 효율적으로 보내려면 초등학생 때 어떻게 공부해야 할까요? 또한 중학교 3년을 어떻게 보내야 고등학교 내신과 시험에 효율적으로 대비할 수 있을까요? 다양한 시행착오를 겪으며 가장 효율적으로 성취를 이뤄내는 방법과 중고등학교 영어 내신을 대비할 수 있는 방법을 이 책에 담았습니다. 3장과 4장에서는 초등 로드맵을, 5장과 6장에서는 중고등 로드맵을 각각 정리했으며, 이 책에 수록된 공부습관을 내 아이에게 맞는 방식으로 변경하여 사용하면 좋습니다. 아이마다 특성과 강점이 다른 법이니까요.

초등 시기,
큰 그림을 그리는 시기

아직 내 아이가 초등학생이라면 중학교, 고등학교 이야기가 조금은 멀게 느껴질 수도 있습니다. 그런데 중고등학교 시기를 성공적으로 보내기 위해 기초공사를 잘해야 하는 때가 바로 초등학교 시기입니다. 그런 만큼 초등 로드맵은 영어 공부 전체의 큰 그림 그리기와 앞으로 영어 공부를 하는 데 기초가 되어줄 영어책 읽기 근육 만들기, 초등 영어에서 자연스럽게 중학교 영어로 이어가기 위한 문법 익히기에 중점을 두고 있습니다.

아이의 영어 공부습관을 잡아주기 전에, 초심으로 돌아가 생각해봅시다. 초중고 영어 로드맵을 통해 엄마가 목표하는 것이 무엇일까요? 저는 아주 특별한 경우가 아니라면, 일차적으로는 아이가 시험 성적을 잘 받는 것, 좀 더 정확히는 내신 1등급, 수능 1등급이라고 생각합니다. 1등급 받는 영어 실력을 만들기 위해 초등 시절에 중점을 두어야 할 것은 바로 꾸준한 영어책 읽기 습관과 문법 비중이 높아지

영어 시험 잘보는 법

는 중학교 수업에 대한 대비입니다.

고등학생이 되면 영어책 읽기를 휴식처럼 여기는 아이를 만들기 위해 초등학생 때 영어 그림책 읽기부터 시작합니다. 영어학습 의도가 다분한 리더스북이나 영어 교재로 영어를 먼저 접하면 영어 자체에 흥미를 잃을 가능성이 높아집니다. 미취학 시기 혹은 1학년 때 쉬운 영어 그림책 읽기를 반복합니다.

이때 쉬운 영어 그림책 중에서도 앞으로 두고두고 쓰일 영어 단어나 문장들을 많이 다루고 있는 그림책을 본다면 보다 높은 수준의 책을 접할 때 수월하게 다음 단계로 넘어갈 수 있습니다. 그런 의미에서 처음 시작할 때 보면 좋을 '필수 그림책 20권'을 선정해 수록했습니다. 학교 영어를 가르치는 교사 입장에서 재미와 학습 효과를 모두 잡을 수 있는 그림책으로 목록을 구성하였습니다.

필수 그림책이나 아이 취향에 맞는 그림책 읽기를 통해 영어에 충분히 재미를 붙이고 읽는 속도와 양을 늘렸다면 1단계 리더스북을 병행하여 쉬운 문장구조에 익숙해지게 합니다. 리더스북은 그 책이 만들어진 목적 자체가 특정 수준에서 영어 읽기를 수월하게 하고 속도를 높이는 것이므로 단계가 같다면 문장 수준이 비슷합니다. 따라서 1단계면 1단계, 2단계면 2단계와 같이 같은 단계의 리더스북을 종류만 바꿔가며 다양하게 반복하면 아이의 영어책 읽기 실력이 빠르게 향상되는 것을 눈으로 확인할 수 있습니다.

여름방학 동안에는 음원을 들으며 현재의 아이 수준보다 살짝 높은 수준의 책을 읽어 나가는 과정인 '집중듣기'를 시작해봅니다. 또한 여름방학을 사이트워드(114쪽 참고)를 익히는 시간으로 삼는 것이 좋습니다. 미국 초등학교에서는 해외에서 이민을 왔거나 읽기 능력이 떨어지는 학생들을 위해 따로 사이트워드를 가르칩니다. 영어책 읽기에 꼭 필요한 과정이기 때문입니다. 영어 공부를 시작하는 초반에 바로 사이트워드를 공부하면 좋지 않을까 생각할 수 있지만, 사이트워드를 무작정 외우는 방법은 추천하지 않습니다. 게임을 활용한 사이트워드 학습은 바람직하지만 다소 시간이 걸립니다. 사이트워드 역시 영어책을 읽으면서 익힐 수 있습니다. 사이트워드란 무엇이며 어떤 방식을 통해 효과적으로 익힐 수 있는지는 초등 로드맵에서 확인하기 바랍니다.

1학년 겨울방학 즈음에는 아이가 쉬운 영어책을 스스로 읽을 수 있습니다. 스스로 문장을 소리 내어 읽을 줄 알고 쉬운 영어 문장구조에 익숙해졌을 때 매우 쉬운 수준의 독해문제집을 시작합니다. 독해문제집이라고 해서 중학생들이 푸는 줄글 문제집을 생각하시면 안 됩니다. 그림 보고 단어 고르기, 짧은 문장을 읽고 맞는 답 고르기 정도입니다. 이 과정을 통해 달성하고자 하는 것은 '학교 영어 스타일 맛보기'입니다. 낮은 단계로 시작해서 차차 독해문제집의 수준을 높여갑니다. 영어책 읽기보다 독해문제집을 더 좋아하는 아이들도 있습니다. 자기 수준에서 척척 풀어내면서 성취감을 얻을 수 있기 때문입니다. 독해문제집도 이렇게 차근차근 시작해야 초등 고학

영어 시험 잘보는 법

년에 올라가 문법도 수월하게 받아들이고 중학교에 가서 학교 수업에도 잘 적응합니다.

2학년 때도 계속 영어 그림책과 리더스북을 읽어 나갑니다. 다만 그림책의 경우 글밥이 많아지고 단어 수준이 높아져야 합니다. 리더스북 역시 단계를 높입니다. 2학년 여름방학 때면 알아듣는 단어와 표현이 꽤 많아졌을 테니 영어 애니메이션에도 흥미를 붙일 수 있습니다. 애니메이션을 보면서 아이의 영어 귀가 뚫리기를 바라는 것은 엄마라면 모두 같은 마음입니다. 하지만 조금이라도 알아들어야 아이가 자리에 앉아 애니메이션을 봅니다. 그래서 어느 정도 알아듣는 말이 많아지는 시점에 애니메이션 보기를 추천합니다. 애니메이션을 보여줄 때도 처음 영어책을 보여줄 때처럼 아이 흥미에 맞는 것을 선택해야 아이가 오래, 집중하며 봅니다. 그래야 귀도 뚫리고요.

겨울방학에는 3학년 영어 교과서 '미리보기'를 합니다. 초등 영어 교과서가 쉬워서 예습이 필요 없다고 생각하실지 모르겠습니다. 하지만 그림책으로 보던 영어와 학교 영어는 또 다릅니다. 막상 그림책을 많이 보고 잘 읽는 아이들도 "How are you?"라든지 "What day is it today?"와 같은 질문을 받으면 선뜻 대답하지 못하고 망설이기도 합니다. 스토리가 있는 책은 잘 이해하지만 주고받는 대화에는 익숙하지 않아서입니다. 교과서 미리보기로 아이에게 영어 자신감을 심어주어야 합니다. 수업에서 만나게 될 단어와 표현을 미리 훑어보고 본격적으로 수업에 들어가서는 편안한 마음으로 수업을 들을 수 있도록 하는 것입니다. 이후 5학년까지는 매 겨울방학마다 다음 학년 영어 교과서 미리보기를 진행합니다.

1, 2학년 시기를 잘 다져두면 3학년부터는 틀이 잡혀서 '영어 그림책-리더스북-독해문제집'의 3종 세트를 유지하기가 쉽습니다. 이 과정을 이어오면서 3학년 여름방학 때는 아이에게 특별한 경험을 하게 합니다. 바로 영어책 읽기의 바다에 온전히 빠져보는 것입니다. 등교 부담이 없는 여름방학 동안 말 그대로 영어책의 바다에 풍덩 빠져보는 겁니다. 구체적인 방법은 3장에서 설명하겠습니다.

3학년 때 책의 바다에 빠져보는 경험까지 완주했다면 4학년 때는 드디어 챕터북에 도전해볼 타이밍입니다. 리더스북으로 글밥에 대한 자신감을 가졌다면 이제 쉽고 재미있는 챕터북으로 줄글에 대한 부담을 없애고 차차 수준을 높여 가면 됩니다. 그리고 여름방학에는 한번 더 영어의 바다에 빠지는 시간을 갖고 겨울방학에는 아주 쉬운

보드북	리더스북	챕터북

영어 시험 잘보는법

기초 수준의 영어문법을 시작하면 됩니다. 처음부터 어려운 용어를 써가며 문법을 가르치지 않아도 좋습니다. 아이는 그간 독해문제집을 풀면서 알게 모르게 영어문법에 노출되어 왔습니다. 그러니 기초 문법 정도만 다지고 넘어간다고 생각하세요. 그런 다음 5학년 여름 방학 때 문법을 보다 정교화하고 6학년 때는 챕터북 읽기와 영어 3줄 일기에 도전하면서 중학교 수업에 대비하는 것입니다.

중등 시기, 시험용 공부 방법과 자기주도학습력

초등 시기에 영어 공부 가이드를 잘 따라왔다면 아이의 중학교 생활도 크게 걱정할 것은 없습니다. 초등 로드맵을 따라 영어 공부를 진행하는 동안 아이들은 중학교 공부에 필요한 기본적인 학습습관을 갖췄기 때문입니다. 초등학생 시절을 놀면서 흐지부지 보내버렸다고 아쉬워하는 독자가 있다면, 혹은 아이가 중학교에 들어가는 시점에 이 책을 보는 독자가 있다면 그래도 아직 공부습관을 바로잡을 기회는 있다고 말하고 싶습니다. 아이들이 중학교에 와서 가장 먼저 만나게 되는 것이 바로 자유학기제고 이때는 지필고사가 없고 또 수행평가가 있더라도 성적으로 직결되지 않아서 공부습관을 바로잡는 시간으로 활용할 수 있습니다. 물론 초등학생 때만큼 시간 여유가 많지는 않지만, 그래도 습관을 바로잡기에 충분합니다.

자유학기제 시기는 자기주도학습력이 덜 갖추어진 아이들이 스스로 계획하고 점검하는 학습법을 기를 수 있는 절호의 시기입니다. 자유학기제라고 하면 흔히들 '시험이 없는 시기'로 생각하시는 분들이 많지만 그렇지 않습니다. 성적으로 가시화되는 지필평가를 치르지 않을 뿐 과정형 수행평가는 꾸준히 이어집니다. 이 수행평가를 통해 아이들은 2학년에 올라가면 치르게 될 내신 성적으로 이어지는 시험을 간접 체험할 수 있습니다. 수행평가를 언제 치는지, 어떤 방식으로 치는지, 내가 준비해야 할 것은 무엇인지를 스스로 챙기는 연습을 하면서 아이는 자기주도학습력을 기를 수 있습니다. 영어 성적을 고민하기에 앞서 스스로 공부할 내용을 계획하고 실천하는 습관부터 갖추어야 중학교 영어에 적응할 수 있습니다.

방학 때는 비교적 학습부담이 적은 편입니다. 이때 영어 원서를 읽어서 학기 중에 계속 다루었던 교과서 문법과 영어책 읽기의 균형을 맞춰주어야 합니다. 겨울방학에는 2학년 교과서 미리보기를 반드시 진행합니다. 끝까지 볼 여력이 안 된다면 본문이라도 먼저 읽고 거기 쓰인 단어, 문법 등을 익혀둡니다. 2학년에 올라갔을 때, 영어 교과서 이해도를 높이고 시험 공부할 시간을 벌어줄 것입니다. 교과서 미리보기를 하지 않으면 우왕좌왕하다 첫 시험을 망칠 수 있습니다.

1학년 겨울방학을 이렇게 보내고 드디어 2학년이 되면 아이들은 초등 6년, 중학교 1년을 지나 처음으로 성적과 직결되는 중간고사, 기말고사를 접하게 됩니다. 이때는 1학년 자유학기제 시기에 끌어올린 자기주도학습력을 완성시켜야 하는 시기입니다. 자기주도학습력을 갖추기 위해 현장에서 적용해본 방법 중 가장 효과적이었던 '스터디 플래너' 활용법을 중학교 로드맵을 통해 소개하겠습니다.

3학년이 되면 고등학교 영어 수업을 앞두고 '담화분석' 능력을 길러야 합니다. 그간 밸런스 영어를 통해 쌓아 올린 영어책 읽기 능력과 문법 실력이 바로 이 담화분석 능력에서 빛을 발합니다. 이 능력이 있어야 고등학교 영어에서 좋은 성적을 거둘 수 있습니다. 담화분석이란 무엇인지는 중학교 로드맵(281쪽 참고)을 통해 확인하시기 바랍니다. 이후 중학교 3학년 겨울방학 때는 고1 모의고사 기출문제 중 문법을 묻고 있는 문제만 모아 풀어보고 자신이 잘 틀리는 개념이 있다면 그 부분을 철저히 짚고 고등학교에 진학해야 합니다.

고등 시기, 초등·중등 때 쌓은 자산으로 먹고 산다

고등 영어는 실전입니다. 입시를 목전에 두고 있기에 더욱 중요한 시기입니다. 고등학교 입학 후는 갑작스레 늘어난 학습량과 수업을 따라가지 못해 2차 영어포기자가 발생하는 구간이기도 합니다. 이러한 위험구간을 잘 지나가기 위해 밸런스 영어를 한다고 해도 과언이 아닙니다. 그래서 고등 로드맵에서는 고등학교에서 배우는 영어 교과에는 어떤 것들이 있는지, 내신 성적에 들어가는 시험 범위 분량은 어떠한지, 이러한 것들은 어떻게 공부해야 하는지 등 고등학교 영어 공부에 도움이 되는 실전 팁을 알아보는 데 주력했습니다.

1, 2학년 학기 중에는 늘어난 영어 교과목과 시험 범위를 소화하여 내신 성적을 관리해야 합니다. 기본적인 학습력 외에 어떤 방법들을 통해 내신 성적을 잘 관리할 수 있는지 알아봅니다. 더불어 고교학점제를 잠시 짚고 넘어가겠습니다.

고등학교에 진학하면 3월과 6월, 9월과 11월에 학력평가, 이른바 모의고사를 칩니다. 모의고사를 치고 나면 자신이 잘 틀리는 부분이 어디인지, 어디를 보완해야 할지 윤곽이 드러납니다. 여름, 겨울방학을 이용해서 이 구멍들을 메워야 합니다. 구멍을 메우는 작업은 적어도 2학년 겨울방학에는 끝이 나야 합니다. 3학년 때는 구멍을 메우기보다 지금껏 해온 것을 다지는 시기입니다.

1, 2학년 2년을 내신 관리와 약점 보완에 집중한다면 3학년을 비교적 든든한 마음으로 맞이할 수 있습니다. '고3'이라는 단어가 주는 압박감은 있겠지만 이것을 이겨내는 힘을 기르기 위해 그간 밸런스 영어를 해왔다고 생각해야 합니다. 영어 실력도 실력이지만 공부하고자 하는 마음, 즉 학습동기와 자신이 계획한 것을 주어진 시간에 맞춰 실천할 수 있는 능력인 자기주도학습력에서 오는 안정적인 마인드컨트롤이 밸런스 영어의 강점입니다. 다음 장부터 밸런스 영어에 따른 시기별 공부법과 각 시기에 놓치기 쉬운 것, 공부할 때의 주의사항 등을 보다 자세히 알아보겠습니다.

영어 시험 잘보는 법

초등학교 영어 로드맵

	학기 중	여름방학	겨울방학
1학년	• 쉬운 그림책 • 1단계 리더스	• 집중듣기 시작	• 리딩 문제집 시작
2학년	• 리딩 문제집 유지 • 글밥 있는 그림책	• DVD 노출(알아듣는 단어 가 어느 정도 있을 때)	• 3학년 교과서 미리보기
3학년	• 글이 많은 그림책 • 3~4단계 리더스	• 책의 바다에 빠져보기1	• 4학년 교과서 미리보기
4학년	• 챕터북 진입	• 책의 바다에 빠져보기2	• 5학년 교과서 미리보기 + 영어문법 기초
5학년	• 챕터북 양 늘리기	• 영어문법 파인튜닝	• 6학년 교과서 미리보기 (필요한 경우 레테 진행)
6학년	• 영어 소설 진입	• 영어 3줄 일기 쓰기	• 중학교 교과서 미리보기 (디지털교과서 활용)

중학교 영어 로드맵

1학년	• 스터디 플래너+나에게 맞는 문법 문제집	• 원서 읽기를 통한 추론 능력 높이기	• 2학년 교과서 미리보기로 5대영역 선점하기
2학년	• 지필평가 대비 수업 및 공부 자세 다지기	• 원서 읽을 시간 확보	★ • 3학년 교과서 주요 문법 미리보기
3학년	• 수행평가 챙기기	• 담화분석 집중연습	• 고입 대비 실전 • 문법문제 총정리

고등학교 영어 로드맵

1학년	• 모의고사 유형 알기	• 3월, 6월 모의고사에서 드러난 약점 보완 (단어암기, 구문독해 집중연습)	• 9월, 11월 모의고사에서 드러난 약점 보완 (오답노트 작성 및 활용)
2학년	• 시험 점수 높이는 내신공부요령 익히기		
3학년	• 밸런스 영어 유지	• 최종 약점 보완 시기 (실천 가능한 계획 필수)	• 대학, 취업에서도 통하는 밸런스 영어

3장

초등 저학년,
뇌가 말랑한 시기의 공부법

초등 저학년,
흥미가 결과를 바꾼다

초등 저학년은
축복받은 시기

첫째가 초등 1학년 여름방학에 접어들어 본격적으로 영어책 읽기를 시작할 때였습니다. 엄마표 영어를 진행하던 아이 친구 엄마가 저에게 불안한 마음을 토로했습니다. 더 일찍 시작하지 않은 것을 후회한다고 말입니다. 첫째와 동갑내기 딸을 키우다 보니 교육에 관한 다양한 이야기를 주고받던 엄마였기에 그 얘기가 마음에 걸렸습니다. 아이가 초등학생이 되어 영어를 시작한 엄마라면 누구나 가질 법한 고민이라는 생각이 들어 그 친구 엄마에게 평소 제가 마음에 새겨왔던 말을 들려주었습니다.

"고학년 엄마들은 영어 공부에 있어서 초등 저학년이 축복이라고 해요. 그 말 하나만 믿으면 돼요."

저는 저학년을 '축복받은' 시기라고 부릅니다. 종잣돈을 모으기 위해 저축하듯 저학년 때 영어를 차곡차곡 쌓는 것입니다. 시간의 힘과 복리가 더해져 이자가 쌓이듯이 초등 1, 2학년 때 꾸준히 쌓아 올린 영어는 시간의 힘이 더해질수록 위력을 드러냅니다. 저학년으로 분류되지만, 3학년만 되어도 국어, 사회, 과학 등 교과서에 등장하는 개념이 복잡해지고 소화해야 할 학습량이 많아집니다. 예를 들어 초등학생들이 수학을 어렵다고 생각하게 만드는 첫 허들인 분수 개념이 3학년 수학에 처음 등장합니다. 3학년만 되어도 교과 공부를 챙기는 데 많은 시간을 할애해야 하는 것이죠. 따라서 1, 2학년 때야말로 비교적 느긋하게 영어책에 몰입할 수 있는 시기라고 할 수 있습니다. 이때를 불안한 마음으로 조바심 내며 이도 저도 아니게 보내지 말고 쉬운 영어 그림책 읽기라도 확실히 하겠다는 마음으로 임하면 오히려 더 큰 성과를 거둘 수 있습니다.

초등 1, 2학년이 영어를 시작하기에 최적의 시기인 이유가 또 있습니다. 이즈음이면 아이들이 한글을 능숙하게 구사합니다. 비록 받아쓰기에서 맞춤법은 좀 틀릴지라도 상대의 말을 듣고 이해하는 능력, 책을 읽고 이해하는 능력이 미취학 아동일 때에 비해 월등히 발전합니다. 1학년에 입학하면서 한글을 몰랐던 아이들도 1학년 1학

영어 시험 잘보는 법

기가 끝나갈 무렵이면 스스로 알림장을 적을 수 있을 만큼 한글 실력이 성장합니다. 한글로 읽고 쓰기가 수월해지면 그렇게 되기 전보다 훨씬 빨리 영어를 받아들이고 이해할 수 있습니다. 아이가 아주 어릴 때 영어책을 읽기 시작해서 1년 걸려 읽을 분량도 한글을 아는 상태에서는 같은 분량을 6개월, 혹은 3개월 만에 읽기도 합니다. 그만큼 언어 이해 속도가 빨라졌기 때문입니다. 우리말 이해 속도는 영어 이해 속도에도 영향을 미칩니다. 배경지식이 많아진 만큼 모르는 언어의 뜻도 곧잘 추론합니다. 한글에 익숙해지고 아직 학습부담은 적은 시기인 1, 2학년에 영어를 시작하면 아이도 엄마도 지치지 않고 영어 공부를 지속할 수 있습니다.

고학년이 되어 학습 위주 영어량을 늘리기 전에, 글밥이 제법 많은 3~4단계 리더스북으로 접어들기 전에, 영어 그림책 고유의 재미를 알고 책의 재미에 푹 빠져볼 수 있는 시기가 바로 초등 1, 2학년입니다. 늦었다고 생각하며 이 책을 보고 있는 예비 초등 엄마, 초등 1학년 엄마들은 주변의 소리에 불안해질 때면 이 말 한마디만 떠올리세요. 초등 저학년은 축복이다!

영어 공부 스타일은 아이마다 다르다

엄마들이 아이 영어 교육에 대해 가장 많은 고민을 하게 되는 시기가 바로 초등학교 입학 전후입니다. 특히 입학 후에 주변 엄마들로부터 영어 학원 레벨 테스트 이야기라도 들을라치면 내 아이 영어 고민은 극에 달합니다. 집에서 엄마표 영어를 해도, 학원을 보내도 언제나 영어 교육은 엄마들의 어려운 숙제입니다.

저는 지역 생협을 이용하면서 생협 커뮤니티를 통해 동네 엄마들을 알게 되었습니다. 나이대가 고만고만한 아이들을 키우는 입장이라 공감대가 형성되어 대화가 잘 통했습니다. 그런데 이분들과 대화를 나누다 보니 역시나 영어 교육으로 골치를 앓고 있음을 알게 되었습니다. 1, 2학년 엄마들뿐만 아니라 아이가 이미 3학년인 엄마들도 고민은 마찬가지였습니다. 학원을 마냥 보내는 것도 답은 아닌 것 같고 보낼 때 보내더라도 아이의 언어 그릇을 키워서 보내고 싶은데 어떻게 하면 좋을지 그 방법을 모르겠다는 것이 고민이었습니다. 그러면서 저에게 어떻게 하면 되겠느냐고 물어왔습니다. 저는 보통 이런 질문을 받으면 먼저 그 질문을 하신 분께 여쭤봅니다. 아이가 공부할 때 어떤 스타일인지, 책을 고를 때는 무엇을 기준으로 고르는지, 영어에 관심이 있는지 등등을 말입니다. 이런 질문을 하는 이유는 하나입니다. 질문에 답하다 보면 엄마들은 어느 순간 영어 공부법을 고민하기 전에 내 아이를 파악하는 일이 먼저라는 것을 저절로 깨닫게 되기 때문입니다.

누구에게나 딱 들어맞는 만인의 연인 같은 공부법은 없습니다. 객관적으로 효과가 입증된 공부법이 있다고 해도 사람마다 취향이 다

영어 시험 잘보는 법

르듯 내 아이에게 맞는 방식도 다릅니다. 책에서 배운 내용이라도 내 아이 스타일에 맞게 변형해서 적용해야 합니다. 내용이 100% 이해되지 않아도 여러 권의 책을 통해 정보를 흡수하는 공부법을 추구하는 아이가 있는 반면 한 권을 읽어도 꼼꼼히 읽는 아이가 있는 법입니다. 유머코드가 통하는 아이가 있는 반면, 서정적인 것만 찾는 아이도 있습니다. 영어 교육은 어렵다는 생각에 사로잡혀 무작정 유명하다는 학원, 강사를 찾기 전에 엄마가 먼저 아이와 이것저것 시도하며 내 아이 성향부터 파악해보세요. 본격적으로 영어라는 도로 위에 차를 올리기 전에 어디에서 출발할지, 어디까지 달릴지, 어떤 식으로 운전할지를 아이가 저학년일 때 충분히 고민하며 영어를 시작하세요. 초등 저학년에 이런 시간을 가지면 아이의 영어 교육이 마냥 어려운 숙제는 아닐 겁니다.

초등 영어 교과서에 해법이 있다

아이에게 영어를 가르치고 싶은데 엄마가 영어를 못해서, 엄마 발음이 안 좋아서 시작할 엄두가 안 난다는 엄마들이 있습니다. 하지만 영어를 잘하건 못하건, 발음이 좋건 안 좋건 엄마는 아이보다 먼저 중고등학교를 다니며 영어를 경험했습니다. 적어도 아이가 초등학교에서 배우게 될 영어보다는 더 어려운 영어를 공부했다는 뜻입니다. 그러나 아이가 초등학교를 졸업한 이후부터는 엄마가 영어를 봐주고 싶어도 봐줄 수가 없습니다. 공부법 정도만 조언해줄 수 있을 뿐 그때부터는 아이가 스스로 해야 합니다. 바꿔 말하면 초등 영어 정도만 엄마가 봐줄 수 있으면 된다는 이야기입니다.

아이가 배우게 될 초등 영어 교과서의 핵심내용들을 미리 한번 살펴보겠습니다. 아마 보고 나면 '나도 할 수 있겠다'는 용기가 날 겁니다. 우리나라 초등 영어 교과서는 동아, 대교, YBM(최혜경), YBM(김혜리), 천재, 이렇게 5종이 대표적입니다. 다음 83쪽의 표는 3학년 1학기 영어 교과서의 각 출판사별 단원 제목과 핵심내용을 정리한 표입니다. 중학교 과정을 이수한 엄마라면 누구나 읽고 말할 수 있는 수준입니다.

표를 보면 출판사는 모두 다르지만 다루고 있는 학습내용은 비슷비슷하다는 것을 알 수 있습니다. 초등 영어 교육 과정상 3학년 아이들이 1학기에 도달해야 할 영어학습 목표가 동일하기 때문입니다. 초등학교 시절에는 이러한 교과서 핵심표현을 듣고, 말해보고, 노래와 게임을 통해 익히는 방식으로 수업이 진행됩니다. 엄마랑 학교 교과서만 미리 보고 가도 아이는 영어가 수월해집니다. '교과서는 금세 내용을 익힐 수 있을 것 같으니 그림책도 좀 보고, 문제집도 한번 풀어보자' 하는 마음까지 가진다면 더할 나위가 없습니다.

영어 시험 잘보는 법

	동아	대교	YBM(최)	YBM(김)	천재
Lesson 1	Hello, I'm Jimin	Hello, I'm Jinu	Hi, I'm Sena	Hello, I'm Tibo	Hello!
핵심내용	· 인사하기　· 자기소개				
Lesson 2	What's This?	What's This?	What's This?	What's This?	Oh, It's a ball!
핵심내용	· 무엇인지 묻고 답하기				
Lesson 3	Sit Down, Please	Stand Up, Please	Open the Box, Please	Sit Down, Please	Sit Down, Please
핵심내용	· 지시하고 답하기(요청하고 답하기)				
Lesson 4	Is It a Bear?	It's Big	Do you Like Apples?	Do you Like Pizza?	How Many Apples?
핵심내용	· 무엇인지 확인하고 답하기 · 크기 묘사하기		· 좋아하는 것 묻고 답하기 · 좋아하거나 싫어하는 것 표현하기		· 개수 묻고 답하기
Lesson 5	I like Pizza	How Many Carrots?	How Many Dogs?	How Are You?	I Have a Pencil
핵심내용	· 좋아하는 것 묻고 답하기 · 좋아하거나 싫어하는 것 표현하기	· 개수나 동물의 수 묻고 답하기		· 안부 묻고 답하기	· 물건을 갖고 있는지 묻고 답하기

Lesson 6	How Many Carrots?	I Like Chicken	Do You Have a Ruler?	Can You Swim?	What Color Is It?
핵심내용	· 개수 묻고 답하기	· 좋아하는 것 묻고 답하기 · 좋아하거나 싫어하는 것 표현하기	· 물건을 갖고 있는지 묻고 답하기	· 할 수 있는 것 묻고 답하기	· 색깔 묻고 답하기
Lesson 7				How Many Lions?	
핵심내용				· 동물의 수를 묻고 답하기	

아침 영어 10분으로
두뇌를 깨워라

초등 교과서를 보고 나니 마음이 좀 편안해졌다면 아이가 저학년인 지금, 아직 늦지 않았다는 용기를 장착하는 것이 급선무입니다. 그 마음이 있어야 이번에 설명할 과정을 진행할 의지가 생기기 때문입니다. 어떤 책을 어떤 식으로 봐야 할지 생각하기 전에 내 아이와 영어 공부를 진행할 '시스템'을 갖춰야 합니다. 워킹맘에게도 전업맘에게도 필요한 것이 바로 아이와 일정한 루틴에 따라 영어책을 읽어나갈 시스템입니다. 복잡하고 세밀한 단계를 갖춰야 하는 건 아닌가 지레 겁먹지 않으셔도 됩니다. 엄마가 좀 피곤해도 아이가 다소 지

영어 시험 잘보는법

친 날도 이어갈 수 있는 시스템입니다.

저는 복직을 앞두고 엄마의 체력은 최소화하면서도 최고의 효과를 내는 영어 공부법이 무엇일까 고민해왔습니다. 치열한 고민 끝에 생각해낸 시스템이 바로 '저녁에는 새 책 읽기-아침에는 전날 본 책 복습하기'라는 2단계 시스템입니다.

새 책을 읽고 복습하는 시스템이 뭐 대단하냐 싶겠지만, 해볼수록 바쁜 엄마는 지치지 않고 지속할 수 있으면서 아이 영어 실력에는 효과적인 시스템이라는 것을 알게 될 것입니다. 단기적으로는 엄마의 체력을 아끼면서 장기적으로는 아이에게 아침 공부습관까지 잡아줄 수 있는 이 방법을 '밸런스 영어 2단계 시스템'이라고 명명하겠습니다. 초등 영어 공부를 진행하는 내내 이 2단계 시스템을 명심하시기 바랍니다.

워킹맘이나 전업맘이나 엄마들은 아침에는 바쁘고 저녁에는 피곤합니다. 그나마 저녁은 아침보다는 시간적 여유가 있어 엄마의 몸과 마음이 다소 느긋해집니다. 아이에게 새로운 영어책을 보여주는 적절한 타이밍은 바로 이때입니다. 이전에 보지 못한 책이라면 엄마가 모르는 표현이 나올 수도 있고 예상보다 책을 읽는 데 시간이 많이 걸릴 수도 있습니다. 어떤 변수가 생기더라도 저녁 시간은 출근이나 등교 부담이 없는 시간이므로 엄마가 편한 마음으로 차분하게 아이의 반응을 살피며 상황에 대처할 수 있습니다. 엄마가 읽어주기에 부담스러운 글밥이 많은 책들은 책에 딸린 음원을 활용하거나 유튜브의 '소리 내어 읽기Read Aloud' 영상의 도움을 받아야 하는 경우도 있습니다. 이처럼 귀로 듣는 책읽기는 저녁 시간이 아침 시간보다는 훨씬 여유롭습니다. 그래서 새 책은 엄마가 퇴근한 후 혹은 아이와 저녁을 먹고 나서 아이와 잠자리에 들기 전처럼 엄마 마음이 편안한 시간에 읽어야 합니다.

저녁에 새 책을 통해 새로운 소리, 새로운 정보를 접하게 해주고 아이는 일찍 재웁니다. 다음 날 아침, 방금 읽은 새 책을 반복해서 읽기 위해서입니다. 최신 뇌과학 연구에 따르면 사람은 최소 6~7시간은 자야 기억력이 향상된다고 합니다. 이런 연구결과를 참고하지 않아도 성장기 아이들에게 충분한 잠은 체력 및 두뇌 기능 향상에 중요한 요소라는 것을 우리는 알고 있습니다. 충분히 자고 일어난 아이는 아침 시간을 온화하고 여유롭게 맞이합니다. 전날 새로 읽은 책을 아침에 10분 정도 반복해서 읽으면 우리 두뇌는 책이 제공하는 정보들을 중요한 것으로 분류하여 써먹을 수 있는 지식이 될 수 있게 작용합니다. 10분을 수월하게 읽어내면 차차 시간을 늘려가는 것도 좋습니다.

앞서 언급한 바와 같이 책을 많이 읽는 것이 중요하다고 생각해서 무작정 새로운 책만 읽는 양 늘리기식 영어책 읽기는 아이의 영어 실력 향상에 큰 도움이 되지 않습니다. 책을 읽었다면 읽은 책의 내용과 표현을 반복을 통해 아이 것으로 전환하는 과정이 필요합니다. 이 반복과정을 아이가 자고 일어난 아침에 진행하는 것입니다. 반복의 필요성은 알고 있지만 아침에는 바쁘고 정신이 없으니 전날 저녁에 한번 본 책을 바로 다시 읽히려는 엄마도 계실 듯합니다. 하지만 저녁에 새 책을 읽고 바로 이어서 읽으면 흥미가 떨어집니다. 당연히 집중력도 떨어집니다. 그보다는 새 책 읽기와 복습 간에 텀을 두어 아이에게 다시 보여주는 것이 효과적입니다.

다카시마 데쓰지는 《잠자기 전 30분의 기적》이라는 책에서 '다음 날의 승패는 오늘밤부터 시작된다'는 모토로 중요한 공부를 한 다음에는 바로 잘 것을 권했습니다. 이는 밤사이 두뇌가 원활하게 정보를 처리한 후 아침에 눈을 뜨면 관련 내용을 기억하기 좋은 상태로 만들기 때문입니다. 실제로 저자는 잠들기 1분 전에 본 내용을 다음 날 아침에 복습해서 큰 성과를 거두었다고 합니다. 아침에 많은 시간을 할애하라는 것이 아닙니다. 책을 눈으로 다시 볼 시간이 없다면 그 책의 음원이나 mp3 파일을 준비해서 스피커를 통해 소리만 들려줘도 좋고, 책을 소리 내어 읽어주는 유튜브의 '소리 내어 읽기Read Aloud' 영상을 활용해도 좋습니다. 듣기가 부담스럽다면 눈으로 훑어보듯 쓱 읽어보기만 해도 좋습니다. 자기 전에 읽었던 책을 아침에 다시 보는 것은 정말로 학습 효과가 뛰어납니다. 게다가 이 시스템이 자리 잡으면 아이에게 아침에 공부하는 습관을 심어줄 수 있습니다. 이 습관은 중고등학교에 진학했을 때 위력을 발휘하는 만큼 밸런스 영어 2단계 시스템을 일상에 꼭 도입해보기를 권합니다.

초등학교 1학년,
호기심으로 기본기를 다져라

필수 그림책은 딱 20권으로 충분하다

아이가 영어를 시작하면 무작정 문법교재나 학원 수업 등 공부로만 접근하려는 분들이 계십니다. 차차 영어량이 채워지다 보면 문법 공부도 필요하고 학원 수업을 병행하게 될지 모릅니다. 하지만 시작은 책으로, 그것도 영어 그림책으로 하실 것을 추천합니다. 그림책으로 영어를 시작해야 하는 이유는 무엇일까요?

그림책, 읽는 방법을 바꿔라

그림책은 어린아이가 보는 책이니 쉬울 거라고 생각하시면 안 됩니다. 아이와 영어 그림책을 읽다 보면 현직 교사인 제가 봐도 모르는 단어가 불쑥불쑥 나옵니다. 그렇기에 아이가 영어 그림책 안에서도 '무엇을 보는지'를 살펴봐야 합니다. 문장 역시 교과서에서 보던 문장 형식과는 다르게 회화체 문장도 많고 때로는 중학교 3학년 교과서에나 나올 만큼 복잡한 문장들이 이야기와 함께 자연스럽게 어우러져 있습니다. 이런 그림책을 통해 제대로 영어 공부를 한다면 영어의 다양한 어휘와 문장 형태, 문법의 올바른 사용법을 자연스럽게 체득할 수 있습니다.

그림책은 생각보다 어렵습니다. 그럼에도 시작은 그림책이어야 합니다. 그림책에 쓰인 글을 한 줄 한 줄 일일이 해석하라는 것이 아닙니다. 글을 읽으면서 그림을 힌트 삼아 내용을 자연스럽게 받아들이는 연습이 필요합니다. 왜 그림책으로 영어의 기반을 다져야 하는지 영어 그림책《Odd Socks》를 예로 들어 살펴보겠습니다. 일단 제목부터 보면 'Odd'의 기본 의미인 '이상한'을 떠올려 '이상한 양말'이라고 생각할 수 있습니다. 하지만 막상 내용을 보면 '한 짝만 있는'의 뜻으로 쓰였다는 것을 알 수 있습니다. 'Odd socks'는 흔히 짝짝이 양말을 말합니다.

줄거리를 요약하자면, 한 쌍의 양말 중 아내 양말에 구멍이 나면서 어느 날 갑자기 아내 양말이 사라지게 됩니다. 혼자가 된 남편 양말이 온 집안을 다니며 아내 양말을 찾아다니다 달라진 모습의 아내를 마침내 찾아내게 되고 비록 모습은 달라졌지만 다시 함께 살면서

행복해한다는 내용입니다. 구석구석 아내를 찾아다니는 남편 양말에게 주변 양말들이 다시는 아내를 찾을 수 없을 거라고 겁을 주거나 아내인 줄 알았는데 알고 보니 토끼 슬리퍼여서 아쉬워하는 장면 등 한 짝이 된 양말의 심정에 이입되는 재미와 감동이 있는 책입니다. 국내에는 《양말이 사라졌어!》라는 제목으로 번역 출간되었으며, 이 내용을 직접 보면 책에 쓰인 표현이 얼마나 다양하고 풍부한지 확인할 수 있습니다.

이야기가 시작되는 첫 페이지에서 양말을 가리킬 때 흔히 쓰는 '한 쌍의' 라는 의미를 가진 'a pair of'라는 기본 표현부터 warm, woolly 등 양말의 느낌이나 소재에 대해 묘사하는 단어를 자연스럽게 습득할 수 있습니다. 그림 속에서 부부로 등장하는 줄무늬 양말 한 쌍을 가리키며 'A match made in heaven'의 의미를 추측해 보는 연습도 할 수 있습니다. 한 쌍의 양말이 서로를 다정하게 바라보고 있는 그림을 보면서 책을 읽으면 'match(잘 어울리는 한 쌍 또는 결혼 상대)'라는 단어가 한 쌍의 무엇인가를 가리킨다는 것과 'made in heaven(하늘에서 맺어준)'이 긍정적인 의미를 지닌 어떤 것이라는 것을 깨닫게 됩니다. 하지만 그림책을 읽으면서 처음부터 일일이 정확하게 해석하려고 하는 것은 금물입니다. 해석하는 것이 부담스러워서 엄마도 책을 읽어줄 마음이 사라지고 아이는 그림을 통해 내용을 이해하는 재미를 잃게 됩니다.

이 책에는 다양한 어휘만 등장하는 것이 아닙니다. 문장 역시 쉬운 표현과 어려운 표현이 다양하게 섞여 있습니다. 여섯 번째 페이지에 'Sosh spotted something that filled him with dread.'라는 문장을 중학교 영어 기준으로 보자면 관계대명사 that의 개념을 알아야 합니다. 하지만 그림책을 통해 이 문장을 접한 아이는 문법 개념의 개입이 없어도 이것을 '무엇인가를 설명하는 데 쓰이는 말'로 받아들여 잠재적으로 문장구조를 익히게 됩니다. 이러한 방식으로 문장을 접하면 굳이 어려운 문법 개념과 연관 짓지 않아도 자연스럽게 다소 길고 복잡한 문장의 형태에 익숙해집니다. 또한, 일곱 번째 페이지에 있는 그림을 보면 아내가 자신의 몸에 구멍이 생겼다는 것을 알고 'darn it!'이라고 말하는 부분이 있습니다. 아이는 이 부분을 읽으면서 '양말에 난 구멍을 어떻게 해달라는 것일까?' 의문을 가지며 'darn'이라는 단어의 뜻을 여러모로 생각하게 됩니다. 다양한 의미를 대입해보다 '꿰메다'의 뜻이 아닐까 추측도 하게 됩니다. 혼자 책을 읽는 단계가 아닌 아이라면 책을 읽어주는 사람이 앞서 등장하는 'A little hole, Suki!'라는 문장을 읽을 때 "어, 구멍이 생겼나 보다"처럼 우리말로 살짝 힌트를 주는 것이 좋습니다. 이것은 문장을 하나하나 세세히 해석해주는 것과는 다릅니다. 우리말로 영어 문장의 뜻을 유추할 수 있는 힌트를 준 뒤 'darn it!'이라는 문장을 읽어주면 아이는 모르는 말이라도 이 문장이 뜻하는 바가 '양말에 구멍이 생겼으니 꿰매거나 고쳐 달라는 뜻인가 보다' 하고 유추하게 됩니다.

위에 소개한 《Odd Socks》보다 쉬운 그림책도 많고 당연히 더 어려운 그림책도 많습니다. 중요한 것은 어떤 그림책이든 학습적 의도를 가지지 않고도 어려운 영어 표현과 상황에 맞는 단어를 자연스럽게 가르칠 수 있는 훌륭한 도구가 될 수 있다는 점입니다.

다양한 표현과 문장 수준이 등장하는 그림책이 입체 도형이라면 일정한 수준을 정해두고 그 레벨 수준의 문장이 제시되는 리더스북이나 영어 교재는 평면 도형이라고 볼 수 있습니다. 입체를 먼저 접한 아이에게 평면을 이해하는 것은 훨씬 쉽습니다. 그림책으로 시작해야 한다고 말하는 것은 바로 이 때문입니다. 그림책을 먼저 읽은 아이가 무엇이든 잘 읽습니다.

그림책으로 추론 능력을 높여라

이처럼 그림책을 통해 기른 추론 능력은 난도가 높은 중고등학교 시험에서 고득점을 얻는 데 꼭 필요합니다. 기본적으로는 어휘 추론부터 문장의 배열이나 순서, 주어진 문장의 앞이나 뒤에 올 내용 추론까지 추론 능력의 중요성은 여러 번 강조해도 모자라지 않습니다. 추론 능력은 교재를 열심히 푼다고 해서, 학원 수업을 열심히 듣는다고 해서 생기지 않습니다. 앞뒤 문맥과 정황, 주어진 모든 정보를 고려하여 종합적으로 판단하는 과정이 바로 '추론'입니다. 고차원적인

영어 시험 잘보는법

이 두뇌 능력을 아이들이 무의식적으로 습득할 수 있게끔 도와주는 것이 바로 그림책입니다.

아이가 영어책을 읽을 때 모르는 단어가 나오면 아이가 알아서 뜻을 유추할 수 있게 두라고 하지만 아이가 처음부터 단어의 의미를 추측하고 바로 알아맞힐 수 있는 것은 아닙니다. 그림을 어떻게 활용하는지, 무엇을 포착해야 하는지 알려줘야 합니다. 스티븐 크라센은 '이해 가능한 입력Comprehensible Input'을 설명하면서 한 페이지에 모르는 단어가 2개 정도이면 나머지 98%의 아는 부분을 활용하여 단어의 의미 추론이 가능하지만 뜻을 모르는 단어가 그 이상 나온다면 단어의 뜻을 추측하기는 어렵다고 했습니다. 이럴 때 엄마는 우리말과 섞어 상황을 설명해주면서 넌지시 의미를 알 수 있도록, 이른바 '넛지'를 주어야 합니다. 이를테면 이런 식입니다. 돈 프리먼Don Freeman이라는 작가의 동화《Corduroy》의 한 장면을 살펴보겠습니다.

이 책은 초록색 멜빵바지를 입고 백화점 진열대에 서 있는 테디베어의 이야기입니다. 첫 장에 주인공인 '코듀로이'가 백화점 매장 진열대에서 자신의 주인이 될 누군가를 매일 기다린다는 내용이 쓰여져 있습니다. 다음 장부터 코듀로이가 속해 있는 장난감 가게의 분위기를 설명하는 글이 쭉 이어집니다. 그림을 보면 배경에 에스컬레이터가 보이고 많은 사람들이 북

적입니다. 그 밖에 다양한 장난감과 그 장난감을 보고 있는 사람들도 그려져 있습니다. 책을 본격적으로 읽기 전에 그림을 보면서 아이와 이야기를 나누세요. 그림책을 보며 그림에 대한 질문을 던질 때는 엄마가 정말 모르는 것처럼 물어봐야 합니다. 아이는 자신보다 어른인 엄마가 모르는 것이 있고 그것을 자신이 알려줄 수 있다고 느낄 때 훨씬 재미를 느끼며 책을 이해해보려 하기 때문입니다.

> **엄마** : "와, 여기 사람 많다~ 여기가 어딜까?"
> **아이** : "백화점(장난감 파는 가게, 시장, 쇼핑몰 등) 같아."
> **엄마** : "오~ 그런가 봐. 사람이 진짜 많네. always filled with shoppers라고 써 있다." (shoppers 부분을 읽을 때 그림 속 사람들을 가리킨다) "shoppers는 어떤 뜻일까?"
> **아이** : "음…… 사람? 장난감?"
> **엄마** : "아마도 사람들인가 보다~ 여기 사람이 진짜 많잖아!"

이런 대화를 나눈 후에는 바로 다음 줄을 읽어주면서 'small bear in green overalls' 파트에서 정확히 초록색 옷을 입은 테디베어를 가리킵니다. 색깔에 대한 영어 배경지식을 가지고 있는 아이라면 green이 곰인형이 입고 있는 옷의 색깔이라는 것을 알고 그다음에 이어지는 overalls라는 단어가 곰이 이 인형이 입고 있는 옷을 가리킨다는 것을 잠재적으로 알 수 있습니다. 이 페이지 바로 다음 장에 이어지는 내용 중 맨 마지막 문장을 읽어줄 때도 마찬가지입니다.

영어 시험 잘보는 법

'He's lost the button~' 파트를 읽을 때 곰인형의 어깨 쪽 단추가 떨어져 나간 부분을 함께 짚어주면 아이는 'lost the button'의 의미를 추론할 수 있습니다.

영어책과 추론 능력을 이야기할 때 짚고 넘어가야 할 것이 하나 있습니다. 엄마가 넛지를 주며 추론하는 단계를 지나면 아이 혼자서 단어의 뜻을 추론하며 책을 읽게 됩니다. 이 단계에서 자칫 잘못 추론한 뜻으로 계속 이해하는 경우가 생길 수 있습니다. 첫째 아이가 어릴 때 영어 애니메이션을 보던 중 화면 속 주인공이 물건을 가져다준 사람에게 감사 인사를 하자 상대방이 'my pleasure!'라고 답했습니다.

학교에서 질리도록 'Thank you'에 대한 답변으로 'my pleasure'를 들어온 우리 세대는 고민하지 않고 '천만에요(제가 좋아서 하는 일입니다)'로 해석하지만 그 표현을 처음 접하는 아이는 달랐습니다. "엄마, 'my pleasure!'가 '제 일이에요!'라는 뜻이에요?"라고 물었던 겁니다. 충분히 그렇게 추측할 수 있는 상황이었습니다. 그때 저는 생각지 못한 두 가지를 깨달았습니다. 아이들이 모르는 영어 표현이 나오면 자연스럽게 상황을 동원하여 추측하여 이해한다는 것, 그리고 아이가 추측하여 이해한 것이 맞는지 확인 작업을 거쳐야 추론의 함정을 피할 수 있다는 것입니다. 영어 애니메이션을 예로 들었지만 책읽기도 이와 다르지 않습니다. 그러면 어떻게 추론의 함정을 피할 수 있을까요?

아이 혼자서 책을 읽을 때 의미를 몰라서 추측하며 읽은 단어나 문장이 있다면 그 단어나 문장에 표시하게 하세요. 연필로 살짝 괄호를 치든 체크 표시를 하든 표시 방법은 상관 없습니다. 그리고 책을 다 읽은 뒤에 사전을 통해 자신이 추론한 의미가 맞았는지 확인하세요. 모르는 단어가 나올 때마다 바로 사전을 찾으라는 것이 아닙니다. ① 읽어 나가면서 ② 모르는 단어는 추론하고 ③ 추론한 단어는 연필 등으로 표시한 후 ④ 책읽기를 모두 마치고 사전을 통해 의미 확인을 하는 과정입니다. 이때 추론 표시를 한 단어나 문장이 너무 많다면 그 책은 내 아이의 수준보다 어려운 책이니 보다 쉬운 책을 선택해야 합니다.

100권 읽는 효과를 얻는 필수 그림책 20권

흔히 쉬운 단계의 영어 그림책을 최소 100권은 읽어야 다음 단계로 넘어갈 수 있다고 말합니다. 미취학 시기의 아이라면 다양한 영어 그림책 100권을 넓게, 오랜 시간에 걸쳐 접하는 것이 좋습니다. 하지만 초등학생 때 영어를 시작한다면 시간은 단축하면서 효과는 있는 공부법이 필요합니다. 어떻게 하면 시간은 줄이고 효과는 높일 수 있을지 연구한 끝에 다독과 정독을 병행해야 한다는 결론에 도달했고, 이 두 가지 독서법의 효과를 동시에 얻을 수 있는 방법을 찾기 위해 엄마표 영어를 진행하는 분들이 아이에게 읽어주는 그림책을 찬찬히 살펴보았습니다.

책을 보니 색깔이나 숫자, 반대말 등 간단하지만 앞으로 영어책을 읽는 데 꼭 알아야 하는 것들을 여러 권에 걸쳐 읽어주는 것을 알게 되었습니다. '그렇다면 색깔이나 숫자 같은 영역을 설정하고 그 영역을 익히기에 적합한 그림책을 한 권씩 선정한 후, 그 한 권을 반복해서 읽어주면 어떨까?' 하는 생각에 이르렀습니다. 영어가 모국어가 아닌 상황에서 만나는 외국어로서의 영어EFL, 즉 모르는 말을 익히는 데는 반복이 매우 중요한 역할을 하기 때문에 영역별 그림책을 엄선해서 선택된 그림책 한 권을 반복해서 보는 것이 시간과 효율 면에서 최적의 방법이라는 결론에 이르렀습니다.

영역별 대표 그림책을 선정하기에 앞서 핵심영역 설정이 먼저였습니다. 핵심영역을 어떻게 설정해야 다양한 단어를 다룰 수 있을지 낮은 수준의 그림책을 여러 권에 걸쳐 검토했습니다. 영어를 이제 막 시작하려는 단계이므로 지나치게 글밥이 많거나 내용이 어려운 것은 제외했습니다. 제가 첫째에게 읽어주었던 그림책의 고전부터 여타 책에서 추천하는 책, 영어 교육 관련 논문과 한국의 초등영어 교육과정을 두루 살피면서 영어를 처음 시작하는 아이들이라면 반드시 알아야 할 핵심영역을 구성하였습니다.

어떤 책을 만나도 무한히 가지를 뻗어갈 수 있도록 핵심영역을 구성하는 것이 관건이었습니다. 그렇게 선정된 영역이 색깔, 의성어와 의태어, 숫자, 알파벳, 신체부위, 촉감·모양, 묻는 말, 시간, 동작, 스토리입니다. 이 중 스토리 영역은 기-승-전-결의 구조로 이루어진 하나의 이야기를 다룬 그림책을 선정함으로써 좀 더 수준이 높아지는 다음 단계의 그림책을 위한 준비 과정이 될 수 있도록 하였습니다.

이처럼 내용 확장이 가능한 핵심영역을 설정한 다음 그 영역을 대표할 영어 그림책 20권을 선정하는 작업에 착수했습니다. 해당 영역이 초점을 맞추고 있는 핵심적 표현만 지시적으로 익히는 것이 아니라 책을 읽다 보면 영어 문장의 형식까지 같이 익힐 수 있는 책을 선정했습니다. 예를 들어 색깔을 익힐 때 빨간색이 전면에 그려져 있고 'red' 글자만 적혀 있는 영어책이 아니라 사계절의 변화를 나타내는 이야기 속에 색깔이 녹아든 책을 찾는 식입니다. 필수 그림책을 통해 핵심영역의 관련 단어뿐만 아니라 영어 표현력까지 길러주고 싶었기 때문에 책을 선정하는 데 상당한 시간과 노력을 들였습니다.

영역별로 선정하고 싶은 책이 2권 이상일 경우에는 해당 작가의 다른 책이나 책 속 캐릭터를 활용하여 영어 실력을 쌓을 수 있도록 다수의 그림책을 낸 작가이거나 애니메이션으로 찾아볼 수 있는 캐릭터가 주인공인 책을 선정하였습니다. 또한 한 권을 읽더라도 얻어갈 것이 많은 책을 중심으로 '밸런스 영어 필수 그림책' 20권 리스트를 완성하였으며, 필수 그림책 20권을 각각 10권씩 묶어 1단계-2단계로 나누었습니다. 2단계 책들이 1단계에 비해 글밥이 많고 어렵다고 생각하시면 됩니다.

물론, 영역별로 내 아이 취향에 맞는 그림책을 찾아 20권을 구성하는 것이 가장 이상적입니다. 하지만 이제 막 영어책 읽기를 시작하는 상황이라면 아이의 온전한 취향을 알기 어렵고, 엄마 역시 영어 그림책에 대한 정보가 많지 않은 상태이므로 다양한 작가와 그림을 접하면서 핵심표현도 익히고 아이의 취향도 찾는 과정이라고 여기시면 좋을 것 같습니다. 필수 그림책 20권에는 유명한 영어책도 많습니다. 남들이 알지 못하는 새 책의 신선함은 없지만 유명한 데는 이유가 있습니다. 이런 책에 나오는 단어와 표현은 익혀두면 새로운 영어책을 읽을 때 두고두고 잘 쓰입니다. 그래서 유명한 영어 그림책은 읽으면 읽을수록 쓰인 단어와 문장 표현에 감탄이 나옵니다.

시간 투자는 줄이고, 실력을 높이는 포인트를 짚어라

필수 그림책 20권은 1단계 10권, 2단계 10권으로 이루어져 있습니다. 같은 단계 안에서는 순서에 연연하지 말고 읽어 나가면 됩니다. 하지만 단계는 가능한 순서대로 진행하는 것이 좋습니다. 1단계 영어 그림책 10권을 먼저 보고 2단계를 읽는 것입니다. 권당 최소 다섯 번 이상 반복해야 효과를 볼 수 있습니다.

권당 최소 다섯 번을 반복하라고 하니 한 권을 연달아 다섯 번 본후 다음 책으로 넘어가는 분들이 계실 수 있습니다. 하지만 이 방법은 언제 단계별 책을 다 읽나 하는 생각에 엄마도 아이도 지칠 수 있습니다. 20권을 한 번씩 다 본 후 다시 처음으로 돌아가 반복하는 것이 동기부여나 학습효율 면에서도 효과적입니다.

1단계 1권부터 2단계 마지막 권까지 모두 읽은 후 다시 처음부터

● 밸런스 영어 필수 그림책 1단계

연번	영역		제목	저자
1	색깔		Tell Me a Season	Mary McKenna Siddals
2	의성어 의태어		Hooray for Fish!	Lucy Cousins
3	묻는 말		Whose Baby Am I?	John Butler
4	촉감/모양		Dinosaur Roar!	Paul Stickland & Henrietta Stickland
5	색깔/모양		Freight Train	Donald Crews

영어 시험 잘보는법

연번	영역	제목	저자
6	알파벳	Me! Me! ABC	Herriet Ziefert
7	숫자	One to Ten and Back Again	Nick Sharratt & Sue Heap
8	동작	Susan Laughs	Jeanne Willis
9	묻는 말	Brown Bear, Brown Bear, What Do You See?	Bill Martin Jr. (그림: Eric Carle)
10	스토리	Snow	Uri Shulevitz

● 밸런스 영어 필수 그림책 2단계

연번	영역	제목	저자
1	묻는 말	See you later, Alligator!	Annie Kubler
2	시간	What's the time, Mr. Wolf?	Annie Kubler
3	동작	Dogs Don't Wear Sneakers	Laura Numeroff
4	알파벳	Chicka Chicka Boom Boom	Bill Martin Jr. & John Archambault
5	신체부위	Here Are My Hands	Bill Martin Jr. & John Archambault

영어 시험 잘보는법

연번	영역	제목	저자
6	의성어 의태어	The Watermelon Seed	Greg Pizzoli
7	동작	Maybe	Chris Haughton
8	스토리	Willy and Hugh	Anthony Browne
9	스토리	Olivia	Ian Falconer
10	스토리	Knuffle Bunny	Mo Willems

끝까지 반복하세요. 중간중간 아이가 흥미 있어 하는 책은 얼마든지 더 읽어주어도 좋습니다. 아이와 함께 여러 번 책을 읽으면서 그림책의 전문가가 된다는 마음이면 됩니다.

책을 읽어주되 어디에 포인트를 두고 읽어야 하는지 알고 읽어주어야 단기간에 효과를 극대화할 수 있습니다. 엄마가 먼저 영어책의 포인트를 알아야 아이 영어책도 효과적으로 읽어줄 수 있다는 것을 마을 모임을 통해 확인하게 된 계기가 있습니다. 저는 제가 생각하는 효과적인 영어 공부법을 동네 엄마들에게도 알려드리기 위해 마을 모임을 꾸려 운영해오고 있습니다. 당연히 비용은 없습니다. 아이 영어에 진심을 다하는 분들이 모여 함께 고민하고 답을 찾는 엄마들의 모임입니다.

이분들과 처음 모임을 시작하면서 저는 영어 그림책을 읽을 때 어디에 포인트를 두고 읽어야 하는지를 설명드렸습니다. 당연히 알고 계실 거라 생각했는데 함께한 분들 중에는 새롭게 책 읽는 방법을 알았다며 좋아하시는 분이 많았습니다. 블로그를 시작하고는 많은 분들이 아이 영어 교육에 어려움을 겪고 있다는 것을 알게 되었고 그분들에게 도움을 드리기 위해 온라인으로도 같은 이름의 영어책 읽기 모임을 운영하게 되었습니다. 온라인 멤버들에게는 직접 만나 그림책 읽기 방법을 설명할 수 없으니 제가 직접 그림책 읽기 가이드 영상을 찍어 카페에 올려 영상을 볼 수 있게 하였습니다.

그림책마다 페이지를 넘겨 가며 하나하나 어디에 포인트를 두고

영어 시험 잘보는법

읽어야 하며, 왜 이 그림과 이 단어가 쓰였는지를 설명했습니다. 화려한 기술을 장착한 영상이 아니었습니다. 휴대전화로 찍은 소박한 영상이었지만 엄마들의 반응은 폭발적이었습니다. 그간 이 책을 이렇게 읽어야 하는지 몰랐다는 의견부터 가이드 영상을 통해 모르던 것을 알게 되었다는 내용까지 엄마들의 반응이 다양했습니다. 적어도 필수 그림책 20권만큼은 엄마가 먼저 책을 읽어보고 이해하여 아이에게 읽어주었으면 합니다. 그림책 가이드 영상을 볼 수 있는 온라인카페 링크(https://cafe.naver.com/sulsuleng)를 첨부합니다. 영어 그림책 읽어주기가 부담스러운 엄마들에게 조금이나마 도움을 줄 수 있기를 바랍니다.

1학년 여름방학

집중듣기가 리스닝의 토대가 된다

아이가 1학년에 입학하고 한 학기 동안 필수 그림책을 포함하여 영어 그림책을 열심히 읽혀왔을 겁니다. 그렇다면 여름방학에는 한 단계 업그레이드를 위해 집중듣기 과정에 들어가야 합니다.

집중듣기란, 현재 아이가 가진 수준보다 살짝 높은 수준의 책을 음원(CD 혹은 mp3)이나 유튜브 '소리 내어 읽기Read Aloud' 영상을 활용해서 귀로 들을 수 있게 해주고 듣는 동안 아이는 눈으로 글을 따라가며 읽는 방식을 말합니다. 처음부터 눈으로 따라가는 것이 어렵다면 손가락이나 연필로 글을 짚어가며 읽어도 좋습니다.

아이의 평소 수준보다 조금 어려운 수준의 책을 선택해서 아이가 평소 접하지 않던 새로운 소리를 듣고자 하는 것이 집중듣기를 하는 이유입니다. 비록 귀로 들으며 책에 쓰인 글을 따라가는 과정이지만 다소 어려운 책을 활용하다 보니 아이가 책이 어렵다며 집중듣기를 이어가지 못하는 경우도 있습니다. 집중듣기를 시작할 때는 다음 요소들을 고려해야 합니다.

일단 5분만 해도 성공!

아이가 집중듣기를 시작하면 엄마도 곁에 앉아서 함께 들어보세요. 의외로 5분이 상당한 시간이라는 것을 알게 됩니다. 쉬운 챕터북의 경우 한 챕터를 다 읽는 데 5분이 채 걸리지 않는 경우도 있습니다. 모르는 글을 듣고 있기에 5분도 많습니다. 5분으로 시작해서 차차 집중듣기 시간을 늘려가면 됩니다.

취향에 맞는 책으로 집중력을 높여라

다소 어렵고 힘들어도 책이 재미있으면 아이는 엉덩이를 붙이고 듣습니다. 나중에는 실력에 따라 다양한 책을 읽어야 하겠지만 집중듣기를 처음 시작하는 시점에는 아이 취향에 꼭 맞는 책을 함께 찾아보는 것이 좋습니다. 요즘 아이가 하는 이야기, 잘 읽는 한글책들을 참고하여 아이 관심사에 맞는 책을 찾아 시작하시기 바랍니다.

영어 시험 잘보는 법

보상이 '영어 하는 즐거움'을 키운다

1학년이면 먹고 싶은 것 먹으며 마냥 노는 것이 좋을 나이입니다. 취향에 딱 맞는 책을 찾지 못했다면 보상을 준비하고 집중듣기에 들어가야 합니다. 집중듣기와 보상을 결합하여 집중듣기를 기분 좋은 자극으로 여길 수 있게 하는 것입니다. 비록 외부에서 주어지는 보상이지만 아이가 원하는 것, 필요로 하는 것을 적절하게 제공하면 없던 학습동기를 생기게 할 수도 있습니다. 밸런스 영어의 각 요소들이 서로 시너지를 낸다는 말, 기억하시죠? 학습동기가 생겨나면 영어책 읽기가 한결 쉬워집니다.

학습동기가 아이 마음에서 우러나기만을 기다리는 대신 어떻게 하면 아이 마음에 '영어 하고 싶은 마음'을 불러일으킬까에 대한 고민이 필요합니다. 그리고 그것을 보상으로 준비하는 겁니다. 집집마다 아이에게 맞는 보상이 다를 것입니다. 저희 집 아이들은 스티커를 모아 문구점에 가는 보상을 택했습니다. 또 엄마와 노는 시간이 적다고 생각해서 보상으로 엄마와 함께하는 시간을 요구하기도 했습니다. 아이와 상의하여 적절한 보상 방식을 찾아보기를 권합니다.

저학년도 독해 문제집, 해야 합니다

학기 중 영어 그림책 읽기와 집중듣기의 균형을 잘 이루어왔다면 겨울방학에는 독해문제집을 시작해봅니다. 이는 영어책 읽기를 통해 영어라는 언어를 자연스럽게 익혀 나가는 것과 동시에 독해문제집을 통해 장차 중고등학교 교과서와 시험에서 만나게 될 교과목으로서의 영어 간 균형을 맞추기 위함입니다. 중학교 가기 전에 하면 되는 것 아니냐고요? 초등 저학년부터 가랑비에 옷 젖듯 조금씩 접해야 부담 없이 중고등학교 영어를 소화할 수 있습니다. '독해문제집'이라는 단어가 주는 느낌 때문에 이것이 굉장히 어렵고 문법만 다루는 문제집인 것으로 생각하실 수 있습니다. 그보다는 원서로 접하는 영어와 학교에서 배우는 교과서 영어 사이의 간극을 메워주는 도구라고 여기시면 좋겠습니다.

우리나라처럼 영어가 모국어가 아닌 상황에서는 자연스러운 영어 습득을 위해 원서를 읽는 것과 동시에 학교에 가서 배울 영어를 미리 연습해야 합니다. 원서 읽기만으로는 채워지지 않는 부분입니다. 그 수단으로 독해문제집을 추천합니다. 시중에 나와 있는 독해문제집은 레벨별로 구분되어 있어 아이 수준에 맞는 것을 테스트해보고 고를 수 있고 점차 단계를 높여갈수록 아이 스스로 자신의 영어 실력이 오르고 있다는 성취감을 느낄 수 있습니다. 실제로 독해문제집의 수준이 높아질수록 아이가 읽는 원서의 수준이 높아지고 속도도 빨라집니다. 문제집의 단계를 밟아나갈수록 아는 단어가 늘어나고 문장을 이해하는 능력이 좋아지기 때문입니다.

독해문제집이 일상 영어와 교과 영어 사이만 메워주는 것은 아닙니다. 원서를 읽는 데는 시큰둥하던 아이가 독해문제집을 함께 했을 때 시너지 효과가 나는 경우가 있습니다. 영어책을 좋아하지 않지만 영어 문제집을 좋아하는 경우도 있으니 속단하지 마세요. 오히려 문제를 푸는 것에 흥미를 느껴서 영어에 재미를 붙일 수도 있습니다. 독해문제집을 한 권, 두 권 풀면서 레벨이 높아지면 단어의 수준이 점차 높아지고 문장의 길이가 길어집니다. 레벨이 높아지는 것을 자신의 눈으로 직접 확인하면 아이는 성취감을 느끼고 영어에 더욱 흥미를 가지게 됩니다. 이 상태에 이르면 더 높은 단계의 문제집을 스스로 찾고 엄마가 시키지 않아도 자리에 앉아 문제를 풀게 됩니다. 밸런스 영어의 한 축을 담당하고 있는 이른바 자기주도학습력이 길러지는 순간입니다.

실제로 우리 집 첫째가 이런 케이스입니다. 영어책을 읽기 시작했던 초반에는 아이의 취향을 한참 찾던 중이라 딱히 대박이라 할 만한 영어책이 없었습니다. 저는 평소에 원서가 영어의 본질을 알려주는 도구라면 독해문제집은 학교 영어에 대비하는 수단이자 원서를 더 잘 읽을 수 있도록 도와준다고 여겼기에 아이에게 독해문제집을 건넸습니다. 교재는 두 가지 정도를 선별해서 둘 중 하나를 고르게 했습니다. 이후 언제, 얼마나 문제집을 풀지는 아이가 정하게 했더니 스스로 주도권을 갖고 문제집에 대한 거부감 없이 수월하게 시작했습니다. 독해문제집 풀이를 기점으로 아이의 자기주도학습력이 눈에 띄게 늘어났으며 영어책을 읽거나 학교 숙제를 할 때에도 어른의 지시 없이 조금씩 스스로 하는 습관이 생겼습니다.

첫째는 문제집을 빠르게 끝내는 것에 만족감을 느끼는 스타일이었습니다. 빠르게 풀어나간다고 해서 '정확하고 꼼꼼히 보라'는 식의 이야기는 하지 않았습니다. 일단 아이 스스로 진행하게 두고 교재 마무리 시점에 교재에 딸린 워크북을 풀면서 잘 모르거나 부족한 부분은 다시 주 교재로 돌아가 내용을 확인했습니다.

독해문제집을 초등학교 1학년 겨울방학에 시작해두면 이것이 원서 읽기의 촉매제가 되고 문제 풀이와 독해 위주의 학교 영어에 대비하는 기회가 됩니다. 영어에 대한 아이의 성취감을 올려주고 세분화된 단계로 구성되어 있어 실력에 맞춰 선택할 수 있는 영어 독해문제집을 몇 가지 소개하겠습니다.

《미국교과서 읽는 리딩》으로 배경지식을 쌓아라

《미국교과서 읽는 리딩》은 미국 교과서의 내용을 기반으로 교재를 구성하여 자연스럽게 영어를 익히고 미국 문화에 대한 배경지식을 갖출 수 있는 교재입니다. 다음의 사진 속에 표시된 교재가 초등학교 수준에 해당하는 교재입니다.

《미국교과서 읽는 리딩》은 각 페이지마다 QR코드가 배치되어 있어서 단어나 문장을 바로 들을 수 있기에 아이 혼자서 진행하는 데 큰 어려움이 없습니다. 저는 QR코드 리더 기능이 있는 휴대전화 공기계를 아이에게 주고 아이 스스로 QR코드를 찍어서 음원을 들어가며 교재를 풀도록 했습니다. 듣지 않아도 문제를 풀 수 있다고 그냥 넘어가지 말고 한 번은 듣게 하는 것이 좋습니다. 원어민의 발음과 억양에 익숙해질 수 있기 때문입니다. 주 교재는 아이 혼자서 하더라도 워크북으로 리뷰할 때는 반드시 엄마가 내용을 확인해야 합니다. 워크북을 진행하며 제대로 답하지 못하는 파트는 주 교재로 돌아가서 내용을 다시 봅니다. 독해문제집을 잘 풀어서 초등 단계를 일찍 끝내게 되면 아이가 초등학생이더라도 중학생 단계로 분류되

	유아 - 취학 전	초등 저학년	초등 고학년	중학 1학년	중학 2학년	중학 3학년
	영어 기초가 부족한 중고등생, 성인			영어를 촘촘히 다시 제대로 다지고 싶은 고등학생, 성인		
알파벳/파닉스	알파벳 키 / 미국교과서 읽는 리딩 파닉스 키 1-10	어메이징 파닉스 1-4 + 리더스 세트 1-4	파닉스 스타트다 1,2			
리딩	미국교과서 읽는 리딩 Preschool Starter 1-6	미국교과서 읽는 리딩 Preschool 1-6 / 미국교과서 읽는 리딩 Preschool Plus 1-4	미국교과서 읽는 리딩 PreK 1-4 / 미국교과서 읽는 리딩 K 1-4	미국교과서 읽는 리딩 Easy 1-4 / 중학 고공행진 영어독해 Level1	미국교과서 읽는 리딩 Basic 1-4 / 중학 고공행진 영어독해 Level2	미국교과서 읽는 리딩 Core 1-3 / 중학 고공행진 영어독해 Level3
리스닝&스피킹	리스닝편 1-3	리스닝&스피킹 Preschool 1-3	리스닝&스피킹 PreK 1-4 / 리스닝&스피킹 K 1-3 / 초등 고학년 집중 초집중 영어듣기 1-2	초등 고학년 집중 초집중 영어듣기 1-2	중학 고공행진 영어 말하기 Level 1,2	
단어	초등 단어가 읽기다 starter 1,2	초등 단어가 읽기다 Level 1,2	초등 단어가 읽기다 Level 3,4 / 초등 고학년 집중 초집중 단어가 읽기다 1,2	미국교과서 읽는 영단어 Grade 1,2 / 중학 단어가 읽기다 기본	미국교과서 읽는 영단어 Grade 3,4 / 중학 단어가 읽기다 실력	미국교과서 읽는 영단어 Grade 5,6 / 중학 단어가 읽기다 어원
문법	초등 문법이 쓰기다 Starter 1,2		초등 문법이 쓰기다 기본 1,2 / 초등 고학년 집중 초집중 영문법 1-3	중학 문법이 쓰기다 1학년 + 서술형 집중훈련 / 문법이 내신이다 1학년 / 중학 고공행진 영문법 Level1	중학 문법이 쓰기다 2학년 + 서술형 집중훈련 / 문법이 내신이다 2학년 / 중학 고공행진 영문법 Level2	중학 문법이 쓰기다 3학년 + 서술형 집중훈련 / 문법이 내신이다 3학년 / 중학 고공행진 영문법 Level3
독해	리딩편 1-3	초등 구문이 독해다 Starter 1, 2	중학 구문이 독해다 Starter	중학 구문이 독해다 1	중학 구문이 독해다 2	중학 구문이 독해다 3

키출판사 홈페이지의 학년별 교재 가이드

어 있는 교재로 넘어가도 좋습니다.

'브릭스 리딩'으로 레벨 점검하기

브릭스Bricks사가 만든 브릭스 리딩은 제목 뒤에 숫자로 레벨이 표시되어 있습니다. 브릭스 리딩Bricks Reading은 홈페이지에서 레벨 테스트를 무료로 제공하고 있으니 교재를 선택하는 데 어려움이 있다면 이 레벨 테스트부터 먼저 해보고 적절한 등급을 선택하는 것이 좋습니다.

《미국교과서 읽는 리딩》 시리즈가 프리스쿨 단계에서 단어, 표현 등 단편적인 요소로 이어지고 독해와 문법으로 점차 나아가는 것에 반해 브릭스 리딩은 일정 길이의 영어 지문을 주고 글의 내용에 대한

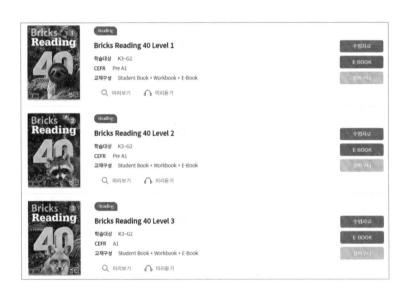

영어 시험 잘보는 법

것을 묻는 전형적인 독해문제집입니다. 그래서인지 독해문제집을 시작할 때 낮은 단계의 《미국교과서 읽는 리딩》을 선택하여 진행하다가 일정 수준이 되면 브릭스 리딩으로 넘어가는 케이스를 많이 보았습니다. 두 교재의 내용 구성과 특성이 다르므로 오프라인 서점에 나가 직접 보고 고르거나 각각의 홈페이지를 방문해서 교재 설명을 꼼꼼히 보고 아이의 수준에 맞는 것을 골라 시작하는 것이 좋습니다.

그림책 읽기 실력을 높이는
사이트워드와 복리식 읽기

■ 사이트워드(Sight Words)란 무엇인가

사이트워드란 많이 보고 접해서 특별한 노력을 기울이지 않아도 직관적으로 알아볼 수 있는 단어를 말합니다. 사이트워드의 사전적 정의의 첫 줄을 보면 출판물에 빈번하게 등 장하는 단어라고 되어 있습니다. 따라서 사이트워드를 익혀둔다면 영어 원서를 읽을 때 읽기 속도가 빨라지고 이해도도 함께 높아집니다. 미취학 아동이라면 의도적인 사이트 워드 학습 없이 그림책만 보는 것을 추천합니다. 그러나 초등학생이 되어 원서 읽기를 시작한 경우라면 사이트워드만 따로 익히는 것이 영어 실력을 늘리는 데 확실히 도움이 됩니다. 또한 다소 추상적인 개념의 사이트워드도 잘 이해할 수 있습니다. 사이트워드는 크게 Dolch 사이트워드와 Fry 사이트워드로 나뉩니다. 각각에 대한 설명과 함께 바로 가기 QR코드를 첨부했습니다.

• 돌체(Dolch) 사이트워드

단계별로 총 220개 단어를 유아~초3 단계까지 나누고 있습니다. 명사 사이트워드 95개까지 포함하면 총 315개 단어입니다.

Dolch Sight Words

• 프라이(Fry) 사이트워드

단어 100개씩 10단계로 나누어 총 1,000개의 단어로 구성되어 있습니다. Dolch 사이트워드가 몇십 년째 개정이 없는 것에 비해 Fry 사이트워드는 더 최근의 것이라 볼 수 있습니다.

Fry Sight Words

Dolch Sight Words Pre-Kindergarten(40words)		Fry Sight Words First 100 Words(#1–100)			
a	look	the	or	will	number
and	make	of	one	up	no
away	me	and	had	other	way
big	my	a	by	about	could
blue	not	to	words	out	people
can	one	in	but	many	my
come	play	is	not	then	than
down	red	you	what	them	first
find	run	that	all	these	water
for	said	it	were	so	been
funny	see	he	we	some	called
go	the	was	when	her	who
help	three	for	your	would	am
here	to	on	can	make	its
I	two	are	said	like	now
in	up	as	there	him	find
is	we	with	use	into	long
it	where	his	on	time	down
jump	yellow	they	each	has	day
little	you	I	which	look	did
		at	she	two	get
		be	do	more	come
		this	how	write	made
		have	their	go	may
		from	if	see	part

출처 https://sightwords.com/

사이트워드가 읽기 실력을 높이는 데 중요한 역할을 하는 것은 맞지만 앞서 제시한 것과 같은 사이트워드 표나 단어 플래시 카드로 사이트워드 학습을 시작하는 것은 추천하지 않습니다. 무작정 표에 있는 단어를 보고, 읽고, 쓰면서 단어의 의미를 공부하는 것은 덧셈의 의미도 모르고 구구단표를 외우는 것만큼 힘듭니다. 그럼 사이트워드는 어떻게 시작해야 할까요? 사이트워드 역시 이야기를 곁들인 책으로 시작해야 잘 익힐 수 있습니다. 시중에 사이트워드를 다룬 리더스북이 많이 나와 있습니다. 그중 문장이 간결하고 글밥이 많지 않아 여러 번 읽어도 부담 없는 스콜라스틱 사이트워드 리더스를 학습용 책으로 추천합니다.

· 스콜라스틱 사이트워드 리더스

스콜라스틱 사이트워드 리더스는 짧고 간단한 이야기 속에 타깃이 되는 사이트워드 한두 개를 반복 등장시킴으로써 그 단어의 뜻과 철자를 익힐 수 있게끔 만들어진 책입니다. 책 내용에 반전도 있어서 엄마가 약간의 연기력을 더해 읽어주면 아이들이 공부라고 생각하지 않고 재미있게 사이트워드를 접할 수 있습니다. 권당 분량이 적어 아래 소개할 복리식 읽기에도 딱 맞습니다.

■ 마법의 책읽기 '복리식 읽기'

복리식 이자가 이미 앞에 붙은 이자까지 원금으로 쳐서 다시 이자를 쌓아가는 것처럼, 복리식 읽기는 영어책을 읽어갈 때 앞에 읽은 책에 누적하여 새 책을 읽어가는 방식입니다. 첫째 날은 한 권을 읽고, 둘째 날은 한 권을 다시 읽고 두 권 추가, 셋째 날은 읽었던 두 권을 먼저 읽고 세 권을 추가하는 식입니다. 한 번 읽은 책을 누적하며 반복하기 때문에 자연스럽게 영어 단어와 문장을 반복한다는 장점이 있습니다. 내용이 제각각이고 글밥이 많은 그림책에 복리식 읽기를 적용하면 복리식 읽기 효과를 보기 어렵습니다. 복리식 읽기를 처음 도전할 때는 분량이 적은 책으로 권수를 많이 쌓는 것이 좋습니다. 앞서 소개한 스콜라스틱 사이트워드 리더스는 이러한 조건을 충족시키는 책입니다.

스콜라스틱 사이트워드 리더스는 모두 24권으로 하루 한 권을 읽는다고 해도 한 달 안에 전체 시리즈 읽기가 가능합니다. 복리식 읽기를 진행할 때 지나간 날의 책을 누적해서 모두 다 읽고 오늘의 새 책을 맨 마지막에 읽어야 하는데, 간혹 새 책을 먼저 읽으려는 경우가 있습니다. 이 경우 오늘의 새 책에 대한 기대감이 줄어 금방 싫증을 낼 수 있으니 꼭 지나간 책부터 읽고 새 책을 마지막에 읽을 것을 권합니다.

책의 한 권 분량이 적다 해도 기본적으로 집중시간이 짧은 초등 저학년 아이들에게 누적해서 책을 읽는다는 것이 쉽지는 않습니다. 복리식 읽기 성공을 위해 미션완료 시 보상을 지급하는 조건으로 시작해보는 것도 좋습니다. 복리의 마법은 저축에만 적용되는 것이 아닙니다, 영어 그림책 읽기와 더불어 사이트워드를 복리식 읽기로 익히다 보면 어느 순간 영어를 줄줄 읽는 내 아이를 발견할 수 있습니다.

■ 효과가 배가 되는 낮은 단계 리더스북 '복리식 읽기'

리더스북Readers' book이란 이제 막 책을 스스로 읽기 시작한 아이들을 독자Reader로 칭하고 이 아이들이 자신의 읽기 실력에 맞게 책을 읽어 나가면서 읽기 능력을 향상시킬 수 있도록 만들어진 책을 말합니다. 쉬운 리더스북과 복리식 읽기를 결합하면 영어 실력이 껑충 뜁니다. 복리식 읽기에 활용하기 좋은 낮은 단계의 리더스북을 소개합니다.

• Biscuit 시리즈

앨리사 새틴 카푸칠리Alyssa Satin Capucilli가 쓰고 팻 쇼리스Pat Schories가 그린 《I Can Read! My First Book》을 추천합니다. Biscuit 시리즈는 귀여운 그림체와 재미있는 내용, 다양한 의성어로 그림책만큼 아이들에게 인기가 좋은 리더스북입니다. 실생활에서 쓰는 표현이 다양하게 등장하여 엄마가 아이들에게 바로 쓰기 좋은 문장이 많은 것도 장점입니다. Biscuit 시리즈를 완독하고 나면 아이가 영어 읽기에 자신감이 붙고 그림책만 읽을 때보다 영어를 편안해하는 것이 느껴질 것입니다.

• Elephant & Piggie 시리즈

《Knuffle Bunny》의 작가 모 윌렘스Mo Willems가 그리
고 쓴 책으로, 주인공인 제럴드와 피기가 나누는 대화는
곱씹을수록 재밌습니다. 문장이 간단한 것에 비해 내용
은 다소 생각을 해야 웃음이 터지는 위트가 있는 편이므
로 읽을 때마다 아이가 재미있다고 느끼는 포인트가 달
라질 수 있습니다. 엄마와 아이가 호흡을 맞춰 연극하듯
읽기에도 딱입니다.

초등학교 2학년,
독해의 걸음마가 시작된다

그림책과 독해문제집의 콜라보레이션

필수 그림책과 쉬운 그림책을 읽어왔다면 이제 글밥 있는 그림책으로 영역을 확대하면 좋습니다. 이때 복리식 읽기로 반복하여 익힌 사이트워드가 글밥 있는 그림책으로 수월하게 넘어갈 수 있도록 도와줍니다. 1학년 때 읽는 영어 그림책은 단어나 문장의 수준이 비교적 간단하고 페이지 수도 많지 않아 아이가 다소 흥미를 느끼지 못하더라도 엄마와 함께 읽어 나갈 수 있습니다. 그런데 글밥이 늘어나는 단계에서는 아이의 취향을 고려하여 책을 선택하는 것이 영어책을 꾸준히 읽어 나가는 데 큰 도움이 됩니다.

필수 그림책 20권 읽기를 통해 영어 그림책 읽기가 루틴으로 자리 잡고 내 아이의 취향에 대한 감을 어렴풋이 잡았다면 앞으로 진행할 글밥 있는 그림책 읽기는 아이 취향을 좀 더 확실하게 알 수 있는 과정이 될 것입니다. 아이 취향에 맞는 영어책을 고르려면 유튜브를 통해 그림책에 대한 정보를 얻거나 도서관을 활용하는 방법도 추천합니다. 유튜브를 활용하는 자세한 방법은 다음 내용(122쪽 참고)을 활용하세요.

영어도서관에서 연령별 추천도서를 찾아라

영어 그림책이 무엇인지 보드북은 무엇이며 페이퍼백, 하드북은 무엇인지 등 영어 그림책에 대한 개념이 막연하다면 지역 내 영어도서관을 방문하여 도서관 사서 선생님께 연령별 추천도서 등의 도움을 받는 것을 추천합니다. 해당 영어도서관 홈페이지를 먼저 방문해서 도서 대출 방법이나 프로그램 이용방법 등 도서관의 전반적인 시스템을 사전에 파악하고 방문하는 것이 좋습니다. 영어도서관에는 다양한 연령층을 겨냥한 상설프로그램도 준비되어 있으니 아이와 함께 방문한다면 아이의 영어 학습동기 부여에도 도움이 됩니다.

영어 그림책 가이드북을 100% 활용하라

영어 그림책에 대한 정보를 얻을 수 있는 가이드북이 시중에 많이 나와 있습니다. 개인별 사례를 근거로 엄마표 영어 공부에 효과가

영어 시험 잘보는법

좋았던 책을 추천하기도 하고 말 그대로 영어책을 큰 분류로 나누어가며 사전식으로 설명하는 책도 있습니다. 공부방 원장이나 학원 강사들이 영어 그림책으로 수업했던 후기와 함께 책을 추천하는 사례도 있습니다. 각자의 목적에 맞게 책을 선택해서 보면서 영어 그림책에 대한 정보를 얻을 수 있습니다. 그중 분류와 설명이 이해하기 쉽게 되어 있고 내 아이의 취향도 찾을 수 있어서 영어 원서에 대한 큰 그림을 그리는 데 도움을 주는 책을 소개합니다.

《잠수네 프리스쿨 영어 공부법》, 이신애 지음

학습사이트 '잠수네 커가는 아이들'에서 발행한 책으로 자체적인 기준을 가지고 책을 레벨별로 분류하여 소개하고 있습니다. 아주 쉬운 그림책을 1단계, 그다음이 2단계, 글밥이 늘어나는 그림책은 3단계로 분류하는 식입니다. 리더스, 챕터북까지 다루고 있어 영어책 전반에 대한 정보를 두루 얻을 수 있습니다. 책의 난이도뿐만 아니라 내용에 따라 책을 분류하여 소개하고 있어서 그림책을 선택하는 데 상당히 도움이 됩니다. 분류 기준이 명확하고 한눈에 들어와서 아이와 영어 공부를 시작하는 초반에 갖춰두면 좋은 책입니다.

《영어 그림책의 기적》, 전은주 지음

목차만 봐도 추천하고 있는 그림책의 목록을 알 수 있도록 잘 구성되어 있습니다. 또한 각 목차별로 책에 대한 핵심 설명을 해두어서 각자의 목적에 맞는 그림책을 고르기가 쉽습니다. 핵심 설명을 읽으면 그림책의 내용까지 짐작할 수 있어서 엄마가 일일이 아이의 흥미를 끌 만한 요소가 있는 그림책을 찾는 수고를 덜어줍니다.

유튜브 그림책 Read Aloud 영상을 활용하라

글밥 있는 그림책을 읽기 부담스러워하는 아이라면 우선 들려주도록 합니다. 글자를 눈으로 따라가는 집중듣기를 한번 하고 나면 아이는 읽는 데 훨씬 부담을 덜 느낍니다. 책마다 음원이 있기도 없기도 합니다. 음원이 있더라도 CD로 되어 있으면 CD플레이어를 통해 들려주어야 해서 번거롭습니다. mp3 등 음원 파일이 있다고 해도 세이펜과 같은 어학용 전자펜에 담거나 컴퓨터, 휴대전화 등 기기에 연결해야 합니다. 이럴 때 편하게 이용할 수 있는 것이 바로 유튜브입니다. 유튜브에는 영어 그림책을 읽어주는 영상이 많습니다. 특정 그림책을 읽어주는 영상을 찾고 싶을 때는 '책 제목+read aloud'로 검색하면 해당 책을 소리 내어 읽어주는 영상을 찾을 수 있습니다. 'odd socks read aloud', 'freight train read aloud'와 같이 말이죠.

특정 그림책을 찾는 것은 아니지만 다양한 그림책을 보고 싶을 때는 'picture book for kids'로 검색하면 재미있는 그림책을 많이 찾을 수 있습니다. 아이에게 썸네일을 보여주며 보고 싶은 영상을 고르게 합니다. 글자가 많은 책이라면 거부하던 아이도 영상으로 읽는 책은 잘 보는 경우가 많습니다. 때로 책을 노래와 함께 애니메이션

영어 시험 잘보는 법

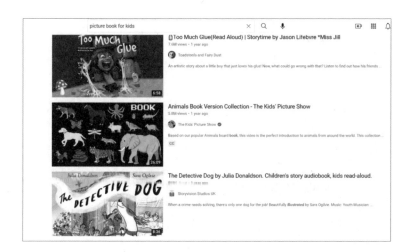

처럼 구성한 영상도 있어 아이의 흥미를 끌기 좋습니다.

글밥 있는 그림책으로 넘어갔다고 해서 독해문제집에 소홀하면 안 됩니다. 오히려 이 시기에 독해문제집 푸는 양을 늘려보세요. 그러면 영어책과 독해문제집의 시너지가 일어납니다. 아이가 잘 따라오고 있다면 독해문제집의 수준을 높이는 것을 주저하지 마시기 바랍니다. 지금 아이는 겉으로 보이는 것보다 훨씬 영어 실력이 늘어난 상태여서 조금 어려운 독해문제집으로 넘어가더라도 영어가 어렵다는 생각은 하지 않습니다. 학기 중에는 그림책과 독해문제집의 균형을 통해 계속해서 아이 영어 실력을 다져 나가야 합니다.

애니메이션 흘려듣기 시간의 효과

방학은 학교 수업이 이어지는 학기 중에 비해 비교적 엄마와 아이 마음에 여유가 생기는 시기입니다. 이럴 때 새로운 것을 시도해야 아이가 예민하게 반응하지 않습니다. 마음에 부담이 없는 여름방학을 이용해 영어 애니메이션을 활용합니다.

그간 영어책 읽기를 통해 읽기량을 늘렸지만, 읽기에만 너무 치우치면 영어로 듣고 말하는 연습이 부족해질 수 있습니다. 이때는 영어 애니메이션을 통해 읽기량과 듣기량의 불균형을 해소해야 합니다.

초등학교 영어 수업은 챈트(영어노래)나 대화하기 등의 듣고 말하는 활동이 차지하는 비중이 크다고 말씀드렸습니다. 비단 수업 때문이 아니더라도 영어 애니메이션 보기의 장점은 많습니다. 주로 일상생활을 다룬 것이 많아 생활에서 자주 사용하는 영어 표현을 듣고 익힐 수 있고 영어 소리와 억양에 익숙해져 자연스럽게 영어를 말하는 데 큰 도움이 됩니다. 실제로 아이들에게 영어 애니메이션을 꾸준히 노출하면 아이 입에서 어느 순간 애니메이션에서 들었던 표현이 튀어나옵니다.

저는 제 아이들에게 영어 애니메이션을 꾸준히 보여주었을 때의 효과를 확실히 느꼈습니다. 매일 일정 분량의 영어 애니메이션을 꾸준히 보여주었더니 아이들이 생활하는 와중에 영어를 곧잘 섞어 말했습니다. "Please, stop it.", "Do it, now!"처럼 간단한 표현부터 "I like all kinds of berries, except strawberry."와 같은 좀 더 긴 문장도 자연스럽게 구사했습니다. 어려운 표현은 아니지만 어쨌든 그 말이 필요한 순간에 우리말보다 영어가 먼저 튀어나올 수 있었던 것은 매일 보았던 영어 애니메이션 덕분이라고 생각합니다.

영어 애니메이션 보는 시간을 만들기 위해서는 두 가지를 기억해야 합니다. 우선 애니메이션 보는 시간을 고정해야 합니다. 읽기와 듣기의 균형을 맞춰줄 영어 애니메이션 효과를 제대로 보려면 영어 애니메이션을 보는 양이 일정량 채워져야 합니다. 그 양을 채우는 첫 단계가 바로 고정 시간 확보입니다. 적어도 하루에 30분씩 매일 볼 것을 권합니다. 방학 기간에 하루 30분 시간 내기가 뭐 어려울까 싶지만 시각을 정해두지 않으면 어영부영 시간이 흘러갑니다.

오전 11시, 오후 4시처럼 고정 시간을 정하면 갑작스러운 스케줄 변동이 있을 경우 유연하게 대처하기 어렵습니다. 저는 하루 중 반드시 하는 특정 행동과 결합하여 고정 시간을 확보할 것을 추천합니다. 저녁(혹은 점심)을 먹는 동안에 영어 애니메이션을 본다'라고 생각하는 것입니다. 영상을 보느라 한없이 식사 시간이 길어지는 것은 안 됩니다만, 30분 정도라면 식사 시간으로도, 영상을 보는 최소 시간으로도 적당하다고 생각합니다. 아이가 영상을 계속해서 보고 싶어 하면 식사를 시간 내에 마치면 더 보여주겠다고 하면 됩니다.

같은 식사 시간이라도 아침 먹는 시간은 권하고 싶지 않습니다.

아이가 자는 동안 두뇌는 밤새 정보를 처리하고 정돈합니다. 아침은 그런 두뇌가 가장 말랑말랑한 상태입니다. 이때는 한글책이든, 영어책이든 책을 읽거나 아이가 계획한 다른 일들을 할 수 있도록 돕는 것이 바람직하다고 생각합니다.

꼭 밥 먹는 시간이 아니더라도 아이가 매일 하는 활동이면 무엇이든 고려 대상입니다. 2학기에도 영어책 읽기와 균형을 이루어 지속해 나가야 하므로 기왕이면 학기 중에도 부담 없이 이어갈 수 있는 시간대에 이루어지는 활동과 결합하면 좋겠습니다.

그 다음으로 기억할 것은 애니메이션을 보는 동안 아이의 집중력 유지입니다. 아이가 아는 영어 단어와 표현이 늘었다고 한들 꽤 빠른 속도로 이어지는 영어 애니메이션을 다 이해하며 보지는 않습니다. 모르는 말이 더 많지만 이런 말이겠거니 추측하며 본다고 생각하셔야 합니다. 그렇기 때문에 영어 애니메이션이 유치하거나 재미있지 않다면 아이는 쉽게 흥미를 잃습니다. 거꾸로 쉬운 영어 표현이 많은 애니메이션을 보여주고 싶은 마음에 너무 낮은 단계의 영상을 선택한다면 아이가 흥미를 느끼지 못할 수도 있습니다. 적절히 아이의 흥미를 돋울 만한 애니메이션으로 영어듣기 시간을 확보해야 합니다. 초등 저학년에 재미있게 볼 법한 영어 애니메이션을 몇 가지 소개합니다. 참고하여 내 아이 수준과 취향에 맞는 것을 찾아보면 좋습니다.

영어 애니메이션을 보여줄 때는 유튜브를 활용하면 엄마가 편합니

제목	내용
Ruff-Ruff Tweet And Dave	Ruff-Ruff, Tweet, Dave라는 이름을 가진 3명의 캐릭터가 등장하며 매 에피소드마다 모험을 떠나 질문에 답하는 형식이다.
Little Einsteins	클래식, 명화, 작곡가, 미술가 등 배울 거리가 많아 엄마들이 더 선호한다. 볼거리가 많고 다양한 표현이 등장한다.
Harry and His Bucket Full of Dinosaurs	주인공 Harry가 자신의 공룡 인형들과 모험을 떠나 한바탕 일을 겪고 다시 현실로 돌아오는 이야기. 내용이 흥미진진하다.
Simon	그림이 예쁘고 스토리가 재미있다. 형과 동생 사이에 벌어지는 일이나 대화가 형제, 남매들이 공감할 만한 내용이 많다.
Cooking? Child's play	요리 재료와 레시피를 소개하며 대화를 주고받는다. 속도가 적당하고 반복되는 표현이 많다.
PEEP and the Big Wide World	개그 코드가 맞으면 깔깔 웃음 터지는 시리즈. 말이 다소 빠르지만 흥미를 유발하기에는 딱 좋다.
Peppa Pig Max and Ruby Caillou (까이유 시리즈)	영어 애니메이션 입문의 고전이라 할 만큼 유명한 시리즈이다. 기본적으로 재미있고 아이들이 공감할 만한 내용이 많다. 아이가 재미있게 봐주기만 한다면 배울 게 정말 많다.

다. 프리미엄 기능을 활용하여 광고 없이 영상을 보여주세요. 중간에 아이가 좋아하는 게임 광고가 끼어들면 몰입이 깨져 영어 애니메이션을 보는 효과가 떨어집니다. 참고로 애니메이션을 검색할 때는 애니메이션 제목 뒤에 'full episodes'를 붙여 검색하세요. Compilation으로 표기된 것은 대부분 일부 내용을 잘라 이어 붙인 것이어서 하나

의 흐름으로 내용이 이어지지 않아 이해가 어렵습니다.

3학년 영어 교과서를 예습할 때

여름방학을 마치고 2학기 중에 글밥 있는 그림책과 영어 애니메이션, 독해문제집을 적절하게 진행해왔다면 2학년 겨울방학을 큰 걱정 없이 맞이할 수 있습니다. 봄방학 전에 학교에서는 3학년 교과서를 나누어줍니다. 하루에 다 못 가지고 올 분량이어서 이틀에 나눠 가져오기도 합니다. 이때 3학년 영어 교과서를 처음 만나게 됩니다. 아이가 교과서를 가지고 오면 우선 출판사를 확인하고 가능하면 디지털교과서를 휴대 가능한 기기에 미리 다운로드하는 것을 추천합니다. 아이가 3학년이 되어 책을 학교에 들고 가더라도 엄마는 이 디지털교과서를 통해 아이 교과서를 보면서 아이가 학교에서 배울 내용을 미리 볼 수 있습니다.

겨울방학 동안 3학년 때 배울 영어 교과서를 차근차근 넘기면서 한 단원이 어떤 식으로 구성되어 있는지를 아이와 함께 살펴보기를 권합니다. 듣기로 시작해서 본문이 이어지고 다시 마무리 활동을 하는 등 교과서마다 일정 구조가 있습니다. 큰 틀을 먼저 파악한 후 단원별로 차근차근 봅니다. 교과서는 앞에 배운 내용을 기반으로 다음 내용을 위계적으로 쌓아가는 구조입니다. 그러니 단원 순서대로 미리 살펴보면 도움이 됩니다.

그런데 이때 미리보기가 아니라 공부를 시키는 부모님이 있습니다. 초등학교 시절 미리보기란 다음 학년에 어떤 것을 배울지, 어떤 활동들이 있는지를 확인하는 정도면 충분합니다. 이 내용으로 시험을 치는 것도 아니고 아이가 교과서를 줄줄 외워야 수업을 잘하는 것도 아니니 큰 부담 없이 교과서를 살펴보시면 좋겠습니다. 기초학력진단평가라고 해서 매해 3월에 치는 시험이 있습니다만, 이 시험은 새로운 학년을 진행하기에 앞서 지난해에 기본적으로 알아야 할 것을 잘 배웠는지, 필수로 알아야 하는 것을 놓치고 있지는 않은지 알아보는 시험이므로 학교 수업을 잘 소화했다면 충분히 기준을 통과할 수 있으니 크게 걱정하지 않으셔도 됩니다.

2학년 겨울방학 시기에 놓치지 말아야 할 것이 있습니다. 이제 밸런스 영어를 시작한 지 햇수로 2년차입니다. 이쯤 되면 아이가 영어 책 읽기에 익숙해져 눈으로 빠르게 글을 훑어 읽을 것입니다. 엄마가 보기에 대강 읽는 것 같아 넌지시 내용을 물으면 얼추 맞게 설명하니 책을 제대로 읽으라고 더 말할 수도 없습니다. 이때 필요한 것이 집중듣기 후 음독입니다. 음독은 영어 문장을 소리 내어 읽는 것을 말합니다.

집중듣기를 하는 동안 아이는 자신이 모르는 단어도 알고 있다고 '생각'합니다. 집중듣기를 하며 글자를 눈으로 따라가는 것은 소리 내어 읽는 것보다 속도도 훨씬 빠릅니다. 이럴 때 음독을 시도하여 아이가 책을 정말 제대로 읽을 수 있는지 아닌지를 체크해야 합니다. 막상 소리 내어 읽어보니 모르는 단어가 생각보다 많아서 흐름이 끊긴다면 방학 동안 단 한 권을 읽더라도 음독을 통해 속도를 낮추고 정확성을 높여야 합니다. 모르는 단어를 모르는 채로 두고 단계만 높이는 것은 속 빈 강정과 같아서 단계가 높은 책을 읽더라도 아이 실력은 그대로일 가능성이 높습니다. 바꿔 말하면 음독을 통해 실제 아이의 실력을 점검하고 아이 실력에 난 구멍을 메울 수 있다는 뜻입니다.

음독이 이러한 효과가 있다고 해서 아이가 싫어하는 기색을 비치거나 피곤해 하는데도 음독을 강요해서는 안 됩니다. 엄마도 아이와 함께 음독을 한번 해보세요. 소리 내어 책을 읽는 시간이 5분을 넘어가면 상당히 힘들다는 것을 알게 됩니다. 음독은 많은 에너지를 필요로 하는 활동이므로 중간중간 아이 실력을 점검하는 용도로 활용하되 아이가 힘들어하면 바로 그만두어야 합니다. 아이가 집중듣기 후 음독을 힘들어하는 기색이 보이면 좀 더 쉽고 페이지가 적은 책으로 먼저 집중듣기를 합니다. 소리 내어 읽는 것보다 에너지가 훨씬 덜 들어가므로 아이도 수월하게 진행합니다. 충분히 들었다 싶을 때 다시 음독을 시도합니다. 여러 번 들어서 소리 내어 읽는 것에 대한 부담을 먼저 낮춰주어야 합니다. 이후 음독을 다시 시도하세요. 집중듣기 후 음독을 통해 영어 실력의 정확도를 높이되 아이가 소리 내어 책읽기에 자신감을 보이면 한동안 음독을 멈춰야 합니다. 정확

영어 시험 잘보는 법

성이 갖춰졌다 싶으면 다시 많은 양의 책을 들고 읽는 단계로 나아가
야 하기 때문입니다.

영어 그림책을
스스로 읽게 하려면

다양한 경로를 통해 엄마가 영어 그림책에 대한 이해를 넓혔다면 이제는 아이 취향에 맞는 그림책으로 범위를 넓힐 차례입니다. 대부분의 영어 교육서에서는 아이의 '취향에 맞는' 책을 찾아주라고 합니다. 그래야 영어책을 잘 본다고 말입니다. 그렇다면 많고 많은 책 중에서 어떻게 우리 아이 취향에 맞는 책을 찾아 영어책 읽기를 확대할 수 있을까요?

■ 재미있게 읽은 한글책으로 시야를 넓혀라

한글로 재미있게 읽은 책의 원서를 찾아보세요. 내 아이가 재미있게 읽은 책인데 알고 보니 영어 원서로도 이미 유명한 책인 경우가 많습니다. 도서관의 세계 창작동화 코너에 있는 책들이 바로 원서를 번역한 내용입니다. 그 외 궁금한 책이 있다면 인터넷 검색창에 '우리말 책 제목+원서'로 검색하면 원서 관련 정보를 쉽게 찾아볼 수 있습니다.

이미 내용을 알고 있어서 영어책을 읽는 의미가 있을까 싶겠지만 오히려 그 점이 장점으로 작용합니다. 한글로 된 책을 읽었기 때문에 모르는 단어를 만나도 대략 그 의미를 추측할 수 있습니다. 한글로 재미있게 본 책이라 영어책도 끝까지 읽을 가능성이 높습니다. 이렇게 끝까지 읽는 영어책이 한 권, 두 권 쌓이면 그다음에는 한글로 재미있게 본 것과 상관없이 새로운 영어책을 거부감 없이 받아들이게 됩니다.

한글로 이미 한 번 읽은 것을 영어책 원서로 찾아본다고 하니 애초에 영어 교육 목적으로 묶어 나온 '한글-영어 쌍둥이북 전집' 형태를 찾아보는 분들도 있겠지만 저는 이 방법은 추천하지 않습니다. 전집을 일단 집에 들이고 나면 아이가 다 읽어야 한다는 생각에 엄마가 부담을 가질 수 있고 아이가 먼저 재미있게 읽은 책이 아니기에 흥미를 유발하기가 어렵기 때문입니다.

■ 좋아하는 작가의 책으로 분야를 확장하라

아이마다 좋아하는 책도 다르고 그 책을 좋아하는 이
유도 다릅니다. 아주 쉬운 책이라도 아이가 정말 좋
아하며 읽었던 영어 그림책을 찾아보세요. 저도 비슷
한 경험이 있었는데, 첫째가 어느 날 내용이 너무 쉬
워서 잊고 있었던 책 한 권을 그림책 사이에서 골라왔

습니다. 페기 래스먼Peggy Rathmann의 《Good Night,   Elephant & Piggie: The Complete
Gorilla》라는 책이었습니다. 이 책이 참 좋다며 읽   Collection

고 또 읽었습니다. 왜 좋으냐 물으니 그림이 예쁘고 내용이 마음에 든다고 했습니다.
《Good Night, Gorilla》는 페기 래스먼이 글을 쓰고 그림을 그렸습니다. 그림도 내용도
맘에 든다고 하니 저는 또 다른 페기 래스먼의 책을 찾아보았습니다. 《10minutes Till
Bedtime》이라는 책을 사서 보여주니 그야말로 대박 책이 되었습니다. 첫째는 그 책을
마르고 닳도록 읽었습니다. 끊임없이 혼자 읽다 보니 그림 속에 등장하는 햄스터들이 각
각 고유의 특성이 있다는 것도 알아채고 스토리를 상상하며 이야기하기도 했습니다. 그
뒤로는 페기 래스먼이 그리거나 쓴 책은 모두 보여주었습니다. 아이 취향에 딱 맞는 작
가를 한 명만 찾아도 큰 수확입니다.

아이가 책의 그림을 좋아하면 해당 그림책의 일러스트레이터가 작업한 다른 책을 찾아
보고 모조리 보여주세요. 책의 이야기를 좋아하면 그 작가의 다른 책을 찾아보는 겁니
다. 같은 작가가 쓴 책은 결이 비슷한 경우가 많습니다. 그 책들을 모두 보여주는 겁니다.
그중 유독 좋아하는 책이 있다면 그 책이 또 다음 책으로 연결됩니다.

■ 좋아하는 책의 시리즈물로 독서 빈도를 높여라

다음으로 적용할 수 있는 방법은 시리즈 확장입니다. 시리즈의 첫 권을 보여주고 아이가 흥미를 보이면 해당 시리즈를 차례로 보여주는 것입니다. 시리즈가 끝날 때까지 당분간 영어책 고민을 덜 수 있어서 바쁜 엄마들에게 추천하는 방법입니다. 시리즈 속에 등장하는 캐릭터를 주인공으로 하는 애니메이션이 함께 있는 경우가 많아 흥미를 끌기에 좋습니다.

Maisy First Experiences 페이퍼백　　The Incredible Peppa Pig 페이퍼백　　Biscuit I Can Read 시리즈

■ 좋아하는 분야의 책으로 읽는 시간을 늘려라

아이가 푹 빠져 있는 분야를 이용해서 영어책 읽기를 확장할 수 있습니다. 영어책의 분야를 찾기가 어렵다면 앞서 소개한 《잠수네 프리스쿨 영어 공부법》을 참고하거나 온라인 서점의 외국도서 카테고리를 살펴보세요. 판타지물, 탐정-추리, 가족 사랑, 유머, 모험, 일상, 감동, 공룡, 공주, 유령 등 분야는 얼마든지 쪼갤 수 있습니다. 무작정 유명하다는 추천도서를 읽기보다는 우리 아이 관심사에 딱 맞는 책을 제공해주면 영어책을 집중하여 읽고 세부 분야로도 주제를 확장해 나가기 쉽습니다. 분야별 책으로 확장해 나가는 경우 그림책, 리더스북 가리지 말고 관심 있는 분야라면 모두 보여주세요.

초등학교 3학년, 리더스북으로
리딩 수준을 높여라

리더스북으로 드라마틱한 변화를 얻는 법

앞서 복리식 읽기를 소개하면서 리더스북이 무엇인지 소개하고 낮은 단계의 리더스북을 추천했습니다. 1, 2학년 학기 중에는 영어 그림책 읽기에 집중했다면 3학년이 되어서는 보다 줄글이 많아지고 단어도 다양해지는 3, 4단계 리더스북으로 균형의 축을 옮겨옵니다. 이 과정에서 아이는 읽기 근육을 강화하고 책읽기 속도를 올리면서도 동시에 정확성을 기를 수 있습니다.

리더스북은 애초에 난이도를 달리해가며 책을 읽는 사람의 읽기 실력을 높이는 것에 목적을 두고 제작된 책입니다. 그중에서도 지나치게 학습적인 요소에만 초점을 맞춘 리더스북은 자칫 너무 지루해서 아이가 영어책에 흥미를 잃을 수 있습니다. 리더스북 중에서도 그림책과 비슷한 분위기를 내면서 읽기 실력을 높일 수 있는 책이 있습니다. 재미있으면서 단계는 다소 높아 읽기 실력을 기를 수 있어야 하므로 흔히 리더스북을 분류하는 단계상 3, 4단계 리더스북이 이에 가장 적합합니다.

　온라인 영어책 서점을 방문하면 카테고리에 '리더스'라는 항목이 보입니다. 여기서 다양한 리더스북을 살펴보고 아이에게 보고 싶은 책이 있는지 물어보세요. 리더스북은 시리즈물인 데다 고가의 것도 많아서 구매하기 전에 도서관에서 먼저 빌려볼 것을 추천합니다. 시리즈물 전체 대여가 어려울 때는 낱권이라도 빌려서 아이에게 먼저 보여주세요. 그중 아이 입에서 '재밌다!' 소리가 나오는 것이 있다면 그 책은 시리즈 모두를 사서 보는 것이 좋습니다. 대여하여 보는 것

온라인 영어책 서점 '웬디북'의 리더스 카테고리 구성

영어 시험 잘보는법

도 물론 좋지만 처음 3, 4단계 리더스북에 재미를 붙일 때는 책을 마구 다룰 수 있어야 합니다. 그래서 초반에는 구매할 것을 권합니다.

리더스북이 영어 그림책에 비해 읽는 재미가 덜하다며 선호하지 않는 분도 계십니다. 그림책이 잘 차린 9첩 반상이라고 한다면 리더스북은 간단 영양식이라고 보면 됩니다. 간단 영양식은 탄수화물, 단백질, 지방은 고루 갖추었으나 맛은 없을 수 있습니다. 9첩 반상에 비해 보기에 심심할 수도 있고요. 하지만 상차림이 간단하고 빨리 먹을 수 있다는 장점이 있습니다. 리더스북이 꼭 그렇습니다. 그림책에 비해 다채롭지도 않고 내용도 덜 재미있을 수 있지만, 그럼에도 적절한 타이밍에 리더스북을 접하면 그간 모자란 영양소를 빠르게 채워주듯 영어 실력에 드라마틱한 변화가 옵니다. 또한 리더스북을 읽는다는 말이 그림책을 아예 제쳐두라는 말이 아니기 때문에 영어 그림책의 재미를 느끼지 못해서 아이가 영어에 흥미를 잃는 것은 아닐까 걱정하지는 않으셔도 됩니다. 영어 실력 상승을 위해 리더스북에 중점을 두더라도 영어 그림책과의 균형은 유지해야 합니다. 리더스북을 읽는다고 해서 그림책을 아예 손에서 놓는 것이 아니라는 말입니다. 구더기 무서워 장 못 담그는 것이 아니니 과감하게 리더스북을 시작해보세요.

단, 주의하실 것이 있습니다. 리더스북을 읽으면 아이가 전보다 영어책 수준이 높아지는 것처럼 보입니다. 리더스북이 읽기 능력 향상을 목적으로 만들어진 책이기에 확실히 실력은 높아집니다. 하지만 리더스북은 '레벨별'로 구성된 책입니다. 따라서 내 아이에게 다양한 리더스북을 제공한다고 해도 그것이 모두 같은 레벨이라면 아이가 유창하게 읽어도 일정 수준에서 뱅뱅 맴돌고 있다는 뜻입니다. 이것이 리더스북의 함정입니다. 3단계 수준의 리더스북을 일정량 읽었다면 4단계로 진행해야 아이의 리딩 실력이 늘어납니다. 또한 어휘나 표현의 질적 성장은 이 시기에 함께 읽어 나가는 그림책이 담당합니다. 읽기 실력을 리더스북으로 채우고 그림책으로 영어 어휘와 문장의 고급 표현을 익힌다고 생각하세요. 아이의 영어 읽기 실력에 날개를 달아줄 3, 4단계 리더스북 추천은 이 장의 마지막(146쪽 참고)에 배치된 TIP을 활용하세요.

3학년 여름방학
온종일 영어책만 보는 '책의 바다에 빠지는 날'

혹시 '책의 바다'라는 말 들어보셨습니까? 엄마표 영어를 진행하는 이들 사이에서 '책 폭설'로도 불리는 이 용어는 밥 먹는 시간을 제외하고는 하루 종일 영어책만 보면서 지내는 날을 뜻합니다. 하루만 진행하기도 하고 한 주를 통째로 쓰기도 합니다. 초등학교 3학년이라는 나이와 집중도를 고려하면 온종일 하는 것도 대단한 일입니다. 이날만큼은 엄마도 집안일과 여타 다른 일을 모두 내려놓고 아이와 책읽기에 동참합니다. 그러나 엄마도 함께 영어책을 읽을 필요는 없습니다. 엄마는 평소 읽고 싶었던 책을 읽으면 됩니다.

아이가 책의 바다에 빠지는 날을 기분 좋은 경험으로 기억하게 해주려면 아이가 편하게 책을 읽을 수 있는 환경을 갖추어야 합니다. 편하게 기대어 책을 읽을 수 있는 공간과 평소 좋아하는 간식 등을 비치해두고 엄마 역시 느긋한 마음으로 오늘 하루는 잔소리를 하지 않겠다고 마음먹어야 합니다. 전날 미리 준비해두고 '책의 바다에 빠지는 날' 아침이 밝으면 책읽기에 돌입합니다. 아침부터 저녁까지 종일 책만 읽는 경험은 아이가 바쁜 학기 중에는 느끼지 못하는 특별한 성취감을 선사합니다.

실제로 영어책 읽기 마을 모임을 통해 '책의 바다에 빠지는 날'을 해보니 아이들이 읽은 책을 '자기 키만큼 쌓기'라든가 '앉은키만큼 책 쌓기' 등 종일 읽은 양을 확인하며 뿌듯해했고 자신이 이만큼 해냈다는 생각에 자부심을 가지는 것을 확인할 수 있었습니다. 자부심을 가지니 다음 책, 그 다음 책을 골라 읽고 자신의 영어학습을 스스로 계획해보려는 모습도 보였습니다. 책의 바다를 통해 영어책 읽기와 자기주도학습력이 균형을 이루는 순간이었습니다.

책의 바다에 빠지는 날을 시작할 때는 아이와 먼저 끝내는 기준을 정해야 합니다. 아이 키만큼 읽은 책 쌓기라거나 천 권 읽기 혹은 시리즈 독파하기 등 책의 바다에 풍덩 빠지는 특정 기준을 정해보는 것입니다. 엄마 욕심으로 목표를 높이지 말고 아이에게 책의 바다에 빠지는 날에 대한 개념을 설명한 뒤 그날을 어떻게 마무리하고 싶은지 물어보세요. 설사 아이가 목표한 바가 엄마의 기대에 못 미치더라도 실망하거나 다른 기준을 제시해서는 안 됩니다. 일단 수용해주고 책의 바다를 시작해보세요. 책을 읽어 나가는 도중 더 읽겠다고 목표를 변경하는 경우도 있습니다. 무엇보다 중요한 것은 책의 바다가 '재밌었다' 혹은 '좋았다'라고 느끼게 해주는 것입니다. 영어책을 읽으면서 아이와 맛있는 것도 먹고 이야기도 많이 나누세요. 쌓이는 영어책 높이만큼 엄마와 아이 사이에 '정서적 유대감'이 끈끈해집니다.

책의 바다에 빠지는 날에 엄마가 여유가 된다면 아이와 영어책을 함께 읽어 나가는 시간도 가져보면 좋습니다. 이때 그냥 읽지 마시고 아래 요령들을 적용해서 사고력 키우는 영어책 읽기를 시도해보시면 좋겠습니다.

사고력 독서 1 표지부터 본문까지, 그림을 먼저 읽어라

책을 읽기 전에 표지 그림을 보는 것과 페이지를 넘기면서 책 속에 있는 그림을 훑어보는 것은 책 내용을 예측하는 데 중요한 활동입니다. 아이의 두뇌가 관련 배경지식을 활성화하게끔 사고 체계에 신호를 주는 것일 뿐만 아니라 아이 스스로 책 내용에 대한 궁금증을 가지도록 유도하는 것이기 때문입니다. 의문과 호기심을 품고 책을 읽는 것과 아무 생각 없이 책을 읽는 것은 그 효과가 확연히 차이가 납니다. 게다가 집중듣기에 접어든 아이들이라면 더더욱 이 활동이 필요합니다. 눈이 글자를 따라가느라 그림으로 시선이 잘 가지 않기

영어 시험 잘보는 법

때문입니다.

사고력 독서 2 반복 등장하는 단어의 뜻을 유추하라

그림을 다 살펴보았다면 이제 반복되는 단어를 찾아봅시다. 제목에 있는 단어를 찾아보는 것도 좋습니다. 아이가 의도적으로 특정단어에 주의를 기울이면 책에 대한 집중도가 달라집니다. 반복적으로 등장하는 단어를 찾을 때는 그 단어의 의미를 추측하는 과정도 필요합니다. 그러나 단어의 의미를 알아맞히느냐 아니냐는 중요하지않습니다. 단지 책에 자주 등장하는 이 단어의 의미가 무엇일까를 생각해보는 기회를 가짐으로써 본격적으로 책읽기가 시작되었을 때그 단어의 의미에 집중하도록 만드는 것이 목적입니다.

사고력 독서 3 책의 주제를 지도처럼 펼쳐라

그림도 보았고 단어도 보았다면 좀 더 생각주머니를 키워봅시다. 책 표지와 그림을 보고 책이 전하고 싶은 이야기가 무엇일지 아이에게 물어보는 것입니다. "이 책은 무슨 내용일까?"와 같은 간단한 질문으로 시작하면 됩니다. 처음에는 눈에 보이는 것만 말하던 아이들이 이 과정을 반복하면 내용에 자신의 상상력을 더해 책의 내용을 예상해보거나 주제를 추측합니다. 아이가 구사하는 단어나 문장이 화려하지 않아도 좋습니다. 일차원적으로 책을 받아들이는 수준을 벗어난 것만으로도 이미 아이의 사고력은 확장되고 있기 때문입니다.

사고력 독서 4 책을 덮으면 질문 폭탄을 던져라

책을 다 읽은 후 아이가 예측한 주제와 책의 내용이 맞아떨어졌는지, 예측한 것과 달랐던 것은 무엇인지 확인하며 나누는 모든 대화가 아이의 생각주머니를 키웁니다. 엄마의 질문에 아이가 간단하게 답하거나 대답하기를 머뭇거린다면 질문만 던지고 그냥 넘어가도 좋습니다. 아이는 엄마에게서 질문을 듣는 순간 이미 자신의 머릿속에서 자기만의 답을 구성하기 시작합니다. 다만 생각이 나는 대로 말로 옮기는 아이가 있는가 하면 스스로 납득할 만한 답이 내려질 때까지 말로 옮기는 데 시간이 걸리는 아이가 있을 뿐입니다. 그러니 자꾸 질문을 던져보세요. 내 아이가 어떤 성향이든 아이의 사고력은 자라고 있으니 문답을 주고받는 과정만으로도 질문의 역할은 다한 것입니다. 다만 아이가 생각할 틈도 주지 않고 질문만 늘어놓는 것은 주의해야 합니다. 자칫 영어책 읽기에 대한 흥미까지 떨어뜨리는 수가 있습니다. 아이에게 할 수 있는 질문은 아래 내용을 참고하세요.

"이 책은 뭐에 대해 이야기하고 있는 것 같아?"

"이 그림은 왜 이렇게 그렸을까?"

"○○이는 이런 상황이면 뭐라고 말할 거야?"

"주인공 마음이 지금 어떨까?"

영어 시험 잘보는 법

사고력 독서 5 책을 관통하는 키워드를 요약하라

앞서 내용에 대해 질문하고 답하는 과정이 사고력을 발산하는 과정이었다면 이번에는 생각을 하나로 모으는 과정입니다. 그간 아이가 얻은 모든 정보를 한데 모아 책 전체를 대표하는 단 하나의 키워드를 고르도록 해보세요. 대표 키워드 고르기는 요약summary의 일종으로 요약과정은 중고등학교 학습을 소화하고 나아가 시험 지문의 요지를 재빠르게 찾아내는 데 반드시 필요한 과정입니다. 그간 습득한 정보를 바탕으로 핵심과 곁가지를 분류하고 그중 무엇이 키워드가 될 수 있을까 생각해보는 연습을 통해 아이는 사고력뿐 아니라 학습내용 요약기술의 기반을 닦을 수 있습니다. 이 기술은 밸런스 영어의 4개 축 중에서 자기주도학습력을 더욱 강화합니다.

3학년 겨울방학

4학년이 되면 영어 교과도 점프업한다

아이가 3학년 학기를 보내는 내내 학교에서 하는 영어 수업이 '재미있다'고 하던가요? '재미있다'는 말은 차치하더라도 영어가 어렵다고 하지 않았다면 밸런스 영어를 잘 유지해오고 계신 겁니다. 영어 시간에 발표까지 하는 아이라면 3학년에 이루어야 하는 밸런스 영어 목표를 초과 달성했다고 보시면 됩니다. 이 시기에 놓치지 말아야 할 것을 알아보고 밸런스 영어를 더 다져봅시다.

겨울방학에는 우선 학년 교과서를 미리 보는 것이 기본입니다. 작년 겨울방학에 진행했던 것보다 훨씬 수월하다고 느낄 것입니다. 보통은 중간에 출판사를 변경하지 않는 이상 아이가 3학년 때 쓰는 교과서와 동일한 출판사의 교과서를 활용할 것입니다. 교과서 구성은 이미 알고 있으니 내용만 빠르게 훑어봅니다. 혹시나 아이가 어려워하는 단어가 있다면 미리 뜻을 알려주는 것도 좋습니다. 수험생처럼 단어집을 끼고 달달 외우라는 것이 아닙니다. 교과서에서 만날 단어 중 모르는 것은 미리 한 번 써보고 무슨 뜻인지 파악하는 정도면 충분합니다.

교과서 미리보기가 끝나면 독해문제집 레벨도 점검해보시기 바랍니다. 학기 중 교과 수업과 숙제를 우선시하다 보면 독해문제집이 우선순위에서 밀리는 경우가 있습니다. 독해문제집의 흐름이 끊겼다면 방학 중에는 요일을 정해두고 독해문제집을 진행하세요. 월요일부터 목요일까지는 영어 그림책과 리더스북을 읽거나 집중듣기를 한다면 금요일의 영어 공부는 독해문제집 풀이로 고정하는 식입니다. 이렇게 독해문제집 푸는 요일을 고정해두면 아이도 잊지 않고 독해문제집을 진행할 수 있습니다. 학기 중에 풀던 문제집보다 한 단계 점프업하겠다는 마음으로 풀 수 있도록 아이를 격려해주세요.

이 시기에 들어서면 자칫 밸런스 영어를 시작할 때의 마음을 잊고 욕심을 내기 쉬운데, 아이가 스스로 공부할 수 있게 하려는 의도를 잊지 않으셨으면 좋겠습니다. 3학년이 되고 학교에서 영어 수업을 듣

영어 시험 잘보는법

는 1년 동안 아이는 리더스북을 읽으며 독해문제집도 풀어왔습니다. 이 세 가지를 꾸준히, 그것도 적절한 균형을 이루어 해낸다는 것은 결코 쉬운 일이 아닙니다. 그런데 내 아이가 지금 그것을 해내고 있습니다. 칭찬과 격려를 해주어도 모자라지만 이런 때일수록 엄마들은 욕심이 납니다. 자꾸만 학습적인 요소를 더하고 싶어 합니다. 이럴 때 제발 초심을 떠올리십시오. 내 아이가 영어를 읽기만 해도 좋겠다, 학교 영어 수업을 잘 따라가면 만족이라고 생각했던 그 마음 말입니다.

지금 이대로만 유지해도 잘하는 것입니다. 엄마가 조바심을 내비치면 잘하던 공부도 브레이크가 걸립니다. 밸런스 영어를 잘 이어간다면 학년이 올라갈수록 학습력은 저절로 따라올 테니 시기별로 해야 할 일에 집중할 수 있게 해야 합니다.

3, 4단계 리더스북,
어떤 책을 읽을까?

도서관에 가거나 온라인 영어책 서점 책 목록을 살펴보면 다양한 리더스북이 존재합니다. 그중 제가 진행하는 온오프라인 모임을 통해 함께 읽었을 때 아이들 반응이 좋았던 책을 위주로 선정했습니다.

■ Ready to Read 〈Robin Hill School〉 시리즈

이제 막 학교에 입학한 1학년들의 이야기입니다. 학교생활, 친구 관계, 수업 중 벌어지는 일 등 학교에서 생길 수 있는 다양한 일들에 대해 다루고 있습니다. 어른이 봐도 감동할 만큼 마음을 울리는 이야기도 있으며 영어권 학교의 생활 모습도 엿볼 수 있어 타 문화에 대한 이해도 높일 수 있는 책입니다.

■ Mouse and Mole 시리즈

친구를 배려하는 마음을 배울 수 있는 책입니다. 일상의 소소한 즐거움을 다양하게 묘사하고 있어서 서정적인 것을 좋아하는 아이라면 즐겁게 읽을 수 있는 책입니다. 책 속의 이야기를 일상과 연결하여 엄마와 아이가 함께 대화하기도 좋습니다.

■ Fly Guy 시리즈

유머코드를 좋아하는 아이라면 깔깔대며 좋아할
책입니다. 주인공 아이가 우연히 파리를 기르면
서 벌어지는 여러 가지 일들이 그려져 있습니다.
파리의 특성과 사건을 위트 있게 연결하여 재미
를 불러일으킵니다.

■ Robert Munsch 페이퍼백 시리즈

이 책의 작가인 로버트 먼치Robert Munsch는《언제까지나 너를 사랑해Love You Forever》
라는 그림책으로도 유명합니다. 앞서 소개한 책들에 비해 월등히 글밥이 많지만 '황당하
고 위트 넘치는 기상천외한 이야기'라고 소개할 만큼 아이들이 깔깔 웃게 되는 B급 유머
가 가득합니다. 그러나 유머만 있는 것은 아닙니다. 이 시리즈 가운데《Lighthouse》는
그림도 내용도 몰입감이 있어서 그런지 아이들이 몇 번이나 반복해서 읽는 것을 보았습
니다. 3, 4단계 리더스북을 두루 섭렵했다고 느낄 때 읽으면 좋을 분량과 수준입니다.

4장

초등 고학년,
밸런스를 잡지 않으면 안 되는 시기

원서만 고집하면
중고등학교 시험 앞에 무너진다

〈해리포터〉는 읽어도
시험문제 독해는 안 되는 아이들

초등 저학년을 로버트 먼치의 리더스북을 읽으며 마무리했다면 이제 슬슬 쉬운 챕터북(얼리 챕터북으로 분류되는 책들)에도 도전할 수 있습니다. 아이와 영어 공부를 하면서 주로 접하는 영어 원서를 수준별로 분류할 때 흔히 '영어 그림책-리더스북-얼리 챕터북-챕터북' 순으로 나눕니다. 얼리 챕터북에서 글의 양이 많고 빽빽한 챕터북으로 넘어가기 전에 만화와 글이 결합된 그래픽 노블을 활용하기도 합니다. 물론 이 분류가 절대적인 것은 아닙니다. 그림책 중에는 리더스북보다 어려운 단어와 문장 수준으로 이루어진 것도 많습니다.

영어 원서를 주 교재 삼아 아이의 영어 공부를 주도하는 엄마들 사이에는 암묵적으로 정해진 룰이 하나 있습니다. 바로 초등 4학년이 되면 〈해리포터〉 원서 정도는 읽어주어야 한다는 겁니다. 하지만 내 아이가 4학년이 되어서 〈해리포터〉 시리즈를 읽으면 영어의 기초를 탄탄히 세운 것일까요? 〈해리포터〉 시리즈를 읽어도 시험문제 독해가 안 되는 아이들의 문제는 무엇일까요?

아이와 영어 공부를 막 시작하려는 엄마들 눈에 챕터북을 줄줄 읽는 아이는 너무나 멋져 보입니다. 우리 아이가 얼른 저 '경지'에만 도달한다면 더 바랄 나위가 없을 것 같습니다. 그런데, 〈해리포터〉 시리즈를 줄줄 읽는 아이가 학교 영어 시험 성적도 좋은가를 생각하면 이야기는 또 달라집니다. 실제로 중학교 교실에는 영어 원서를 들고 다니며 읽는 아이들이 종종 있습니다. 책 내용을 잘 이해하고 있는 것처럼 보이고요. 원어민 선생님과 나누는 대화를 들어보면 표현도 제법 자연스럽습니다. 그쯤 되면 원서보다 쉬운 교과서를 바탕으로 문제를 내는 학교 영어 시험 정도는 틀릴 게 없어 보입니다. 하지만 막상 시험을 쳐보면 그렇지 않습니다. 시험 결과에 학생도 놀라고 선생님들도 놀랍니다. 아이 본인은 당연히 100점일 거라 생각했는데 그게 아니어서 놀라고, 선생님들은 아이가 서술형 평가에서 생각보다 많은 구멍을 보인다는 데서 놀랍니다.

영어책을 줄줄 읽는다고 내 아이의 영어가 완성된 것은 아닙니다. 앞서도 계속 말씀드렸지만 아이가 읽는 영어책의 수준이 높아졌다고 해서 아이의 영어학습 능력까지 높아졌다고 볼 수는 없기 때문입니다. 영어책을 곧잘 읽는 아이를 보면서 엄마는 안심하기도 하고 조바심을 내기도 합니다. 학년이 올라갈수록 아이가 읽고 있는 책의 수준이 우리 아이 영어 실력의 바로미터인 것만 같아 책 레벨에만 신경 쓰게 됩니다.

내 아이가 이제 4학년이 되었는데 〈해리포터〉를 읽느냐 마느냐를 두고 고민하는 대신 〈해리포터〉 시리즈와 같은 책으로 진입하기 전에 반드시 갖춰야 할 기본기를 모두 갖췄는지부터 체크해야 합니다. 이를 바탕으로 밸런스 영어를 유지하면서 원서 수준을 높여야 합니다. 그래야 나중에 내신 성적을 책임지는 영어책 읽기를 할 수 있습니다. 챕터북 진입 전 확실히 해두어야 할 것을 알아보겠습니다.

학습동기 체크포인트 아이의 취향을 파악하라

챕터북은 문장도 책의 호흡도 깁니다. 엄마가 밀어붙친다고 읽을 수 있는 것도 아닙니다. 엄마가 무언가를 할 수 있다면 책 읽는 아이 옆에 있어주는 정도입니다. 이런 상황에 아이가 끝까지 책을 읽어내려면 아이 취향에 잘 맞는 책이어야 합니다. 그간 그림책, 리더스북을 통해 우리 아이가 유머를 선호하는지, 서정적인 내용을 선호하는지, 판타지를 선호하는지, 또 캐릭터라면 어떤 캐릭터를 좋아하는지에 대해 파악이 되었으리라 생각합니다. 남들 다 재밌다는 시리즈가 우리 아이에게는 재미없을 수 있습니다. 모든 챕터북을 아이 취향에 똑떨어지게 준비할 수는 없지만 적어도 주기적으로 재밌어하는 책을 제공할 수 있어야 합니다. 챕터북에 진입하기 전에는 내 아이의 독서 취향을 꼭 체크하세요. 취향에 맞는 책으로 시작해야 챕터북 읽기에 발동이 걸립니다.

영어책 읽기 체크포인트 집중듣기 습관을 체크하라

아무리 실력이 늘었다 해도 아이의 수준보다 어려운 책은 집중듣기가 어렵습니다. 집중듣기를 할 때 눈으로만 따라가려고 하면 효과가 없기 때문입니다. 읽는 속도가 음원의 속도보다 빠르지 않은 이상, 음원을 들으면서 집중듣기할 때는 반드시 손이나 연필 등으로 짚어가며 읽는 습관이 필요하고 엄마가 옆에 없어도 혼자 할 수 있어야 합니다. 그게 아직 안 되면 아이가 고학년이더라도 집중듣기를 할 때 엄마가 옆에서 체크하는 것이 좋습니다.

문법-독해학습 체크포인트 원서와 독해문제집을 병행하라

원서만 읽어서 수준을 높이려 할 것이 아니라 독해문제집과 병행하며 높여 나가야 합니다. 그래야 중학교에 올라가 마주하게 될 영어 시험에 당황하지 않습니다. 특정 단어와 문장구조를 집중적이고 체계적으로 익힐 수 있는 독해문제집이 좋습니다. 초등 저학년 때부터 수준에 맞는 독해문제집으로 시작하는 것이 필요합니다. 1, 2학년 때는 주 1회 정도 독해문제집을 병행하다 3, 4학년에는 주 3회로 늘려갑니다. 아이의 영어 실력에 맞춰 횟수를 늘려가면 됩니다. 단, 독해문제집 풀이가 원서 읽는 양을 초과하는 것은 추천하지 않습니다. 원서 대 문제집의 비율은 저학년 때는 8:2, 고학년 때는 6:4 정도가 좋습니다. 독해문제집을 처음 접할 때 선택하면 좋은 교재인 《미국교과서 읽는 리딩》과 《브릭스 리딩》은 3장의 초등학교 1학년 겨울방학(110쪽 참고) 내용을 살펴보세요.

자기주도학습력 체크포인트 스스로 읽는 습관을 들여라

그림책이나 얇은 리더스북은 어느 정도 엄마가 주도하여 아이에게 읽힐 수 있지만 챕터북은 다릅니다. 문장이 다소 어렵고 책 자체의 호흡이 길어서 아이 스스로 읽고자 하는 마음과 책을 읽을 시간이 확보되지 않는다면 꾸준히 진행하기 어렵습니다.

아이가 학교에서 알림장을 활용해 선생님의 전달 사항을 체크하고 있는지, 학교 숙제를 스스로 계획한 시간에 진행하는지, 숙제 외에 진행해야 할 공부 종류와 양을 아이가 결정하고 있는지, 친구와 놀러 가는 경우 언제부터 언제까지 놀겠다는 계획을 세우는지 등을 살펴보기 바랍니다. 처음부터 자기주도학습력을 타고나는 아이는 없습니다. 저학년 때부터 꾸준히 연습해야 초등학교 4학년쯤에는 어느 정도 습관이 잡힙니다.

특히, 저학년 때부터 아이 스스로 오늘 공부할 것과 그 분량을 정하는 연습을 해야 합니다. 아이가 정한 분량이 엄마 마음에는 한참 부족하더라도 우선 존중해야 합니다. 그렇게 학습을 이어가다 보면 스스로 정한 분량을 끝내는 데서 오는 성취감이 바탕이 되어 많은 양의 공부도 소화하게 됩니다. 하루에 주어지는 시간은 한정적이기에 학교를 다니면서 원서를 읽으려면 물리적으로 아이에게 주어지는 시간이 있어야 하고 그 시간을 아이가 잘 쓸 수 있는지도 중요합니다. 즉, 아이가 시간관념을 가지고 있는지가 자기주도학습력의 성패를 가르는 기준이 됩니다.

원어민처럼 읽고 말해도 시험은 못 볼 수 있다

"영어 원서만 많이 읽으면 다 되는 거 맞죠?"

엄마들이 영어학습법을 물을 때 가장 많이 하는 질문입니다. 무엇이 다 된다는 것일까요? 그리고 '많이'란 얼마의 양을 말하는 것일까요? 질문의 의도를 모르는 바는 아니지만, 원서면 영어는 다 된다고 믿는 분들께 이 생각이 반은 맞고 반은 틀렸다는 것을 설명해야 할 때면 마음이 무거워집니다. 그간 영어책만 열심히 읽으면 듣기, 말하기, 읽기, 쓰기가 다 완성될 거라는 믿음으로 책을 읽혀왔는데 그게 다가 아니라고 하면 안 그래도 어려운 영어 교육을 더욱 어렵게 생각할까 봐 염려가 되어서입니다.

영어 시험 잘보는 법

서점이나 도서관에서 만나볼 수 있는 영어 교육서 중에 개인의 성공사례를 기준으로 엄마표 영어를 풀어놓은 책들이 있습니다. 엄마표 영어를 시작할 때 대부분 영어책으로 시작하기 때문에 아무래도 영어책의 효과, 추천하는 영어책, 책 읽는 방법 등 책에 대한 이야기가 많은 비중을 차지합니다. 이쯤 되면 책을 읽는 엄마들 입장에서는 '원서만 잘 읽히면 걱정 없겠구나' 하는 생각을 하게 마련입니다. 하지만 책을 잘 보면 책 외에 영어 애니메이션을 필수로 본다든가, 문법도 따로 개념공부를 하는 등 다양한 방법을 곁들이고 있으며 온전히 책읽기만으로 영어 공부를 리드하고 있지는 않습니다. 영어책 읽기가 영어 실력에 큰 기여를 하는 것은 맞지만 그것만으로는 충분하지 않습니다.

원서 읽기를 통해 원어민에 가까운 영어 실력을 갖추게 된다는 주장은 그 진위 여부를 떠나 '원어민 수준의 영어 실력'이 학교 영어 시험의 상위 성적을 보장하지는 않습니다. 시험이라는 것은 아이의 문해력을 바탕으로 시간관리능력, 자기조절력 등 비인지능력이 더해져 결과가 나오는 복잡한 과정인 데다 지필평가와 수행평가 문제를 해결하기 위해서는 읽기 능력 외에도 듣기, 말하기, 쓰기 능력이 골고루 필요합니다. 따라서 영어책 읽기와 더불어 평소에 듣기, 말하기, 쓰기도 적절하게 분량을 조절해가며 함께 공부해 나가야 하고 시험을 치는 데 필요한 비인지능력도 갖춰나가야 합니다. 이 내용은 5장 중학교 로드맵 중1 단계에서 좀 더 자세히 다루겠습니다.

앞서 그림책 정보를 얻을 수 있는 책으로 《잠수네 프리스쿨 영어 공부법》을 소개했습니다. 엄마표 영어 공부법에 대한 큰 그림을 그릴 수 있고 영어책에 대한 분류와 소개가 잘 되어 있어 엄마들이 참고하기 좋은 책입니다. 이 책에서 저자는 잠수네식 엄마표 영어 진행방법을 제시하고 있습니다. 진행표 중 상당한 시간을 원서 읽기에 할애하므로 얼핏 보면 원서를 많이 읽어서 영어 실력이 올라가는 것처럼 느껴질 수 있습니다. 그러나 표를 잘 보면 영어책과 더불어 영어 흘려듣기, 집중듣기도 같이 챙겨야 효과를 볼 수 있다고 설명하고 있습니다. 그리고 이 책에는 엄마표 영어 성공사례도 다수 소개되어 있습니다. 사례를 살펴보면 오로지 원서 읽기만으로 훌륭한 성과를 내는 것이 아닙니다. DVD 흘려듣기, 집중듣기 등 듣기를 꼼꼼히 챙긴 것은 물론이고 독해문제집 풀이, 작문, 단어 암기 등 상황과 아이 기질에 따라 다양한 방법을 적용하여 공부했습니다. 여기에 영어책 읽기를 기본으로 가져가니 폭발적인 시너지가 나는 것입니다.

독서가 모든 공부의 기본인 것은 자명한 사실입니다. 제대로 된 독서를 하는 아이는 글을 읽고 단어의 뜻을 이해하고 모르는 단어를 만나면 자신이 기존에 알고 있는 것과 책에 주어진 다른 내용을 활용하여 그 단어의 뜻을 추론합니다. 주인공의 심정을 추측하기도 하고 글 속 배경을 살피면서 글 전체의 분위기를 파악하기도 합니다. 놓치지 말아야 할 것은 이러한 결과는 '제대로' 독서를 할 때 생겨난다는 것입니다. 단순히 읽은 책의 양이 늘어난다고 해서 갖출 수 있는

영어 시험 잘보는법

능력이 아닙니다. 책을 읽고 나서 새로 익힌 표현을 활용하여 글도 써보아야 하고, 책을 더 잘 읽고 글의 의미를 더 잘 이해하기 위해 영어 교재의 도움도 받아야 합니다. 영어 원서 읽기에 균형 잡힌 학습 방법이 더해져야 진짜 어디서나 통하는 영어 실력을 '제대로' 기를 수 있습니다.

문법의 첫걸음은 신중하게 내딛어야 한다

원서 읽기와 나머지 영역의 균형을 맞춰 영어를 쌓아가야 한다는 것은 이제 충분히 아셨으리라 생각합니다. 그런데 막상 내 아이 영어에 밸런스 영어를 적용하려니 어디부터 시작해야 할지 난감한 분들도 계실 겁니다. 주변 분들이 이야기하시는 것을 들어보면, 영어책은 추천 목록을 참고하든 아이 취향에 맞는 작가나 시리즈로 확장하든 읽어 나갈 방법이 있는데 문법은 어떻게 해야 할지 감이 오지 않는다고 합니다. 그렇다고 영어책만 읽던 아이에게 갑자기 문법 문제집을 들이밀자니 아이가 거부할 것 같아 걱정합니다. 이럴 때를 대비해서 그간 초등 저학년 시절 《미국교과서 읽는 리딩》이라든가 《브릭스 리딩》 등 독해문제집을 조금씩 공부해온 것입니다. 독해문제집은 원서와 원서 사이의 빈틈을 메워줄 뿐만 아니라 책이 아닌 교재로 접하는 영어에 대한 거부감을 줄여주는 완충제 역할도 합니다.

아이가 고학년이 되면 일단 문법교재부터 시작하려는 엄마들도 있습니다. 하지만 교재를 통한 문법학습에도 적기가 있습니다. 아이가 얼리 챕터북이나 챕터북을 읽어 나가기 시작하면 단어의 수준도 높아지고 문장의 수준 역시 어려워집니다. 당연히 다양한 문법 요소가 들어간 문장들이 등장합니다. 아이가 잘 이해하지 못하는 것은 아닐까, 그래서 영어 실력이 정체되면 어쩌나, 하고 엄마의 걱정이 많아지기도 합니다. 하지만 책읽기로 영어를 시작한 아이는 문법을 먼저 배우고 영어책을 읽은 것이 아니기에 어려운 문장을 만나도 그것을 문법적으로 분석하려고 하지 않습니다. 우리가 한글책을 읽을 때 일일이 문장 분석을 하며 읽지 않는 것처럼 영어 문장을 쭉 읽으면서 내용을 흡수할 뿐입니다. 자신이 읽고 있는 문장에 어떤 문법이 어떻게 적용되었는지를 따지며 읽는 것이 아닙니다. 이렇게 책을 읽는 사이 아이의 머릿속에 잠재적으로 다양한 문장구조에 대한 정보가 쌓입니다. 다양한 책을 읽어 나가면서 비슷한 구조의 문장을 여러 책에서 만나다 보면 그 문장구조에 대한 정보가 쌓입니다. 문법이라는 집을 짓기 전에 벽돌을 차곡차곡 쌓듯이 문장을 이해하는 자신만의 규칙을 세워가는 것입니다. 이러한 우연적 학습을 반복하면서 아이는 문법 집짓기를 위한 자신만의 벽돌을 꽤 많이 쌓게 됩니다. 이렇게 쌓은 벽돌은 새로운 문장을 만났을 때 그 구조를 분석하고 의미를 추론하는 근거가 되어줍니다.

이처럼 다양한 영어 문장에 대한 정보가 쌓이고 아이 스스로 문장

이해에 대한 규칙을 어느 정도 세웠을 때가, 바로 교재를 통한 문법 학습의 적기입니다. 지금 아이는 산발적으로 영어문법이라는 집을 짓고 있는 중입니다. 어제는 현관문을 달았다가 또 오늘은 벽을 세우기도 합니다. 여기저기 왔다 갔다 하며 띄엄띄엄 집을 짓고 있을 때, 교재를 통해 영어문법을 직접적으로 접하게 해주면 그간 비어 있던 곳곳이 빠르게 메워지면서 아이 머릿속에 문법이라는 집이 지어집니다. 처음부터 꼼꼼히 집을 만들려고 하지 말고 전체적으로 집의 형태를 일단 갖추고 나서 집 이곳저곳을 채워나가는 것이 효과적입니다. 앞으로 소개할 초등 고학년 로드맵에서 문법학습을 기초 잡기와 파인 튜닝fine tuning으로 나눈 것은 이 때문입니다.

영어책 읽기만으로 아이의 학교 영어 실력을 완성할 수 없고 읽기 바탕 없이 영어 교재만으로 원하는 만큼의 일상 영어 능력을 기를 수 없습니다. 영어 원서를 꾸준히 읽어 나가면서 영어 본연의 재미를 챙기되 적기에 영어 교재를 통해 문법적인 지식을 채워 원서 읽기의 빈틈을 메꿔주는 것이 밸런스 영어의 핵심입니다. 적기에 활용하기 좋은 문법교재는 뒤에서 소개하겠습니다.

선생님, 우리 애는 저학년 때 밸런스 영어를 못 했는데요

그림책과 리더스북, 독해문제집, 문법문제집 등 영어 교재를 통해 균형 있는 영어를 진행한 초등학생이라면 중학교에 가서 영어를 공부하는 것에 큰 염려를 하지 않아도 됩니다. 그런데 이 책을 읽고 있는 시점에 우리 아이가 벌써 초등 고학년이고 조만간 중학교 입학을 앞두고 있어서 이제라도 영어를 시작해보려고 한다면 이야기는 달라집니다. 중학교에 입학하고 나서 '초등학생 때 대체 뭐했나' 하며 후회하지 않으려면 최소한 다음의 네 가지는 체크해야 합니다. 아래 사항들을 점검한 후에 부족하다고 여겨지는 부분이 있다면 그것부터 해결해야 합니다. 고학년이라고는 하지만 아직 초등학생입니다. 중학교에 가기 전까지는 아직 시간이 있습니다.

뜻은 몰라도 단어를 읽을 줄은 알아야 한다

중학교 진학 전 영어 준비가 안 되어 있는 경우, 흔히 중학교 필수 영단어집부터 삽니다. 입학 전에 필수 단어를 다 외우게 하겠다고 결심이 대단합니다. 그런데 단어는 전혀 급하지 않습니다. 중학교에 올라와서 한 단원씩 수업을 진행할 때마다 중학교 필수 영단어는 꾸준히 접하고 외울 수밖에 없습니다. 어차피 맥락 없이 외우는 단어는 기억에서 금방 사라지므로 단편적으로 영단어집의 단어를 외우기보다는 수업을 들으며 차분히 단어를 익혀 나가는 것이 훨씬 효과적입니다.

그런데 단어를 아예 못 읽는 경우라면, 단어집을 준비하기 전에 초등 교과서에 나오는 단어를 잘 읽는지부터 체크해야 합니다. 초

영어 시험 잘보는법

등학교에서 3년이나 영어를 배웠는데 설마 못 읽을까 싶으시죠? 귀로 듣고, 말하고, 노래 부르며 이어지는 초등학교 영어 수업에 익숙한 학생이라면 단어를 못 읽는 경우도 더러 있습니다. 중학교 영어 수업은 기본적으로 학생들이 교과서는 읽을 수 있다는 전제하에 진행됩니다. 중학교 수업시간에는 파닉스에 할애할 시간적 여유가 없습니다. 방과 후 수업으로 기초 영어반이 개설되거나 교육청 계획에 따라 기초학력 보강반이 운영되기도 하지만 그마저도 중학교 수업 이해에 필요한 문법 위주 수업인 경우가 대부분입니다. 그러니 초등학교 졸업 전에 적어도 영단어를 읽을 수는 있어야 합니다. 그래야 중학교에 가서 늦게라도 영어를 공부할 수 있습니다.

문법은 미리 한번 훑어야 한다

중학교 진학을 앞두고 기본 중의 기본이라 할 수 있는 것이 '영어 읽기'여서 읽기에 대해 먼저 말씀드렸지만, 지금부터는 내 아이가 '나름' 영어 공부를 해왔다고 생각하는 초등 부모님들이 짚어봐야 할 내용입니다.

우선 문법입니다. 초등학교 때 문법에 통달하지 않아도 좋으니 전체적으로 한번 훑어보는 정도는 해야 합니다. 중학교에 들어와 영어 수업이 시작되면 기본적으로 영어의 품사와 문장의 형식에 대한 설명을 하면서 본격적으로 문법용어를 접하게 됩니다. 단원별, 학년별로 차근차근 문법을 배우기는 하지만 기초문법과 문법에 쓰이는 용어를 모르고 수업을 들으면 영어가 상당히 어렵게 느껴집니다. 이런 나쁜 경험을 한 후 영어가 자신이 소화할 수 없는 영역이라고 느끼면 아예 영어를 손에서 놓게 됩니다.

영어 교과서에 등장하는 문법들은 그 난이도에 따라 순서대로 배치되어 있지만 단원별로 강조하고자 하는 핵심문법이 다릅니다. 전체적으로 문법에 대한 큰 그림이 머릿속에 없는 경우 수업에 대한 이해가 더딜 수밖에 없습니다. 문법을 전체적으로 한번 훑고 온 아이는 선생님이 설명을 할 때 적어도 용어 때문에 애를 먹지는 않습니다. 영어문법을 모두 이해하고 완벽하게 공부하라는 것이 아닙니다. '영어문법에는 이런 것이 있구나' 정도만 알아도 초등학교에서 꼭 해야 할 영어 공부의 절반은 한 것입니다. 2장의 가장 마지막(73쪽 참고)에 적어둔 대로 초등학교 5학년 겨울에 문법을 훑어보고 6학년 겨울 방학 때 한번 더 정교화한다면 더할 나위 없이 좋습니다.

귀로 듣는 단계를 넘어 음독을 해야 한다

앞서 집중듣기와 함께 주기적으로 음독을 통해 영어 실력을 점검할 필요가 있다고 말씀드렸습니다. 하지만 아이가 책을 잘 보는 것 같고 음독 자체를 힘들어한다는 이유로 음독을 소홀히 하거나 하지 않고 넘어가는 경우가 있습니다. 하지만 영어책을 읽을 때 엄마가 읽어주는 단계를 지나 아이 스스로 읽는 단계에 접어들면 반드시 음독을 해봐야 합니다. 눈과 손으로 글자를 쫓아가며 듣는 집중듣기 단계에서도 음독, 즉 '소리 내어 읽기'를 병행합니다. 발음이 다소 틀리더라도 고치려 들지 말고 일단은 소리 내어 읽는 것 자체를 칭찬해 줘야 합니다. 집중듣기는 보통 아이의 현재 수준보다 다소 높은 수준의 책을 가지고 진행하므로 새로운 단어가 당연히 많을 수 있습니다. 이 경우 소리 내어 읽고 싶어도 못 읽는 경우가 생깁니다. 이럴 때는 앞서 말씀드린 것처럼 한 문장 단위로 끊어가며 듣거나 더 쉬운 책으로 소리 내어 읽기에 도전합니다. 방법은 아이와 상황에 맞게 하시되, 다만 음독이라는 과정을 초등 시절에 한 번은 경험해야 한다는 것을 염두에 두세요.

'저녁에 새 책–아침에 복습' 사이클을 익혀라

초등학생 시기는 초중고 공교육 시스템을 통틀어 공부습관을 잡아야 하는 가장 중요한 시기입니다. 자신이 해야 할 일을 알고 그것을 정해진 시간 내에 해내도록 계획하고 실천하는 것이 학교 공부에 가장 필요한 공부습관입니다. 영어 공부도 마찬가지입니다. 지금 자신이 읽어야 할 영어책, 풀어야 할 문제집 등 해야 할 공부의 종류와 양을 알고 그것을 자신에게 주어진 시간에 맞게 계획하여 해내는 습관이 필요합니다. 이러한 습관은 하루아침에 갖춰지지 않습니다. 그래서 2단계 시스템부터 시작하는 것입니다. '저녁에 새 책-아침에 복습'하는 시스템을 일상에 도입해보세요. 처음부터 잘 되지는 않겠지만 그래도 계속 시도해야 합니다. 일단 이 시스템이 갖춰지면 저녁에 과제를 진행하고 아침에는 복습하는 형태의 공부습관이 따라옵니다. 이 습관을 가지고 중고등학교에 진학하는 것과 그렇지 않은 경우, 그 결과의 차이는 엄청납니다. 스스로 예습하고 복습하는 시간 활용 습관이 몸에 밴 아이는 수업시간이든 긴장감 넘치는 시험 시간이든 주눅 들지 않고 문제를 풀어갑니다.

그러나 2단계 시스템의 필요성은 알겠는데 실천이 어렵다는 주변 분들을 많이 보았습니다. 보통 저녁 늦게까지 그날 분량의 공부를 하고 아침 시간은 등교 준비로 따로 여유가 없는 경우였습니다. 이런 경우 과감하게 생활 사이클을 바꿔볼 것을 권합니다. 저녁에 새 책을 읽고 아침에 복습하는 시스템은 우선 일찍 자야 가능합니다. 일찍 자고 아침에 일어나 전날 한 공부를 복습하는 습관을 초등학생 시절에 갖춰두면 아침에 꼭 복습을 하지 않더라도 초등학교에 비해 등교가 훨씬 빠른 중고등학교의 사이클에도 유연하게 대처할 수 있습니다. 순조로운 아침은 전날 저녁부터 시작되고 이것이 아이들의 학습력에 상당한 영향을 미칩니다. 어린 시절부터 갖추는 취침습관의 중요성 및 구체적인 실천 방법을 알고 싶다면 김연수 작가의 《미라클 베드타임》을 읽어볼 것을 권합니다.

영어 시험 잘보는 법

초등학교 4학년,
아이의 실력을 재점검하라

아이에게 맞는 챕터북 레벨을 찾아서

밸런스 영어를 하면서 초등 저학년을 보냈다면 초등 고학년 때는 그 흐름을 잘 유지하면 됩니다. 영어 그림책과 리더스북을 오가며 영어 읽기 실력을 높였다면 4학년 때는 챕터북으로 진입할 때입니다. 챕터북은 흔히 얼리 챕터북과 챕터북으로 분류합니다. 얼리 챕터북이 챕터북보다 훨씬 쉽습니다. 책을 펼쳐보면 생각보다 글자도 크고 문장 간격도 넓어서 리더스북을 줄곧 읽어왔다면 큰 어려움 없이 얼리 챕터북으로 넘어갈 수 있습니다. 리더스북에서 단어 수가 많고 문장이 빼곡한 챕터북으로 자연스럽게 넘어가기 위해 얼리 챕터북을 읽는다고 보면 됩니다.

이때 유의할 점은 책의 내용입니다. 얼리 챕터북은 책의 레벨로 보자면 미국 초등학생 1, 2학년 수준에 해당합니다. 그렇다 보니 내용이 다소 유치한 것도 있습니다. 간단하게 줄거리를 살펴보고 너무 유치하지 않은 내용의 책으로 골라주는 것이 4학년에 시작하는 얼리 챕터북 읽기에 성공하는 방법입니다. 지금 소개하는 책들 이외에도 얼리 챕터북은 종류가 다양하지만 다음의 책들을 기준 삼아 내 아이가 잘 읽을 만한 얼리 챕터북을 선택하면 좋습니다.

유머-상상 Press Start 시리즈

리더스북에 그다지 큰 흥미를 보이지 않았지만 이제는 챕터북으로 넘어가야 하는데 어떻게 하면 좋을지 고민된다면 이 시리즈를 적극 추천합니다. 책을 펼치면 만화풍의 그림이 많고 글자는 적어 보여서 아이가 읽기에 부담이 없습니다. 특정 게임 안에서 라이벌 구도를 형성하는 캐릭터들이 어떻게 게임을 하는지, 이기고 지는 과정을 보여주면서 흥미를 유발합니다. 평소 게임을 안 해본 아이라도 충분히 이해할 수 있을 만큼 묘사가 잘 되어 있습니다. 시리즈가 꾸준히 출간되고 있으니 신간이 나올 때마다 한 권씩 구입해 읽히면 챕터북 읽

영어 시험 잘보는법

기에 흥미를 붙일 수 있습니다.

공포 Easy-To-Read 〈Spooky Tales〉 시리즈

 〈Spooky Tales〉라는 시리즈명에서 알 수 있듯이 무서운 이야기를 묶은 책입니다. 공포물이어서 아이 취향에 따라 호불호가 극명하게 갈릴 수 있지만 이런 종류의 책도 있다는 것을 알면 아이도 엄마도 다양한 책을 접할 수 있다고 생각합니다. 유머도 상상도 시큰둥한 아이라면 색다른 영역을 접해보는 것도 시도해볼 만한 일입니다.

일상 Owl Diaries

 표지만 봐도 어떤 느낌의 책일지 감이 오나요? 아기자기하고 서정적인 이야기를 좋아하는 아이들에게 추천하는 책입니다. 에바Eva라는 이름을 가진 부엉이의 일상을 다룬 이야기로, 하루하루 이어지는 이벤트가 재미있습니다. 컬러풀한 그림과 대화체의 구성으로 다양한 표현도 익힐 수 있습니다.

모험-판타지 Magic Tree House 시리즈

너무 유명한 책이어서 언급할 필요가 있을까 싶지만 4학년 학기

중에 읽기 딱 좋아서 소개합니다. 어느 날 숲에서 나무로 된 집을 우연히 발견하고 모험을 하게 되는 남매의 이야기로 매 권마다 다른 모험이 펼쳐져서 아이들이 몰입하여 읽기 좋습니다. 남매가 낯선 장소에 떨어져 주어지는 미션들을 잘 해내는지 조마조마한 마음으로 지켜보게 되고 마침내 미션을 완수하고 다시 집으로 돌아오면 읽는 이들도 함께 안심하게 됩니다. 책의 마지막 장을 덮으면서 다음 책을 기대하게 될 정도입니다. 《마법의 시간여행》이라는 제목으로 한글책 시리즈가 나와 있습니다.

유머, 상상, 공포, 모험 등 다양한 장르의 책이 포진해 있는 것이 얼리 챕터북의 장점입니다. 챕터북을 시작하는 시점이니 찬찬히 보시고 내 아이 취향에 잘 맞겠다 싶은 책으로 시작하시면 좋겠습니다. 책이 재미있어야 아이가 끝까지 책을 볼 수 있고 그래야 아이도 '이렇게 글자가 많은 영어책을 내가 읽다니!' 하며 스스로 성취감을 느낍니다.

4학년 여름방학
'책의 바다'에 빠질 수 있는 마지막 시기

실상 초중고를 통틀어 시험이나 성적 걱정 없이 책의 바다에 마음

영어 시험 잘보는법

껏 빠져보는 것은 이때가 마지막이라고 생각합니다. 그러니 4학년 여름방학에 영어책의 바다에 빠지는 경험을 꼭 해보아야 합니다. 학기 중에 챕터북을 열심히 읽어왔을 테니 책의 바다에 빠지는 동안에는 영어 그림책, 리더스북, 얼리 챕터북 가리지 않고 읽는 것이 좋습니다. 특히 저는 이 시기에 어려운 문법을 흡수할 수 있는 영어 그림책을 읽으라고 권하고 싶습니다. 5학년이 되면 문법기초 잡기에 들어가게 됩니다. 그 전에 그림책으로 문법요소를 접하고 내용을 이해할 기회를 갖는 것입니다. 문법이라는 개념을 영어 표현으로 미리 접해보는 과정이 필요합니다.

영어 그림책에는 다양한 표현이 쓰입니다. 중고등학교 영어 공교육을 다 받은 엄마가 읽어도 얼른 의미가 다가오지 않는 문장들도 많습니다. 그만큼 그림책에는 어려운 표현이 많습니다. 하지만 우리가 한글로 된 책을 읽으면서 주어, 서술어를 따져 가며 읽지 않아도 자연스럽게 문장의 의미를 이해하듯이 영어책을 읽을 때도 마찬가지입니다. 영어 그림책을 통해 어려운 문법이 녹아 있는 문장을 주어, 서술어, 목적어로 구분하여 받아들이지 않습니다. 그런 용어 자체를 이해하기보다는 그저 책의 내용을 통해 '이런 표현이 이런 상황에 쓰이는구나' 하고 문장 전체를 통째로 받아들이게 됩니다. 따라서 4학년 여름방학에 책의 바다 시기를 만끽하면서 영어 그림책을 통해 어려운 문법을 흡수할 수 있는 기회로 활용해보시면 좋겠습니다.

학교에서 아이들을 가르치다 보면 학생들이 어려워하는 영어문법이 비슷하다는 것을 알게 됩니다. 그중 특히 가정법은 학생들이 가장 헷갈리고 어려워하는 부분입니다. 시험을 칠 때도 헷갈려서 결국 정답을 고르는 데 실패하는 경우를 많이 보았습니다. 문법적 의미를 따지기 전에 문장이 어떤 상황에 쓰이는지, 문장 형태는 어떠한지를 자연스럽게 익힐 수 있다면 얼마나 좋을까 생각하며 안타까운 적이 많았습니다. If 가정법과 조건문의 차이, If 가정법과 함께 익히면 좋은 I wish 가정법을 그림책으로 먼저 익힌다면 영어문법의 최고 허들이라 할 수 있는 가정법을 가뿐하게 넘을 수 있습니다.

아래 표에 학교에서 학생들이 어려워하는 순서대로 문법의 난도를 상, 중, 하로 표시하고 그 요소를 자연스레 접할 수 있는 그림책을 소개했습니다.

난도	문법요소	제목(저자)
상	조건문	If You Give a Mouse a Cookie (Laura Joffe Numeroff)
	If 가정법	If the Dinosaurs Came Back (Bernard Most)
	I wish 가정법	I wish I had a pet (Maggie Rudy)
	관계대명사	The Story of the Little Mole (Werner Holzwarth)
중	현재완료	I Want My Hat Back (Jon Klassen)
	과거완료	Dr. Dog (Babette Cole)
	사역동사	Cinderella
	수동태	I Am Invited to a Party! (Mo Willems)
하	비교급	Blue Sea (Robert Kalan)

영어 시험 잘보는법

'Her new stepmother made her work all day long', 'Don't let her touch you!'와 같은 사역동사 표현이 잘 나타나 있는 《Cinderella》는 어느 출판사의 것이든 상관없으나 지나치게 간소화된 버전은 고르지 않도록 유의하세요.

5학년 영어 교과서로 문법기초를 잡아라

챕터북을 줄곧 읽고 책의 바다까지 하고 나면 자칫 읽기에 비중이 쏠려 영어 공부의 균형을 잃을 수 있습니다. 지금 영어 문장을 줄줄 읽고 뜻을 이해한다고 해도 밸런스를 잊지 마세요.

우선 4학년 겨울방학에는 5학년 영어 교과서를 미리 보면서 교과서에 나오는 단어를 읽고 써보는 시간을 가졌으면 합니다. 잘 읽으니 쓰기도 잘할 것 같으시죠? 일단 한번 쓰기 연습을 해보세요. 교과서에 나오는 단어를 보고 적는 것이 아니라 한번 읽어보고 책을 덮고 써보는 시간을 가져야 합니다. 단어 암기가 힘든 일이라고 생각하지 않도록 환경을 잘 조성해야 합니다. 예를 들면 이런 식입니다.

"챕터북 보다가 교과서 보니까 단어가 엄청 쉬워 보인다~! 이거 엄마도 그냥 쓸 수 있을 것 같은데? 엄마랑 같이 해볼래? 왠지 엄마가 더 잘할 것 같아."

이런 식으로 말문을 연 다음 노트를 준비합니다. 아이 취향에 맞는 단어 노트를 고르면 흥미를 높일 수 있습니다. 엄마와 경쟁하며 교과서를 살펴보면 기초단어도 미리 익힐 수 있습니다.

교과서 단어를 지루해하는 아이라면 최근 읽고 있는 챕터북에서 만난 새로운 단어를 쓰는 것도 좋습니다. 그러나 책을 읽다가 새로운 단어가 나올 때마다 노트에 옮겨 적는 것은 읽기 몰입을 방해할 수 있으니 책을 읽을 때 연필로 살짝 표시만 해두고 책을 다 읽으면 표시해둔 단어만 모아서 노트에 적어야 합니다. 챕터북 단어를 적는 경우라면 영어로 적는 것에 그치지 말고 아이가 생각하는 단어의 뜻도 함께 적어보게끔 하세요. 이후에 인터넷 사전을 이용해서 정확한 뜻을 찾아 적어봅니다. 처음부터 단어 수가 너무 많으면 아이가 지칠 수 있습니다. 몇 개부터 써볼지는 아이가 결정하게 하세요.

'이 정도는 충분히 쓰겠지' 하는 단어들도 한번 써보는 시간을 가져보세요. 요일, 월, 계절, 숫자 등 일상에서 자주 마주치는 단어 위주여야 합니다. 머리로는 쓸 수 있을 것 같았는데 막상 손으로 써보면 안 써지는 단어들이 있습니다. 이런 때에는 엄마가 영어로 불러주고 아이는 소리를 듣고 쓰는 방법을 추천합니다.

4학년 겨울방학에 할 일이 하나 더 있습니다. 바로 문법기초 세우기입니다. 앞서 말씀드린 문법 집짓기를 시작할 때입니다. 문법기초라고 하니 어머님들 어릴 때 배우던 문법책이 떠오르시나요? 그런 책으로 문법을 시작했다간 영어에 질리기 딱 좋습니다. 최근에는 그

영어 시험 잘보는 법

림 자료나 예시가 생생하고 스토리텔링으로 쉽게 설명하는 문법책이 많이 나와 있습니다. 영어 교재를 고를 때에는 서점에 나가 직접 보고 고르는 것이 가장 좋지만, 그것이 여의치 않다면 온라인 서점에서 미리보기를 통해 교재 스타일과 수준을 파악하기 바랍니다. 초등 저학년 때《미국교과서 읽는 리딩》시리즈를 풀어온 아이라면 스타터 수준의 문법책은 건너뛰어도 좋습니다. 적어도 주어, 동사 등 용어와 그 쓰임새를 전체적으로 아우르는 교재여야 합니다. 몇 가지 교재를 소개합니다. 각 교재의 특징을 살펴 내 아이와 시작하기 좋은 교재를 선택하시는 데 도움이 되었으면 합니다.

스토리텔링으로 이해하는 영문법
《읽으면 영어 천재가 되는 만화책》

이 책을 소개하기에 앞서 이것을 책으로 분류해야 할지 교재로 분류해야 할지 잠시 고민이 앞섰습니다만, 영어라는 언어를 영문법 차원에서 스토리텔링으로 재미있게 풀어낸 책인 데다 워크북이 딸려 있어 교재로 분류하는 것이 맞다는 생각이 들었습니다. 이 책의 머리말을 읽어보면 왜 이 책이 문법을 처음 접하는 아이들에게 유용한지를 알 수 있습니다. '영문법'이라는 것은 학습처럼 접해야 하는 것이 아니라 생활 속에 녹아 있는 언어의 약속으로 배워야 하고 그렇게 가르쳐야 한다고 생각합니다. 이런 생각에 부합하는 책이 간간이 있었습니다만, 이 책만큼 아이들에게 친근하고 재미있게 영문법을 설명해줄 수 있는 책이 있을까 싶습니다. 책의 머리말에 나와 있듯이 거부감 없이 영문법의 '첫인상'을 좋게 남기고 효과적으로 문법 기초를 잡을 수 있습니다. 워크북도 함께 있으니 본 책을 다 읽고 아이의 반응이 좋다면 워크북도 함께 진행해보실 것을 권합니다.

동사로 잡는 기초 영문법

《하루 10분 초등 바르다 영문법 학습 노트》

영문법 기초를 세울 때 서술어, 즉 동사 뼈대만 제대로 세워도 나머지 집짓기가 쉬워집니다. 이 책은 영어에서 자주 쓰이는 동사 30개를 기준으로 영문법을 설명합니다. 본격적인 설명에 들어가기에 앞서 품사 용어를 먼저 설명해주는 파트가 있어서 낯선 용어에 익숙해지도록 도와줍니다. 이 한 권으로 필수동사를 완전 정복하겠다는 취지에 맞게 동사가 속속들이 설명되어 있습니다. 설명한 것을 문제로 풀어볼 수 있는 구성입니다.

체계적인 영문법 기초 잡기

《기초 100% 초등영어문법》

보다 체계적으로 영문법 기초를 잡고 싶다면 이 책을 추천합니다. 초등 교과서에서 다루는 문법이 한눈에 들어오는 표로 정리되어 있으며, 이 내용을 본문에서 모두 다루고 있다는 것이 특징입니다. 영문법의 기초가 되는 품사와 개념을 딱딱하지 않게 설명하고 있으며,

영어 시험 잘보는법

개념 설명이 끝나면 퀴즈 형식으로 개념을 정리할 수 있어 지루하지 않게 영문법 기초를 세울 수 있습니다.

영어 리딩 레벨에 따라
챕터북 고르기

온라인 영어책 서점이나 도서관에서 영어 챕터북을 고르다 보면 리딩 레벨을 알려주는 숫자를 보게 됩니다. 리딩 레벨을 나타내는 숫자는 크게 두 가지로 AR 지수와 렉사일 지수입니다. 리딩 레벨을 기준으로 책을 고르면 지금 내 아이 수준에 맞는 책을 보다 수월하게 고를 수 있다는 장점이 있습니다. 리딩 레벨이란 다음과 같습니다.

■ AR(Accelerated Reader) 지수

미국 르네상스러닝(Renaissance®)사가 제공하는 책의 난이도를 나타내는 지수로서 AR은 르네상스러닝사의 독서퀴즈 및 학습관리프로그램인 'Accelerated Reader'의 약자입니다. 르네상스러닝사는 SRStar Reading 테스트라는 별도의 레벨 테스트 체계를 제공합니다. 이 테스트에 응시하면 GEGrade Equivalent로 표기되는 아이의 영어 독해 수준(리딩 레벨)을 알 수 있습니다. 예를 들어, GE1.6은 미국 현지 학년 기준 1학년 6개월에 해당하는 수준을 의미합니다. 이 경우 AR 역시 1.6에 해당하는 책을 추천하므로 GE 지수와 AR 지수는 같은 개념이라고 보아도 좋습니다. 이런 이유로 흔히 AR 지수를 아이의 영어책 읽기 수준으로 봅니다. 미국 초등학생 학년 기준으로 표시되는 지수이므로 SR 테스트에 응시하기 위해서는 해당 프로그램을 구입하여 사용하고 있는 가맹사(어학원)에 문의하거나 지역 공공영어도서관에 SR 테스트를 제공하는지 문의하는 것이 좋습니다. 테스트 후 결과에 따라 그에 맞는 지수에 해당하는 책을 골라 아이에게 보여주면 아이가 수월하게 책을 읽을 수 있습니다.

■ 렉사일(Lexile) 지수

미국의 교육 연구기관 메타메트릭스(MetaMetrics®)사에서 개발한 독서 수준 지표(지표 레벨은 렉사일의 홈페이지인 https://lexile.com/을 참고하세요)로서, 책의 난이도를 BR^{Beginning Reader}에서 2000L까지 수치화한 것을 말합니다. 100단위로 지수가 표기됩니다. 내 아이의 렉사일 지수를 알고 싶다면 '무료/유료 렉사일 지수 테스트'를 검색하여 온라인으로 테스트해볼 수 있습니다. 이후 공식 홈페이지인 https://lexile.com/에서 내 아이 수준에 해당하는 책을 찾아보면 됩니다. '웬디북' 같은 영어 원서 전문점의 경우 책의 상세 설명에 북레벨 지수를 대부분 같이 써두어서 책 고르기가 수월합니다.

보통 자신의 렉사일 지수를 기준으로 +50L, -100L 범위에 속하는 책이 아이가 읽을 수 있는 적정 범위라고 할 수 있습니다. 예를 들어, 내 아이의 렉사일 지수가 300L이라면 내 아이는 렉사일 지수 200~350L 범위에 속하는 책들을 읽고 이해할 수 있다고 봅니다. 하지만 《읽기 혁명》의 저자 스티븐 크라센의 '인풋 가설^{the Input hypothesis}'에 따르면 학습자는 자신에게 '이해 가능한 입력'이 충분히 주어졌을 때 비로소 언어를 습득할 수 있다고 말합니다. 즉, 수준보다 다소 쉬운 자료를 제공하는 것이 영어 습득에는 더 도움이 된다는 뜻입니다. 내 아이의 렉사일 지수보다 수준이 높은 책보다는 다소 낮은 수준의 책을 제공하며 실력을 높여 가는 것이 바람직합니다.

초등학교 5학년,
바쁜 와중에도 문법은 쌓아야 한다

5학년 학기 중

챕터북으로 글밥 많은 문장을 연습하라

아이가 5학년이 되면 학교에서 배우는 교과의 양이 늘어나고 수학, 과학도 꼼꼼히 챙겨야 합니다. 학교 공부 분량이 늘어나는 시기이니 챕터북으로 진입할 때에도 아이의 컨디션을 고려해야 합니다. 이제 5학년이 되었으니 챕터북으로 넘어가자고 엄마가 먼저 권하기보다는 자연스럽게 넘어갈 타이밍을 살펴야 합니다. 지난 겨울방학 때 시작한 영문법 기초 잡기가 아직 진행 중이라면 이 과정이 끝날 때까지는 얼리 챕터북을 이어가야 합니다. 이 과정에서 다진 기초 영문법 실력 위에 문장의 호흡이 길고 글의 양이 많아지는 챕터북이

영어 시험 잘보는법

없어져야 자연스러운 연결이 가능하기 때문입니다. 기초 영문법 집 짓기가 끝나고 얼리 챕터북도 수월하게 읽으면 이제 진짜 챕터북으로 넘어가면 됩니다.

챕터북의 종류는 무궁무진합니다. 영어책 전문 온라인 서점에서 '챕터북' 카테고리만 보아도 책이 너무 많아 무엇을 선택해야 할지 당황스러울 수 있습니다. 이럴 때는 무조건 아이가 좋아했던 작가의 시리즈나 재미있어 하는 내용, 최근 관심 있어 하는 내용을 다룬 책을 선택하세요. 실패 없이 챕터북에 안착할 수 있습니다. 바꿔 말하면 아이가 흥미를 보이지 않는 영역인데 단지 베스트셀러 도서라는 이유만으로 챕터북을 선택하면 실패할 수 있다는 이야기입니다. 모든 아이가 재미있다고 해도 내 아이는 그렇지 않을 수 있다고 누누이 말씀드렸습니다.

얼리 챕터북에 처음 진입할 때처럼 초반에 품을 들여서 내 아이에게 맞는 책을 찾아보세요. 영어책을 찾을 때 가장 기본은 내 아이가 관심 있어 할 만한 책 리스트를 몇 개 뽑아두고 영어도서관이나 일반 도서관 영어책 코너에 가서 그 책들을 직접 골라 넘겨보면서 차분하게 내용을 파악하는 것입니다. 표지만 봐도 '아, 이 책은 아니다' 싶은 책이 있고, 휘리릭 넘기다 보면 '이 책은 좋아하겠다' 싶은 책도 있습니다. 책 리스트를 선정할 때는 앞서 언급한 영어책 가이드북(120쪽 참고)을 활용해도 좋고, 온라인 서점에서 리뷰나 추천이 많은 순으로 우선 살펴보서도 좋습니다. 인터넷 검색 사이트에 '초등 고학년 챕터북 추천'이라고 검색해보는 것도 방법입니다. 내 아이에게 맞는 책을 찾아 시작하는 것이 가장 좋은 방법이지만 책을 찾는 데서부터 막히는 엄마라면 아래에 추천하는 책들을 먼저 활용해도 좋습니다. 시리즈물을 보여줄 경우 우선 한 권을 사서 보여주고 재미있게 읽는다면 시리즈의 나머지 책들을 연달아 보여주는 방법을 택하기 바랍니다.

모험-판타지 Time Chronicles 시리즈

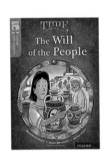

Oxford Reading Tree(이후 ORT)의 10~12단계에 해당하는 책입니다. 평소 ORT를 잘 보고 ORT에 등장하는 인물들을 잘 알고 있다면 추천하고 싶은 책입니다. 한번 보여주고 바로 반응이 오지 않으면 좀 두었다가 다시 보여주시면 좋습니다. 보통 ORT는 3, 4, 5단계가 꽃이라며 낮은 단계를 바짝 보고 이후는 보지 않는 집도 많습니다. 하지만 저는 이 뒷이야기가 훨씬 더 아이들의 흥미를 끈다고 생각합니다. 조마조마하면서 보게 되는 매력이 있는 책입니다. 이 책으로 제대로 영어책의 재미를 느낀 아이들은 호흡이 긴 책도 잘 보게 됩니다.

일상-유머 Daisy and the Trouble 시리즈

두께에 비해 글자가 적고 익숙한 캐릭터와 그림이어서 편안하게 챕터북에 진입할 수 있게 도와주는 책입니다. 그림책으로 《Daisy》

영어 시험 잘보는 법

를 이미 접한 아이라면 더욱 즐거워할 수 있습니다. 내용도 재미있어서 엄마가 함께 보면서 아이와 공감대를 형성하기에도 매우 좋은 책입니다. 두꺼운 책을 읽었다는 자신감을 심어주기에도 그만입니다.

추리 Secret Agent Jack Stalwart 시리즈

비밀 요원이라는 컨셉만 들어도 벌써 가슴이 두근대는 아이들에게 딱 맞는 책입니다. 사회, 문화적인 배경지식이 필요한 책이어서 초등 고학년이 보기에 적당합니다. 다소 어렵다고 느껴지는 단어가 나와도 내용이 재미있어서 넘기게 되는 책입니다. 전 세계를 배경으로 사건을 해결하는 주인공에 감정 이입하여 보게 되는 책입니다. 추리물을 좋아하지 않는 아이에게도 한번 보여주세요. 의외로 엄청 재미있다고 할 수 있습니다.

5학년 여름방학

머릿속에 영어문법 마인드맵을 그려라

4학년 때 영문법 기초 집짓기를 완수했다면 이제 세세하게 집을 꾸미고 채워갈 차례입니다. 파인 튜닝이란 미세한 것까지 조정하는 과정을 뜻하는 용어입니다. 5학년 여름방학은 영문법을 파인 튜닝하고 영어문법 지도를 직접 그려보는 것에 도전해보는 시기로 삼았으면 합니다. 초등 단계에서 영문법을 완성하겠다고 중학 수준의 문법 교재를 선택하지는 않았으면 합니다. 나이에 맞는 발달 단계라는 것이 있습니다. 내 아이 영어 실력이 뛰어나다고 정서 수준까지 중고등학생 수준에 이른 것이 아니니 초등학생을 대상으로 하는 문법문제집 중에서 속속들이 정리가 잘된 책을 고르는 것이 이 시기의 문법 파인 튜닝 성공포인트입니다. 초등학생 수준에서 영문법을 세세하게 이해하는 데 적절한 영어문법 교재를 소개합니다.

《가장 쉬운 초등 필수 영문법 하루 한 장의 기적》

이 교재의 목차를 보면 순간 아찔할 수 있습니다. 빼곡하게 들어찬 문법 요소에 아이가 질리면 어쩌나 걱정이 앞설 수 있습니다. 하지만 한 번은 거쳐야 할 과정입니다. 초등 수준에서 정리한 책이라 학습분량이 적은 것도 장점인 교재입니다. 한 장 한 장 넘기며 차곡차곡 문법 실력을 쌓을 수 있는 책입니다.

《초등 영문법 문법이 쓰기다》 기본 1·2

《미국교과서 읽는 리딩》과 동일한 출판사의 교재입니다. 1, 2권으로 나누어 상세하게 영문법을 설명하고 있습니다. 문법을 문법에서

영어 시험 잘보는 법

끝내지 않고 쓰기로 이어지게 하는 데 중점을 둔 문법교재입니다. 언어 규칙을 공식처럼 설명하고 이것을 문장 쓰기에 적용하는 구성입니다. 워크북 형태로 매 단원을 마무리할 수 있어서 배운 내용을 확실히 익힐 수 있습니다.

영어문법 교재를 끝냈다면 아이에게 스케치북이나 4절지를 하나 주세요. 문법교재의 목차를 참고해서 영어문법 마인드맵을 그려보는 활동을 해보시면 좋겠습니다. 한가운데에 'English Grammar' 또는 영문법이라고 쓰고 배운 교재의 목차에 맞게 큰 줄기를 그립니다. 큰 줄기 하나에 '동사'라고 썼다면 다시 거기에서 두 줄기를 나누어 'be동사', '일반동사'처럼 갈래를 나누어 나갑니다. 다시 be동사를 주어에 따라 세 갈래로 나누고 예시를 적습니다. 일반동사도 교재에서 배운 대로 나누어 봅니다.

영어문법 마인드맵을 그리는 방식은 아이가 공부한 교재에 따라 세부 줄기 내용이 다소 다를 수 있습니다. 하지만 큰 개념부터 시작해서 잘게 쪼개는 과정을 통해 아이 머릿속에 문법 지도가 생겨납니다. 머릿속에 영문법에 대한 큰 그림이 들어 있냐 아니냐는 앞으로 읽어 나갈 영어책의 내용 이해는 물론 중고등학교에 가서 접하게 될 학교 영어 공부에도 큰 영향을 미칩니다.

시간이 며칠 걸리더라도 아이 손으로 직접 마인드맵을 완성할 것을 권합니다. 마인드맵의 개념은 보통 초등학교 4학년 때 배운 것을 정리하며 배웁니다만, 그렇지 않은 경우라면 엄마가 옆에서 도와주셔도 좋습니다. 함께 문법책을 찾아 읽으며 큰 개념에서 차차 범위를 좁혀 줄기를 세분화하세요. 문법교재의 목차를 참고하면 마인드맵 그리기를 위한 개념 쪼개기가 수월해집니다. 배운 교재의 목차를 활용하라고 하는 것은 이 때문입니다.

5학년 겨울방학
6학년을 준비할 레벨 테스트의 타이밍

겨울방학에는 6학년 영어 교과서를 미리 보면서 단어 노트에 단어 쓰기를 계속 이어가세요. 4학년 때에 비해 단어의 양은 늘려야 합니다. 아이가 초등학교에 입학하고 줄곧 영어를 공부해왔습니다. 이쯤 되면 엄마 생각에 우리 아이 실력이 어느 정도일까 궁금해집니다. 앞서 영어책의 수준을 설명하는 AR 지수와 렉사일 지수를 알려드리면서 영어 테스트를 해본 후 내 아이에게 맞는 영어책을 선택하는 방법을 알려드렸습니다. 그때는 내 아이가 어느 정도 실력이 나올까가 궁금해서가 아니라 적절한 책을 고를 목적으로 테스트를 했다면 이제는 내 아이 영어 실력이 얼마나 올랐는지, 그간의 영어 공부가 효과가 있었는지를 알기 위해서 테스트를 한다고 볼 수 있습니다.

영어 레벨 테스트를 하는 방법을 찾아보면 방법도 시험 주관사도 다양하지만 흔히 엄마표 영어를 하면서 레벨 테스트를 받는다고 하면 SR 테스트를 의미합니다. 르네상스러닝사가 제공하는 별도의 레벨 테스트 체계인 SR^Star Reading 테스트가 흔히 말하는 '레테' 즉, 레벨 테스트입니다. 아이들 영어 학원을 알아볼 즈음 '레테 보러 간다'라는 말을 많이 들어보셨을 겁니다. 그때 그 레테가 바로 SR 레벨 테스트입니다. 때로 리딩게이트 시험을 활용하는 곳도 있지만 대부분 SR 테스트를 활용합니다.

대형 어학원에 등록하기 전에는 학원이 제공하는 테스트를 먼저 치러야 합니다. 학원에 등록하지 않더라도 일정 비용을 지불하고 이 테스트만 볼 수도 있습니다. 간단한 테스트가 아닌 제대로 된 테스트를 한번 치러보고 싶다면 집 근처 대형 어학원에 테스트 응시가 가능한지, 어떤 과정을 거치면 되는지 문의하면 됩니다. 간혹 지역 공공도서관에서 테스트를 제공하는 경우도 있습니다. 그러나 이 경우 SR 테스트가 아니라 렉사일 지수 측정인 경우가 있으니 도서관에 먼저 문의를 해보셔야 합니다.

레벨 테스트를 하기 전에는 이 테스트를 하는 목적을 분명히 해야 합니다. 현재 내 아이의 수준을 정확히 알고 영어 공부에 더욱 힘을 싣기 위해, 즉 긍정적인 목표를 위해 테스트를 한다는 것을 분명히 해야 합니다. 그렇지 않으면 레벨 테스트 결과에 따라 엄마도 아이도 사정없이 휘둘릴 수 있습니다. 단순히 엄마가 아이 실력이 궁금해서, 주변 아이들이 하니까 한번 해본다는 이유로 섣불리 레벨 테스트를 하지는 않으셨으면 좋겠습니다. 시험이 내 아이 영어 실력을 온전하게 측정한다는 보장도 없고 시험 칠 때 아이 컨디션이 평소보다 안 좋아 본디 가진 실력보다 더 안 좋게 나올 수도 있습니다. 이런 점을 고려하지 않은 채 무작정 호기심에 레벨 테스트를 쳤다가는 예상치 못한 결과로 인해 오히려 영어 공부에 대한 아이의 의욕을 떨어뜨릴 수도 있습니다.

영어 시험 잘보는 법

영어 레벨 테스트의
득과 실

영어 레벨 테스트는 영어 공부를 진행하는 데 있어서 계륵 같은 존재입니다. 안 치자니 궁금하고 치자니 과연 실력이 잘 나올까 염려됩니다. 이처럼 영어 레벨 테스트를 경험하는 것에는 득과 실이 있으니 아이 성향을 고려하여 현명하게 판단하셨으면 좋겠습니다.

■ 영어 레벨 테스트를 통해 얻을 수 있는 것

아이의 컨디션이 좋고, 테스트 역시 무난하게 이루어졌다는 전제하에, 아이의 현재 수준을 정확히 파악할 수 있다는 것이 영어 레벨 테스트의 가장 큰 장점입니다. 아이 수준을 정확히 파악할 수 있어서 책을 고를 때에도 아이 수준에 딱 맞는 책을 고를 수 있습니다. 또한 레벨 테스트는 '시험'에 대한 막연한 불안함을 해소하는 계기가 될 수도 있습니다. 초등학교 과정에는 내 실력이 점수화되는 시험이 없습니다. 그러다 보니 중학교에 가서 만나게 될 중간고사, 기말고사에 대한 막연한 불안감이 생길 수 있습니다. 그런데 레벨 테스트를 치르면 정해진 시간 내에 주어진 문제를 푸는 경험을 해볼 수 있고 시험을 앞두고 긴장을 관리하는 연습도 할 수 있습니다.

■ 영어 레벨 테스트를 통해 잃을 수 있는 것

레벨 테스트를 치르고 나서 생각보다 낮은 레벨에 그간 영어를 잘하고 있던 아이의 자신감이 뚝 떨어지는 경우를 보았습니다. 시험에서 낮은 레벨이 나왔다고 아이의 영어 실력이 정말로 낮은지 아닌지는 누구도 장담할 수 없습니다. 앞서 말씀드렸지만 그날따라 아이 컨디션이 안 좋았을 수도 있고 유난히 아이가 모르는 영역에서 문제가 출제되었을 수도 있습니다. 아이만 자신감이 떨어지는 게 아닙니다. 그간 열심히 아이 영어 공부를 조력해왔던 엄마도 힘이 빠집니다. 그간의 노력이 물거품이 되는 것만 같아 마음이 착 가라앉습니다. 영어를 가르치다 보면 가장 안타까울 때가 바로 이런 경우입니다. 테스트를 보지 않았다면 순조롭게 진행되었을 영어가 흐름이 끊겨버리는 경우입니다. 한번 끊긴 흐름은 다시 이어가기가 상당히 어렵습니다. 레벨 테스트를 주기적으로 쳐서 실력 상승을 확인할 것이 아니라면 일회성으로 치는 레벨 테스트에는 정말 신중해야 합니다.

초등학교 6학년,
영어책 읽기를 비축해야 한다

영어 소설로 진입 장벽을 낮춰라

드디어 초등학교의 최고 학년인 6학년입니다. 그간 아이가 영어 공부를 하고자 하는 마음, 영어책 읽기, 문법-독해 교재 진행, 아이 스스로 계획하고 진행하는 영어 공부, 이 네 가지 영역에서 적절히 영어의 균형을 유지해왔습니다. 6학년 학기 중에는 그 어느 때보다 영어책 읽기량을 늘리는 데 주력해야 합니다. 중학교에 진학하면 아무래도 영어책 읽는 시간이 줄어듭니다. 새로운 환경에 적응하느라, 중학교 수업을 소화하느라 아이의 몸과 마음이 한동안 바쁩니다. 미처 영어책에 신경 쓸 겨를이 없을 수 있습니다. 영어책 읽는 양을 지금 많이 비축해두어야 중학교에 진학하여 문법, 독해문제집의 비중을 늘려도 균형이 유지됩니다.

6학년 학기 중에는 5학년 때 읽던 챕터북보다 훨씬 수준 높은 챕터북을 읽어야 하고 챕터북을 편안하게 읽는다면 소설로 넘어가도 좋습니다. 영어 원서 읽기 바로미터로 여겨지는 〈해리포터〉 시리즈도 분류상 소설에 속합니다. 아이와 함께 도서관에 가서 영어 소설 코너를 함께 살펴보세요. 아이가 영어 소설에 거부감 없이 꽤 집중하여 읽는다고 판단되면 과감하게 소설로 넘어가세요. 챕터북보다 쉬운 소설책으로 시작하면 읽는 양이 드라마틱하게 늘어나기도 합니다.

〈해리포터〉 시리즈처럼 영화와 연계하여 보여줄 수 있거나 한 권으로 되어 있어서 한번에 기승전결을 다 볼 수 있는 구조의 책이면 좋습니다. 〈해리포터〉 시리즈를 읽기 전에 처음 소설을 접할 때 읽으면 좋은 책들을 소개합니다. 지금 소개할 책들은 앞서 소개한 챕터북을 읽어온 아이라면 수월하게 읽어 나갈 수 있는 수준의 소설책입니다. 한 권을 긴 호흡으로 쭉 읽어내는 경험이 쌓이면 아이의 영어 읽기 능력이 몰라보게 달라집니다. 아래 소개되는 책들을 시작으로 작가별, 영역별로 범위를 넓혀가기 바랍니다.

《The Magic Finger》 Roald Dahl

로알드 달Roald Dahl이 쓴 이야기에는 초능력이 자주 등장합니다. 이

책도 초능력으로 불의를 제압하려는 소녀의 이야기입니다. 단어나 문장의 난이도와 별개로 흥미로운 사건이 이어져 계속 읽고 싶게 만든다는 장점이 있으며, 어른들의 권위에 도전하고 잘못된 어른은 벌주고자 하는 아이들의 소망을 실현해주어서 통쾌함까지 안깁니다.

《The One in the Middle is the Green Kangaroo》 Judy Blume

기승전결이 잘 드러나는 주디 블룸^{Judy Blume}의 책입니다. 형과 여동생 사이에 끼어 위축감을 느끼던 프레디는 둘째라서 이리저리 치이며 위축되어 있었지만 형도 여동생도 해본 적이 없는 영역에 도전해, 위축감을 털고 멋진 모습을 보여줍니다.

《Stone Fox》 John Reynolds Gardiner

전국 개썰매 대회에 나가 상금을 타야 아픈 할아버지를 돌볼 수 있는 주인공. 실력이 쟁쟁한 개들이 모두 참여하는 경주에서 주인공은 과연 상금을 탈 수 있을까요? 한글 번역서로는 《조금만, 조금만 더》라는 제목으로 나와 있는 이 책은 내용이 교훈적이면서도 감동과 재미가 있어 실제 학

교 현장에서도 많이 읽는 책입니다. 저자인 존 레이놀스 가디너John
Reynolds Gardiner의 데뷔작으로 전 세계에서 사랑받고 있는 책입니다.
영화 '늑대개'로도 나와 있으니 책을 다소 어려워한다면 영화를 먼저
보고 책을 보는 방법도 추천합니다.

영어 3줄 일기로 '영머들게' 하라

학기 중에 수준 높은 챕터북과 기승전결이 뚜렷한 소설을 꾸준
히 읽어왔다면 누가 시키지 않아도 영어로 글을 쓰는 수준이 되었을
겁니다. 읽는 양을 미리 비축해야 하는 것은 맞지만 최소한의 밸런
스 영어는 유지해 나가야 합니다. 많이 읽어서 영어 인풋 양을 늘렸
다면 매일, 조금씩 쓰는 습관을 통해 아웃풋 양을 늘려봅니다. 영어
3줄 일기 매일 쓰기에 도전하는 것입니다. 일기는 일종의 스토리입
니다. 3줄 일기 안에 시작과 끝이 있는 이야기를 담을 수 있게 하되
아이가 쓴 3줄 일기에서 틀린 문법이 보일 때마다 고쳐주려고 해서
는 안 됩니다. 단어쓰기 노트만 이어왔기 때문에 문장으로 글을 쓰
는 것 자체에 거부감이 들지 않게 하는 것이 우선 과제입니다. 꾸준
히 반복되는 실수가 보일 때 한 번씩 바로잡아주면 됩니다.

군이 3줄을 유지해야 하느냐고 문의하는 분이 계셨습니다. 일기
라는 줄글을 시작할 때 진입장벽을 낮추기 위해 3줄로 시작하라는

것이지 반드시 3줄을 유지해야 하는 것은 아닙니다. 아이가 표현력이 풍부하고 글을 더 쓰고 싶어 한다면 얼마든지 양을 늘려도 좋습니다. 양은 늘리되 문법을 일일이 고쳐주려는 시도는 이때도 하지 말아야 합니다. 아이가 글을 잘 쓰면 쓸수록 엄마 욕심에 완벽한 글을 쓰게 하려고 은근히 압박을 주는 경우도 있습니다. 우선은 마음껏 쓸 수 있게 두는 것이 필요합니다. 말 그대로 영어일기를 쓰는 재미에 푹 빠져 '영며들게(영어일기에 스며들게)'하는 것이 효과적이라는 뜻입니다. 일기를 쓰면서 특정 문장을 쓰는 것을 어려워하거나 단어를 모르는 게 있다면 인터넷 영어사전을 적극 활용하는 것이 포인트입니다. 이미 한 번 공부한 문법교재를 활용해서 동사의 형태를 공부해 가며 쓰는 것도 방법입니다. 어떤 방법을 쓰든 매일 쓰기만 유지하면 됩니다.

틀린 것을 발견하는 족족 고치지도 않고, 굳이 양을 늘려가며 쓸 것도 아니라면 뭐하러 3줄 일기를 쓰냐고요? 매일 쓰는 3줄 일기를 통해 아이는 성취감을 느낄 수 있습니다. '나도 할 수 있구나, 우리말도 아닌 다른 나라 말로 내가 일기도 쓰는구나' 하며 스스로를 자랑스럽게 여깁니다. 성취감은 그다음 학습에 대한 촉매제가 됩니다. 꾸준한 행동이 성취감을 부르고 성취감은 다시 더 어려운 공부, 다소 재미는 없지만 해야 하는 공부를 하고자 하는 마음을 길러줍니다. 바로 학습동기가 되는 셈입니다.

또한 일기를 매일 쓰려면 일기를 쓸 수 있는 시간이 충분히 주어져야 합니다. 아이에게 일기 쓰는 시간을 스스로 계획하게 함으로써 자기주도학습력을 기를 수 있습니다. 학습동기와 자기주도학습력은 영어책과 영어 교재와 더불어 중학교에 들어가기 전에 꼭 챙겨야 하는 밸런스 영어의 두 가지 축입니다.

6학년 겨울방학

중학교 영어, 디지털교과서로 먼저 읽어라

6학년 2학기 11월경이 되면 중학교 배정 원서를 작성한 뒤 1월 중순경 배정 결과를 알 수 있으며, 이후 학교로 가서 배정 통지서를 받습니다. 이렇게 아이가 다니게 될 중학교를 알게 되면 미리 학교에 전화해서 영어는 어느 교과서를 쓰는지 물어보시면 됩니다. 입학하게 될 중학교에 가서 교과서를 받는 날이 따로 있지만 한 권 더 구매해서 미리 보는 것도 좋은 방법입니다.

영어 시험 잘보는 법

디지털교과서 홈페이지

    교과서 여분을 더 사는 것이 부담스럽다면 디지털교과서 앱을 활용하는 것도 좋습니다. 디지털교과서 앱에 로그인하기 위해서는 교육부가 운영하는 에듀넷 티-클리어 사이트에 가입해야 합니다. 에듀넷 티-클리어에 가입할 때 만 14세 미만의 경우 보호자의 동의가 필요하므로 가입 시 보호자와 함께 진행해야 합니다. 디지털교과서를 일일이 기기에 다운로드하지 않고도 웹 뷰어를 통해 교과서 내용을 볼 수 있어서 스마트폰이나 패드만 있으면 언제든지 교과서를 볼 수 있다는 장점이 있습니다.

    이처럼 종이 교과서든 디지털교과서든 교과서를 미리 보는 것이 도움이 됩니다. 중학교 영어 교과서는 초등학교 때 보던 교과서와는 형태나 글의 양이 확연히 달라집니다. 그렇기에 단순히 휘리릭 넘겨 보지 말고 체계적으로 미리보기를 해야 합니다.

클래스카드로 영단어를 섭렵하라

중1 교과서를 펼쳤다면 우선 단원별 단어를 한눈에 담아두어야 합니다. 중학교 교과서별로 단어를 일목요연하게 정리해둔 '클래스카드' 앱을 활용하면 단어 공부가 편해집니다. '클래스카드' 앱을 다운로드해 회원가입을 한 후 '세트 검색' 메뉴에서 '중등 교과서 영단어'를 선택합니다. 이후 해당 출판사의 교과서를 선택하면 그 교과서에 쓰인 단원별 단어 정리 세트를 볼 수 있습니다. 이때 이 단어 세트를 모두 선택하여 나의 단어장에 추가하면 됩니다. 이후 단어 뜻만 보기, 철자와 함께 보기, 퀴즈 등을 활용해 단어를 공부하면 됩니다.

단원별 핵심문법을 공부하라

중학교 교과서는 매 단원별로 중점을 두는 핵심문법이 따로 있습니다. 첫 단원부터 끝 단원까지 살펴보면서 이 문법 내용을 확인해봅니다. 문법 중 잘 모르는 부분이 등장하면 기존에 보던 문법문제집을 다시 살펴보면 됩니다. 학교에 가면 수업 중에 다시 상세하게 설명해주시므로 개념 정도만 정리해둔다고 생각하면 됩니다. 개념만 정리해두어도 중학교에 올라가 수업을 들을 때 훨씬 이해가 잘 됩니다. 초등학교와 달리 중학교는 문법 용어를 직접 언급하며 수업을 하므로 개념을 미리 정리해두면 선생님께서 다소 낯선 문법 용어를 섞어가며 내용을 설명하더라도 충분히 이해할 수 있습니다. 수업 중에 선생님께서 전달하는 내용을 잘 이해해야 시험에서도 좋은 성적

영어 시험 잘보는 법

을 거둘 수 있습니다. 이처럼 단원별 문법을 미리 살펴보면 중학교에서 첫 시험을 치를 때에도 자신감을 갖게 됩니다.

본문 읽기로 첫 시험을 대비하라

문법을 훑어봤다면 이제 본문이라 불리는 'Reading' 파트를 훑어볼 차례입니다. 본문에 쓰인 문장 하나하나를 분석해야 하는 것은 아닙니다. 쭉 읽어보면서 어떤 내용을 다루고 있는지, 글에 쓰인 문장의 수준이 어떠한지를 살펴봅니다. 무난하게 읽힌다면 큰 걱정 없이 중학교에 진학할 수 있겠지만 다소 어렵더라도 괜찮습니다. 미리 보고 진학하는 것만으로도 중학교 수업에 큰 도움이 됩니다.

영어 3줄 일기,
절대 이것만은 하지 마라

영어 일기라니, 과연 내 아이가 어떤 내용을 써내려갈지 무척 기대될 테지만, 너무 큰 기대를 하는 바람에 엄마들이 자칫 실수하는 경우가 있습니다. 영어 3줄 일기 진행 시 엄마가 하지 말아야 할 것이 있습니다.

■ 엄마의 만족을 위해 공부시키지 마라

초등학교 전체를 통틀어 쓰기다운 쓰기는 영어 3줄 일기가 처음입니다. 어느 정도 실력과 요령이 붙기 전까지는 문장의 수준도, 길이도 엄마의 기대에 미치지 못할 수 있습니다. 아이 영어만 균형을 외치지 마시고 엄마 감정도 균형을 잡아야 합니다. 말로 하지 않아도 엄마 얼굴에 표정이 드러나면 아이들은 엄마의 마음을 눈치챕니다. 아이가 내 기대보다 잘하든 못하든, 영어 문장을 써보는 것 자체로 대견하게 여기고 칭찬하는 마음이면 충분합니다. 아이의 첫 영어 일기를 보고 표현이 생각보다 단순하다며 실망하지 않도록 엄마의 마음부터 미리 컨트롤하기를 바랍니다.

■ 조금 더 쓰라고 강요하지 마라

아이가 전력을 다해 3줄을 완성했는데 엄마 욕심에 "조금 더 쓸까?"라고 말하면 영어 쓰기에 대한 흥미도 의욕도 잃기 쉽습니다. 쓰기 싫어도 엄마와의 약속이라서 꾸역꾸역 쓰는 경우도 있습니다. 혹은 엄마 생각보다 훨씬 더 자신의 글에 뿌듯해하고 있을 수 있습니다. 그런 아이를 칭찬하지는 못할망정 "조금 더 쓰자"라고 하는 것은 얼굴에 실망을 드러내는 것만큼이나 지금 이 일기가 엄마 욕심에 미치지 못한다는 것을 드러내는 것입니다.

초등학교에서 가장 높은 6학년이긴 하지만 여전히 초등학생입니다. 매일 3줄 일기를 쓰는 것도 힘든 일이라는 사실을 잊으면 안 됩니다. 당장 부모님들도 연말연시가 되면 "올해에는 매일 일기를 쓰겠다, 스케줄러를 쓰겠다" 하고 마음먹지만 막상 시작하면 실천하기가 힘들다는 것을 경험해보셨을 겁니다. 무엇인가를 매일, 꾸준히 한다는 것은 그것을 잘했든 못했든, 문법적으로 옳든 그르든, 그 자체로 칭찬받아 마땅합니다.

직접 경험한
밸런스 영어

중학교 영어 교사로 재직하며 다양한 아이들의 영어 실력을 지켜보면서 영어는 책으로 시작하되 교재를 병행하며 균형을 맞춰야 한다는 생각에 확신이 생겼습니다. 밸런스 영어를 가장 먼저 적용한 대상은 바로 저의 첫째, 민영이였습니다.

7살 후반, 아주 쉬운 그림책부터 시작했습니다. 그때 처음 읽어준 책이 《Hooray for Fish》입니다. 아기물고기가 엄마 물고기를 찾는 장면에서 매번 박수를 치던 모습이 잊히지 않습니다. 아이가 가장 좋아했던 그 책으로 영어를 시작했습니다. 도서관에서 책을 빌려오기도 하고 새 책을 사기도 했습니다. 그런데 아이가 자주 찾는 책은 정해져 있었고 같은 책을 여러 번 읽으면서 영어 그림책을 이해하는 수준이 점차 높아졌습니다. 이를 통해 핵심영역별 그림책이 효과가 있다는 것도 확인했습니다.

쉬운 그림책을 외울 정도로 보았을 때 리더스북을 처음 보여주었습니다. 그림책보다 훨씬 쉽고 간단한 문장들이 많아서인지 책을 재미있게 읽었습니다. 쉬운 리더스북을 시작으로 마치 리더스북 뽀개기를 하듯이 리더스북의 수준을 높여갔습니다. 1학년 여름방학에는 좀 더 수준 높은 책으로 집중듣기를 시도했습니다. 5분부터 시작해서 차차 시간을 늘려가니 거부감 없이 집중듣기를 진행할 수 있었습니다. 1학년 겨울방학 때는 《미국교과서 읽는 리딩》 교재를 처음 보여주었고 아이 성향에 딱 맞았던 것인지 굉장히 즐거워하며 풀었습니다. 책으로만 접하던 영어를 문제식으로 확인하고 푸는 것을 마음에 들어했습니다. 이렇게 영어 그림책, 리더스북, 영어 교재를 균형 있게 진행하며 민영이의 영어 실력은 꾸준히 늘었습니다.

일하는 엄마라 아침이 순조로워야 그날 하루가 순조롭기 때문에 아이들은 무조건 9시

전후에 잠자리에 들었습니다. 덕분에 민영이는 푹 자고 아침 일찍 일어났고 그 아침 시간을 활용해서 영어책을 읽거나 독해문제집을 풀었습니다. 때로는 아무것도 안 하고 멍하니 앉아 쉬는 날도 있었지만 그건 그 나름대로 의미가 있다고 생각해서 그대로 두었습니다. 그러면 또 어느샌가 아이는 손에 책을 쥐고 있었습니다.

제가 직장에 나가 일하고 있으면 휴대전화로 1시간짜리 타이머가 찍힌 인증샷이 날아옵니다. 1시간 동안 영어책을 읽었다며 인증하는 사진입니다. 금요일은 독해문제집 푸는 날로 정해두고 스스로 계획한 곳까지 문제집을 풉니다. 매일 조금씩이지만 밸런스 영어를 적용해온 덕에 얻을 수 있었던 결과라 생각합니다.

초등 밸런스 영어를 설명하면서 제가 마을 모임으로 영어책 읽기 공동체에 참여하고 있다고 말씀드렸습니다. '술술 읽힌다 영어 그림책'이라는 이름으로 출발한 이 모임에서 영어책뿐 아니라 영어 교재도 함께 진행하면서 마을 모임 멤버 모두 균형 잡힌 영어 공부를 진행하고 있습니다. 이 모임에 속한 아이들이 꾸준히 영어를 이어 나갈 수 있는 것도 어디 하나에 치우치지 않고 균형 있는 영어를 하기 때문이라고 생각합니다.

영어책, 영어 교재 외에 학습동기와 자기주도학습력 같은 비인지능력을 기르기에도 밸런스 영어가 적절했다고 생각합니다. 아이 스스로 문제집 푸는 양을 정하게 하고 읽고 싶은 영어책을 고르게 했습니다. 어떤 날은 영어를 10분만 하고 싶다고 하면 그 의견도 존중했습니다. 그런 날을 반복하니 아이가 스스로 계획해서 공부하는 날이 왔습니다. 저는 이 방법을 둘째에게도 그대로 적용하고 있습니다. 앞으로도 두 아이가 지금처럼 균형 잡힌 영어로 좋아하는 영어책을 꾸준히 읽고 공부하는 날이 이어지길 바랍니다.

5장

중학교, 시험으로서의
영어 공부를 하는 법

중학생 밸런스 영어의
균형추를 제대로 놓는 법

초등학교 영어와 중학교 영어의
결정적인 차이

영어 원서 읽기를 꾸준히 병행하면서 챙겨야 할 것이 바로 문법 공부입니다. 초등학교와 달리 중학교에 들어오면서 엄마도 아이도 새롭게 접하게 되는 개념이 바로 '내신'입니다. 흔히 '내신 성적'이라는 말을 쓰지만 정확히 무슨 뜻인지 모르는 학생들도 많습니다. 저는 새학기에 담임이 되면 중학교 2, 3학년 아이들과 성적 상담을 하기에 앞서 내신이라는 단어의 정의부터 알려줍니다. '내신'이란 상급 학교 진학과 관련하여 선발의 자료가 되는 지원자의 성적을 뜻합니다. 내신이란 넓게는 중학교 1학년에서 3학년 전체에 걸쳐 그간 치렀던 시험과 받은 상, 봉사활동 이력 등이 모두 더해진 것이고 좁게는 그간 치러온 중간고사, 기말고사 성적이라고 학생들에게 알려줍니다.

초등학교 때는 중간고사나 기말고사 같은 학교 시험이 없어서 내신을 피부로 느끼기 어렵습니다. 하지만 중학생이 되면 이른바 '내신관리'라는 것을 시작해야 하는 시기입니다. 초등 시절이 영어와 친해지고 영어책 읽기 실력을 쌓는 시기라면 중학교는 본격적으로 영어로 성적을 내는 시기입니다. 재미만 추구하다가 갑자기 평가를 받는 과목으로 영어를 접하면 어떻게 될까요? 흥미를 상실하는 것은 물론 결코 좋은 성적을 기대할 수 없습니다. 영어 성적을 잘 받고 싶은 것은 학부모도 아이도 마찬가지입니다. 그래서 중학교 때는 영어책 읽기와 영어문법 공부 중 문법으로 균형 추를 옮겨야 하는 것입니다. 좀 더 쉽게 이해하기 위해 초등과 다른 중학교 영어의 특징을 정리해

초등학교 영어
- 기초 의사소통 능력 중심
- 문법 비중 낮거나 거의 없음
- 수업 중 형성평가 외 성적을 내는 시험 없음

중학교 영어
- 기초 의사소통 능력 + 본문 글 분석 및 이해
- 문법 비중 높음
- 등급과 석차를 내는 지필평가와 수행평가가 있음

영어 시험 잘보는 법

보았습니다. 초등 영어와 중학 영어의 차이를 알고 중학교에서는 어떻게 밸런스 영어를 이어가야 하는지 큰 그림을 그려보아야 합니다.

초등학교 영어 수업에서는 문법이 차지하는 비중이 크지 않습니다. 이 시기에는 문법을 배워 정확한 영어를 구사하는 것보다 많이 말해보는 것, 영어를 친숙하게 여기는 것에 더욱 초점을 맞추기 때문입니다. 그러나 중학교 영어에서는 문법 이해가 중요해집니다. 문법은 말하기에 쓰이는 표현, 본문 이해, 쓰기 등 각 영역에 얽혀 있습니다. 그만큼 수업에서 차지하는 비중이 크고 당연히 시험과도 직결됩니다. 그런데 초등학교와 중학교 간 문법 비중의 차이가 너무 큽니다. 중간이 없습니다. 초등학교에서 게임과 대화 위주로 재미있게 영어 수업을 하다가 갑자기 문법 공부에 열과 성을 다해야 합니다.

이러한 초등학교와 중학교 간 문법 간극을 메우기 위해 우리는 초등 때 문법교재를 접해왔습니다. 꾸준히 문법교재와 영어책 읽기의 균형을 맞춰왔다면 중학교에 와서 다소 그 비중이 높아지더라도 부담스럽지 않습니다. 문법이라는 말만 들어도 머리가 지끈거리는 분도 계실 겁니다. 이것은 잘못된 타이밍에 잘못된 방식으로 영어문법을 접했기 때문입니다. 문법은 영어 시험을 치르기 위해 무작정 외워야 하는 머리 아픈 영역이 아닙니다. 영어책 읽기로 영어 문장이 충분히 쌓였을 때 쉬운 교재로 시작해서 차차 교재의 수준을 높여 간다면 문법을 영어의 한 부분으로 자연스럽게 받아들일 수 있습니다. 문법을 말 그대로 영어로 말하거나 글을 쓸 때 지켜야 하는 문장 구성의 원리로 받아들이는 것입니다.

영어를 배우는 초반에는 우선 영어를 많이 듣고 읽어야 합니다. 영어 문장에 대한 충분한 데이터베이스 없이 문법부터 시작하면 모르는 말을 배우기 위해 그 모르는 말로 설명된 교재를 사서 보는 것과 같습니다. 즉, 영어의 재미를 채 느끼기도 전에 나가떨어지게 된다는 말입니다. 하지만 초등 때 영어 원서로 영어 주머니를 충분히 채운다면 중학교에 와서 문법을 좀 더 심화해도 아이의 영어 흥미가 계속 유지됩니다. 이해의 폭이 넓어지기 때문입니다. 중학생이 되었다고 부랴부랴 내신 학원부터 알아보지 마시고 밸런스 영어의 틀을 계속 유지해보세요. 틀을 유지하되 초등학교 때는 영어책 읽기 비중이 높았다면 중학교 때는 문법으로 좀 더 비중을 옮겨가는 식입니다. 영어책 읽기와 문법학습이 균형을 이루면 중학교 내신 성적 관리의 3분의 2는 완성했다고 보면 됩니다.

문법책만 열심히 하면 되나요?

중학생일수록 마음에 새겨야 하는 것이 밸런스 영어임에도 초등 때는 영어 원서를 옆에 끼고 지내다 중학교에 오면서 갑자기 문법 공부로만, 독해 위주로만 영어학습을 진행하는 경우가 많습니다. 문법이나 독해 위주로 공부하는 이유는 결국 중학교에서 만나게 되는 어

영어 시험 잘보는법

려운 문장을 잘 이해하기 위함입니다. 이러한 공부법이 효과는 있을 수 있습니다. 그러나 이 방법이 아이의 흥미와 영어에 대한 재미를 보장하지는 못합니다. 아이의 흥미와 영어 실력 두 가지를 잡을 수 있는 것이 바로 영어책 읽기입니다. 영어 원서는 어려운 문장도 쉽게 배울 수 있게 하는 힘을 가지고 있습니다.

중학교 교과서에서 만나는 어려운 문장구조를 원서에서 미리 접해본다면 아이가 교과서를 편안하게 읽을 수 있습니다. 왜냐하면 원서는 교과서의 길이와 쓰인 단어, 활용하고 있는 문법의 난이도가 거의 비슷한 문장을 상당수 포함하고 있기 때문입니다. 원서에 쓰인 문장에 비해 교과서에 쓰인 문장이 훨씬 쉽고 간단합니다. 즉, 교과서보다 조금 어려운 난이도의 영어책을 읽어낸 아이라면 교과서 정도는 술술 넘어갑니다.

이때 노출하고 싶은 책이 바로 《Ten Fat Sausage》입니다. 소시지들이 팬에서 구워지다 탈출을 감행하며 벌어지는 이야기를 맛깔나게 담은 이 책은 글의 전체적인 분위기며 내용, 단어를 입체적으로 이해해야 온전히 그 재미를 느낄 수 있습니다. 아이들은 영어책을 읽으면서 영어 문장을 말 그대로 '받아'들입니다. 어른이 영어 문장을 이해하기 위해 문법을 재고 따져가며 영어를 우리말로 번역하는 것과 달리 영어를 읽으면서 단어를 그 자체로 흡수하는 것입니다. 이런 방식으로 원서를 재미있게, 수월하게 접하고 나면 교과서 문장은 그냥 읽힙니다. 물론 초등학교 때에 비해 그 비중은 조금 덜하겠지만 중학교에 입학해서도 원서 읽기는 꾸준히 이어져야 합니다. 초등학교 시기에 이어 중학교 때도 원서를 통해 영어책 읽기 근육을 충분히 다진 아이라면 중학교 교과서를 읽고 이해하는 데 어려움이 없을 뿐 아니라 교과서 내용을 기반으로 한 각종 수행평가에도 자신 있게 임할 수 있습니다. 일찍부터 영어책 읽기 근육을 키운 아이가 내신 성적이 좋을 수밖에 없는 이유입니다.

원서 읽기는 내신 1등급을 향한 사전 투자다

"중학생이 원서 읽는 것과 내신 성적은 상관없지 않나요?"

아이가 중학생이 되면 원서 읽기와 내신 성적이 무관하다고 생각하여 영어책 읽기를 소홀히 하시는 분들이 꽤 많습니다. 내신 성적을 잡겠다고 학원, 과외 등 사교육으로 아이를 무장시켜도 기본기가 없다면 큰 효과를 보기 어렵습니다. 교과서가 아닌 원서가 당장은 학교 영어 성적과 무관해 보여도 원서 읽기야말로 영어 성적의 기본기를 다져줍니다. 초등학생 때에 이어 영어 원서를 계속 읽어 나가는 것은 내신 1등급을 향한 사전 투자라고 보시면 됩니다. 문제를 출제하는 교사에 따라, 학교에서 사용하는 교과서에 따라 매번 바뀌는 시험문제를 학원을 다닌다고 대비할 수 있을까요? 영어 원서 읽기로 채워온 표현력에 그간 쌓아온 읽기 실력이 더해지면 어떤 평가문항을 만나더라도 겁날 게 없습니다. 교과서 영어 공부와 더불어 영어 원서 읽기를 통한 균형 잡힌 영어는 결코 배신하지 않습니다.

아이가 막상 중학교에 진학하면 영어 작문 수행평가부터 영어 글짓기 대회까지 다양한 표현력이 필요해지는 순간이 옵니다. 고만고만한 표현들 속에 유독 신선한 단어나 구문을 활용하여 영어 글을 쓰는 학생들이 있습니다. 그 학생들에게 영어학습의 배경을 물어보면 초등 시기부터 접한 영어책이 빠지지 않고 등장합니다. 시간의 힘을 빌려 쌓아온 영어책 실력은 그것이 반드시 필요한 순간에 두각을 드러냅니다.

초등학생 때 영어책을 잘 읽다가도 중학생이 되면 대부분의 학생들이 영어책 읽기를 그만둡니다. 내신 성적에 집중하면서 단어 암기, 문법학습에 많은 시간을 할애하느라 영어책 읽을 시간이 현저히 줄어든다는 표현이 더욱 정확할 것입니다. 그러나 앞서 설명했듯이 성적을 위해서라면 더욱 영어책 읽기를 유지해야 합니다. 우리가 영어 공부에서 기억해야 할 것은 '균형'입니다. '초등학생이니까 그림책을 많이 보고 중학생이 되었으니 이제부터 내신 위주 영어다'라는 식의 갑작스러운 방향 전환에 말 그대로 '영어포기자'가 속출합니다.

영어책, 그중에서도 영어 그림책은 교과서로는 미처 채우지 못하는 다채로운 표현력을 수혈해줍니다. 초등 때 영어 그림책 읽기로 쌓아온 표현력과 중학생이 되어 차근차근 배워나가는 문법이 맞물리면 영어 능력이 폭발합니다. 영어 주머니에 들어 있는 것이 많은 아이는 낯선 유형의 작문 수행평가나 영어 말하기, 글쓰기 대회에서 제 실력을 마음껏 발휘할 수 있습니다. 영어 그림책이 기발하고 신선한 영어 표현력을 길러준다면 영어 리더스북은 읽기 속도를 높여줍니다. 리더스북을 통해 영어 문장구조를 수준별로 익히면서 읽기 속도가 빨라집니다. 문장의 생김새, 즉 구조를 이해하면 그 문장의 뜻 역시 쉽게 이해됩니다. 이쯤 되면 읽기 속도가 곧 이해의 속도입니다. 초등 때 열심히 그림책과 리더스북을 통해 영어 주머니를 늘려오다가 중학교 때 원서 읽기를 그만두면 영어 주머니가 오히려 쪼그라듭니다. 지속적으로 원서를 읽으면서 주머니 크기를 유지해 나가야 합니다.

중학교 입학하자마자 빛을 발하는 밸런스 영어

초등학생 시절 영어깨나 한다고 자부하던 아이들도 막상 중학교에 진학하면 난감해하는 경우가 많습니다. 교과서로 만나는 영어가 초등학교 시절 배우던 것에 비해 확연히 양이 많아지고 수업에서 다루는 문법의 비중이 확 늘어나기 때문입니다. 그나마 다행인 것은 1학년 시기에 문법 비중이 높아지는 중학교 영어에 적응할 시간이 있다는 것입니다. 이 시간을 잘 활용하여 중학교 영어에 대비해야

영어 시험 잘보는법

합니다. 1장 초반에 중1 영어 교과서와 중3 영어 교과서를 보면서 중학교 학년 간 교과서 내에서 다루는 문법의 수준이 가파르게 높아지는 것을 함께 확인했습니다. 이번에는 초등학교 6학년 영어 교과서와 중학교 3학년 영어 교과서를 비교하면서 왜 초등 때보다 중학교 때 밸런스 영어가 더욱 빛을 발할 수밖에 없는지 살펴보겠습니다.

초등학교 6학년 영어 교과서를 보면 교과서 본문임에도 회화 위주의 단편적인 표현이 주를 이루는 것을 확인할 수 있습니다. 6학년 교과서라는 점을 생각하면 3~5학년 교과서 내용은 이보다 쉽다고 보면 됩니다. 다음은 중학교 3학년 교과서 본문의 일부입니다.

초등 교과서와 비교하면 확연하게 양이 늘어나고 표현이 어려워

《Elementary School English 6》 YBM 초등학교 6학년 영어 교과서(김혜리)

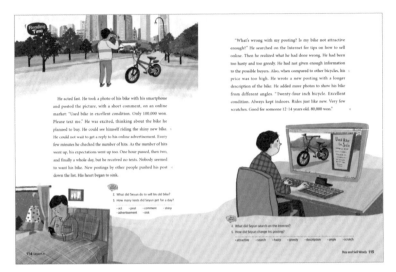

《MIDDLE SCHOOL ENGLISH 3》 YBM 중학교 3학년 영어 교과서(송미정)

집니다. 쓰이는 단어, 문장의 구조, 문법까지 초등학교에 비해 급격하게 수준이 높아지는 것을 확인할 수 있습니다. 초등학생 때 듣고 말하기와 더불어 영어책 읽기와 문법교재를 통해 미리 밸런스 영어를 병행해온 아이라면 이 정도로 교과서 수준이 높아져도 금세 적응할 수 있습니다. 그러나 회화 위주 영어에 치우쳐 균형을 놓친 학생이라면 초등에서 중등으로 연착륙을 기대하기 어렵습니다. 난이도가 높아지는 이 연결 과정에서 영어에 대한 흥미를 잃거나 영어가 어렵다고 느낄 수 있습니다. 그로 인해 학습동기를 잃게 됩니다.

영어 읽기 실력과 머릿속 문법 지도는 단시간에 완성되지 않습니다. 초등학교 영어가 듣고 말하기 위주라고 영어 읽기를 소홀히 하면 중학교에 와서 갑자기 늘어난 본문의 양을 소화하는 것도 버거워 집니다. 중학교 교과서는 듣기, 말하기, 쓰기 부분 외에 한 단원의 핵심 문법을 포함한 다양한 길이와 수준의 문장으로 구성된 '본문 읽기' 부분이 핵심입니다. 이 본문을 읽어내기 위해 해당 과마다 특정 문법을 학습해야 하고 이를 적용하여 본문을 이해할 수 있어야 합니다. 그러려면 영어문법에 대한 기본적인 이해가 필수입니다.

본문을 이해한 후에는 배운 문법을 활용하여 글을 쓸 수 있게끔 교과서가 구성되어 있습니다. 단순히 글자를 나열하는 것이 아니라 글의 구조를 이해하고 주제에 맞게 글을 쓰려면 종합적 사고력이 필요합니다. 이를 위해서 초등학교 때 사고력 기르는 읽기를 하는 것입니다. 분석과 사고력이 결여된 채로 분량만 채우는 원서 읽기와 대화 주고받기에 치중하는 영어학습법으로는 중학교 영어를 버텨낼 재간이 없습니다. 그래서 중학생일수록 읽기와 문법 둘 다를 아우르는 밸런스 영어가 필수입니다.

아이가 중학생이 되면 초등학생 때 밸런스 영어를 잘 유지해오던 집들도 갑자기 문법학습에만 치중한다든지 독해문제집에만 매달리는 등 균형을 잃는 경우가 많습니다. 이 과정에서 학원에 보낸다거나 엄마가 공부계획을 잡아주는 등 아이의 의견이나 생각을 듣지 않고 공부를 진행하는 경우도 있습니다. 중학생이 되어서도 공부의 기본이 되는 것은 공부를 '하고자 하는' 학습동기와 '스스로 계획하고 실천할 수 있는' 자기주도학습력입니다. 이 두 축을 탄탄히 갖춘 뒤 그 위에 영어책 읽기나 문법 지식을 쌓아 올려야 영어가 제대로 힘을 발휘합니다.

점차 문법이 심화되고 사고력이 중요해지는 중고등학교 영어야 말로 아이가 영어를 공부할 마음이 있어야 합니다. 이러한 학습의지 위에 영어 공부를 얹어야 공부가 제대로 됩니다. 초등 때 밸런스 영어를 제대로 하지 못한 채 중학교에 입학했다면 본격적으로 성적이 나오는 2학년에 올라가기 전 학습동기와 자기주도학습력의 두 축부터 갖춘 뒤 학교 수업 위주로 영어를 공략하겠다는 큰 계획을 가져야 합니다. 마음이 급할수록 균형을 챙겨야 합니다. 멀리 돌아가는 것 같아도 그게 결국 빨리 가는 길입니다. 중학교 영어에서 더욱 진가를 발휘하는 공부법이 바로 밸런스 영어라는 점을 잊지 않으셨으면 합니다.

영어 시험 잘보는 법

흔히 착각하는
중학교 영어 시험의 진실

읽는 원서의 수준이
시험 성적을 결정한다?

1장 첫머리에 말씀드린 지윤이만큼 원서를 많이 읽던 승현이 이야기를 해볼까 합니다. 승현이는 쉬는 시간이면 〈해리포터〉 시리즈나 뉴베리 수상작 등 원서를 즐겨 읽었습니다. 수업에도 늘 적극적이어서 자신이 아는 것은 자신 있게 발표하고 실제로 아는 것도 많았습니다. 하지만 다소 덤벙대는 성격이었습니다. 지필평가 서답형(서술형) 답안을 작성할 때면 평소 잘 아는 단어인데도 철자를 틀리는 경우가 잦았습니다. 채점기준표상 철자를 틀리면 감점이 있습니다. 아는 것을 틀렸구나 하는 생각에 채점을 하면서도 안타까운 마음이 들었습니다. 문장으로 답을 하는 경우 답을 구성하는 데 꼭 필요한 핵심 단어를 빠뜨리기도 했습니다. 서술형 점수를 개별적으로 확인하는 과정에서 자신이 그렇게 쓴 줄도 몰랐다고 말하곤 했습니다. 몰라서 틀린 것이 아니라는 의미입니다. 게다가 주먹구구식으로 학교 스케줄을 소화하는 경향도 있었습니다. 수행평가 당일이 되어서 "선생님! 오늘 수행평가 치는 날인 줄 몰랐어요!" 하며 준비가 되지 않은 모습을 보이기도 했습니다.

학부모의 입장에서 아이가 어려운 영어 원서를 수월하게 잘 읽어내면 영어 실력이 일취월장한 것 같아 흐뭇하고 안심이 될 것입니다. 당연히 학교 성적도 좋을 것이라 예상합니다. 하지만 읽는 원서의 수준과 시험 성적은 별개입니다. 책 수준이 높다고 성적까지 높은 것이 아니라는 겁니다. 시험 성적은 아이가 갖춘 기본 지식 외에 문제해결 능력, 학습습관, 자기관리 등 다양한 외적 요소가 복잡다단하게 작용합니다. 무작정 읽는 원서의 수준이 높다고 성적도 좋을 것이라 속단하면 안 됩니다. 중학교 영어 성적과 이어지는 시험은 어떻게 구성되는지, 시험 종류별로 어떤 특성이 있는지를 엄마가 미리 알고 있으면 아이의 중학교 영어 시험에 효과적으로 대비할 수 있습니다.

시험 일정에 대해 부모는
간섭하지 말아야 한다?

지인들과 이야기를 나누다 보면 종종 아이가 다니는 학교의 시험 일정을 몰라서 낭패를 봤다는 이야기를 합니다. 기본적으로 시험 일정은 학교에 다니는 아이 본인이 스스로 챙기는 것이 맞습니다. 그러나 엄마가 미리 알고 스케줄을 체크할 수 있다면 아이가 학습계획을 세우는 데에 도움을 줄 수 있을 것입니다. 실제로 엄마가 학교 시험 일정을 알고 있으면서 아이의 시험 공부 과정을 지켜보는 것과 모르는 채로 지켜보는 것은 계획을 세우고 실천하는 데 있어 큰 차이를 가져옵니다. 학교에서는 시험을 '평가'라고 부릅니다. 내 아이의 시험과 관련해서 엄마가 알아야 할 첫 번째는 바로 내 아이가 다니는 학교의 평가계획입니다.

평가계획이란?
과목별로 한 학기 동안 치를 지필평가, 수행평가의 범위와 시기 등을 기록한 구체적인 시험 출제 계획

평가는 학교교육 과정에서 가르치는 것만큼 중요한 부분입니다. 성적과 이어지므로 평가에 관한 일정과 내용은 학생뿐 아니라 학부모에게도 반드시 알려야 하는 부분입니다. 그래서 학교는 여러 경로

를 통해 평가계획을 알립니다. 그런데 3월에 학부모 상담을 해보면 대다수의 학부모님께서 이러한 사실을 잘 모릅니다. 내 아이의 성적과 직결되는 평가계획은 어떤 경로로 확인할 수 있을까요? 크게 세 가지로 나눌 수 있습니다.

평가계획을 확인하는 방법
- 학교에서 집으로 보내는 가정통신문
- 학교 홈페이지 공지사항란
- 학교알리미 사이트

학교에서 집으로 보내는 가정통신문

가정통신문이란 내 아이가 다니는 학교생활과 관련하여 가정에서 꼭 알아야 할 소식들을 담은 일종의 소식통입니다. 종이로 나가기도 하고 앱을 통해 전달되기도 합니다. 학기 초에는 많은 양의 가정통신문이 나갑니다. 그만큼 전달 사항이 많고 아이도 학부모도 알아야 할 것이 많기 때문입니다. 그 많은 가정통신문 중 '연간 평가계획'이라는 타이틀을 달고 있는 가정통신문은 꼭 챙겨보셔야 합니다. 1년 동안 이루어질 각 과목별 평가계획을 하나의 표로 보기 좋게 정리한 것이기 때문입니다. 이것을 부모와 아이 모두 잘 보는 곳에 비치하고 수시로 확인하는 것이 좋습니다.

그런데 평가계획이 처음에 세운 것과 달라지는 경우도 있습니다.

영어 시험 잘보는 법

이럴 때에도 학교는 가정통신문을 통해 변경 사항을 알립니다. 따라서 학교에서 오는 통신문 중 '평가'라는 제목을 달고 있는 것은 꼼꼼하게 챙겨봐야 합니다. 가정통신문을 스마트폰 앱을 활용하여 파일 형태로 발송하는 학교에 다니고 있다면 가정통신문의 제목을 보고 평가와 관련한 문서는 따로 다운로드하거나 출력해두고 학기가 이어지는 내내 참고하는 것이 좋습니다.

학교 홈페이지 공지사항란

통신문이 앱을 통해 학부모에게 바로 전달된다면 걱정이 없지만 종이로 나가는 경우 한번 더 신경 쓸 필요가 있습니다. 학생 중에는 간혹 종이로 된 가정통신문을 집으로 전달하지 않는 경우가 있습니다. 이런 경우 학교가 발송한 모든 가정통신문은 학교 홈페이지를 통해 확인할 수 있습니다. 의외로 이 사실을 모르는 학부모님도 많고 내 아이의 학교 홈페이지에 회원가입조차 하지 않는 학부모님도 계십니다. 물론 가정통신문을 포함하여 학교 교육과정 등 누구나 알아야 할 정보는 회원가입 없이 자료를 볼 수 있습니다. 그러나 적어도 내 아이가 다니는 학교의 홈페이지에는 주기적으로 접속해서 다양한 소식을 챙겨보는 것이 좋습니다. 가정통신문은 대체로 '알림마당' 또는 '공지사항'처럼 학교의 소식을 전하는 카테고리에 들어가 있는 경우가 많습니다. 오늘 당장 내 아이 학교 홈페이지를 방문해서 '가정통신문' 카테고리가 어디에 있는지 찾아보세요. 평가와 관련한 내용뿐 아니라 급식 식단표부터 방과 후 학교 소식까지 다양한 공지를 확인할 수 있습니다.

학교알리미 사이트

학생, 교원현황, 시설, 학교폭력 발생 현황, 위생, 교육 여건, 재정 상황, 급식 현황, 학업성취 등과 같은 학교의 주요 정보들을 쉽게 확인할 수 있는 사이트입니다. 전국 각지의 학교들을 모두 찾아볼 수 있습니다. 포털사이트에 '학교알리미'를 검색하면 쉽게 찾을 수 있으며, 사이트에 접속하면 다음과 같은 화면이 뜹니다. 아래에 설명한 방법대로 진행하면 우리 아이 학교의 모든 과목 평가계획을 찾아볼 수 있습니다.

단, 학교알리미 사이트에서 제공하는 평가계획에는 각 교과목별 평가 시기, 영역, 범위 등에 대해서만 기재되어 있습니다. 그렇기에

학교알리미 사이트 https://www.schoolinfo.go.kr/Main.do

영어 시험 잘보는 법

평가계획 찾는 법

검색창 → 학교 이름 → 돋보기 버튼 클릭 → 조회된 학교 이름 클릭 → 마우스 스크롤 내려 '공시정보' 확인 → 학업성취사항 클릭 → 교과별(학년별) 평가계획 파일 내려받기

과목 및 평가별로 상세한 채점 기준이나 준비 사항은 학교에서 학생을 통해 별도 전달하므로 아이가 이것을 반드시 확인해야 합니다.

지필평가

시험문제는 학원교재가 아닌 학교 수업에서 나온다

평가계획을 통해 시험의 큰 틀을 알았다면 이제는 평가에 어떤 종류가 있는지, 어떻게 하면 이 시험을 잘 칠 수 있는지 좀 더 자세히 알아보겠습니다. 학교에서 말하는 평가는 크게 둘로 나뉩니다. 지필평가와 수행평가입니다. 지필평가란 말 그대로 연필이나 펜으로 종이에 적힌 문제를 푸는 방식의 시험을 말합니다.

지필평가란?

- 객관식 및 주관식 문제로 구성된 시험
- OMR 카드나 학생용 답안지에 답을 작성하는 형태

지필평가		
문제 구성	객관식 (선택형 문항) + 주관식 (서답형 문항)	선택형 문항 : 5개의 선택지를 주고 답을 고르는 유형이며, 답을 고른 뒤 OMR 카드에 번호를 옮겨 적는다.
		서답형 문항 : 단답형, 논술형 등 형태가 다양하며, 문제의 답을 적는 학생용 답안지가 따로 있다.

지필평가에 있어 학부모가 가장 궁금한 것은 '어떻게 하면 시험을 잘 칠 수 있을까?' 하는 것입니다. 이 질문에 답하기 위해서 지필평가를 출제하는 사람이 누구인지 생각해보아야 합니다. 학교 시험문제를 내는 사람은 바로 그 학교의 과목 담당 선생님입니다. 내 아이가 수업에서 만나는 바로 그 선생님께서 시험문제를 출제합니다. 그렇기에 시험을 잘 쳐서 성적을 잘 받고 싶다면 학교 수업을 잘 들으면 됩니다. 그냥 잘 듣는 것에 그치지 않고 스스로 배운 내용을 정리해보고 의문이 생기는 부분을 직접 선생님께 물어보면 더욱 좋습니다. 대부분의 선생님은 질문을 받으면 학생이 물어본 것 이상을 알려줍니다. 이 과정에서 선생님이 오늘 가르친 내용 중 중요하게 여기는 것이 무엇인지, 차후에 그 과목을 어떻게 공부해야 하는지도 알 수 있습니다.

학생 입장에서 봤을 때 결국 시험은 '내'가 '학교 수업'에서 배운 것 위주로 공부할 때 잘 칠 수 있습니다. 학교 수업의 기본은 교과서이므로 우선 교과서 개념을 공부하고 이후 선생님께서 수업 중에 나누어주신 추가 학습자료를 공부하면 됩니다. 그러나 시험이 1~2주 남

영어 시험 잘보는법

은 시점의 교실을 살펴보면 교과서나 선생님이 수업 중에 나누어준 학습자료를 보고 있는 경우는 거의 없습니다. 내신 성적을 책임진다는 시중 문제집이나 학원에서 제공하는 내용 정리 자료, 문제은행식 문제를 보는 경우가 대부분입니다. 교과서와 그 외 자료는 이미 공부를 끝냈기 때문에 그러는 것 아니냐고요? 아닙니다. "수업 때 나누어준 프린트물에 있는 문제는 다 풀어봤어?"라고 물으면 열에 아홉은 '아니오'라고 답합니다. 이러면 문제를 출제하는 교사 입장에서는 속이 갑갑해집니다. 교과서와 수업 중 나누어준 자료를 응용해서 실컷 문제를 출제했는데 아이들 대부분이 헛다리만 짚고 있는 모양새입니다. 늘 시험을 앞두고서는 교과서와 수업 중 다룬 자료부터 보라고 일러주어도 아이들은 묵묵부답인 채 수업 때 다루지도 않은 내용을 묻는 문제에 집중합니다. 그러나 학교 시험문제 출제에는 다음과 같은 원칙이 있습니다.

학교 시험문제 출제 원칙
원칙1 선생님이 수업 때 가르친 내용이 시험에 출제된다
원칙2 한 번 나온 문제는 다시 출제할 수 없다

학생들이 영어 시험을 준비할 때 과도하게 복잡하거나 지엽적인 문법문제에 매달리는 경우를 종종 봅니다. 수업에서 다루지 않은 문법은 사실 공부하지 않아도 됩니다. 예문이 다양하게 나올 수는 있

으나 배우지 않은 개념이 시험문제에 나오지는 않습니다. 앞서 언급한 평가계획상에는 지필평가의 시험 범위가 제시되어 있습니다. 그 시험 범위 안에서도 수업 때 다룬 내용과 연계하여 시험문제가 출제된다는 사실을 꼭 기억해야 합니다.

이미 출제된 기출문제, 즉 작년과 재작년 등 이미 학교 시험에 나온 문제는 다시 시험문제로 낼 수 없습니다. 중요 개념은 다루되 문제 유형을 달리해야 합니다. 기존의 기출문제를 풀어본들 같은 문제는 결코 나오지 않습니다. 시중에 나와 있는 문제집에 나온 문제 역시 시험에 낼 수 없습니다. 교사는 시험 한 문제를 출제하기 위해 온갖 문제집을 다 살펴봅니다. 교과서 핵심내용이 달라지는 것은 아니므로 비슷한 유형의 문제가 보이기도 합니다. 이런 경우 기존 문제집과는 아예 다른 형태로 문제를 출제해야 합니다. 문제 풀이식 공부만으로는 학교 시험을 100% 대비할 수 없는 이유가 여기에 있습니다. 지난해 기출문제를 풀기 전에 어떤 문제 유형에도 대비할 수 있도록 원리를 먼저 이해해야 합니다.

다시 한 번 정리해 보겠습니다. 내신 성적을 잘 받기 위해서는 첫째, 학교 수업을 잘 들어야 합니다. 둘째, 시험을 위한 공부는 수업 때 배운 내용을 먼저 철저히 소화한 후 개인이 공부하고자 하는 교재 순으로 이어져야 합니다. 성적 잘 받는 아이들은 정말로 이것이 비법입니다.

'덜 중요한 평가'라는 오해가 감점을 부른다

"수행평가가 지필평가보다 덜 중요한 것 아닌가요?"

수행평가의 '수행'이란 평가하려는 것을 행동으로 해내는 과정을 말합니다. 평가는 배운 것을 얼마나 잘 이해했는지를 측정해보는 과정입니다. 따라서 수행평가는 배운 것을 학생의 '행동'을 통해 측정하겠다는 취지의 시험입니다.

지필평가가 학생이 배운 것을 이해, 암기하여 답을 고르는 식이라면 수행평가는 스스로 답을 구성하면서 일종의 결과물을 제출합니다. 교사는 학생이 답을 구성하는 과정과 그 과정을 통해 나온 결과물을 채점 기준에 비추어 점수를 매깁니다. 수행평가와 관련한 과제는 학생이 집에서 해올 수 없으며 반드시 수업시간 중에 이루어져야 합니다. 따라서 어른이나 다른 사람의 도움을 받을 수 없고 온전히 자신의 능력으로 해내야 합니다. 이러한 수행평가에 대해 학부모님들께서 종종 "수행평가는 덜 중요하다"고 오해하지만 절대 그렇지 않습니다. 보통 성적을 낼 때 한 학기당 지필고사를 2회(중간고사, 기말고사) 치르고 이를 60%에 반영한다고 하면 수행평가의 성적 반영비율은 40%입니다. 지역 교육청별로, 과목별로 수행평가의 성적 반영비율은 40%보다 더 높기도 합니다. 지필고사의 반영비율이 60%이니 40%라는 반영비율이 결코 낮은 것이 아닙니다. 고입 내신 성적산출을 앞둔 중학교 3학년의 경우 성적 산출 일정상 2학기에 지필고사를 1회만 치는 경우도 많습니다. 지필고사 횟수가 1회에 그치는 경우, 수행평가의 성적 반영비율은 훨씬 높아집니다. 일회성 시험보다는 과정형 평가를 더욱 신뢰도 높은 평가로 인정하겠다는 뜻입니다. 평가별 성적 반영비율이나 시험 실시 계획은 각 지역 교육청별로 다르지만 수행평가는 지필평가만큼 중요하다는 사실을 학부모님께서 반드시 아서야 합니다.

수행평가란?

해당 교과목의 성취기준(학생이 반드시 배워야 할 것)에 대하여 학생이 가지고 있는 능력을 직접 수행(행동)으로 나타내 보이는 방식의 평가. 기존의 지식 암기 중심의 평가를 개선하고자 하는 것으로, 학생이 알고 있는 것에 대하여 구체적인 상황에서 실제로 보이게 되는 행동이나 행동의 결과물을 평가한다.

수행평가의 결과물은 학생마다 다르므로 정답은 없습니다. 다만, 배운 것을 얼마나 잘 이해하고 있는지를 측정하려는 것이므로 결과물에 반드시 포함해야 할 것을 포함하고 있는지, 필수요소를 얼마나 잘 이해하고 있는지가 채점기준이 됩니다. 이때 학생이 자신만의 결과물을 만들어내는 과정 역시 몇 단계에 걸쳐 평가합니다. 수행평가를 '과정 중심 수행평가'라고 부르는 이유는 바로 이것입니다. 반드

영어 시험 잘보는 법

시 알아야 할 것을 이해하고 있는지를 일회성, 선택형의 결과 중심 시험이 아닌 몇 단계에 걸친 서술형 평가를 통해 알아봅니다.

학교에서 이루어지는 영어 수행평가는 정보 입력에 해당하는 듣기, 읽기와 정보 출력에 해당하는 말하기, 쓰기의 4가지 영역에 걸쳐 골고루 이루어집니다. 각 영역의 대표적인 수행평가의 예시를 보겠습니다.

듣기

공신력 있는 듣기 평가를 학교에서 직접 개발하기란 상당히 어렵습니다. 다행히 국가 수준에서 이루어지는 전국 영어듣기 평가가 있으니 한 학기에 한 번씩 치러지는 전국 중고등학교 영어듣기 능력평가 성적을 듣기 영역 수행평가의 점수로 활용하는 학교가 많습니다.

읽기

읽고 이해하여 문제를 푸는 지필평가가 아닙니다. 수행평가의 한 영역으로서 읽기 수행평가는 여타 논문을 통해 학습 효과가 검증된 '소리 내어 읽기Read Aloud' 형태의 시험이 많습니다. 주어진 지문을 의미 단위로, 어조와 리듬을 살려 읽는 것이 관건입니다. 발음이 원어민처럼 좋아야 한다는 뜻이 아닙니다. 영어는 어조와 리듬을 알맞게 살려 읽어야 의미전달이 이루어지는 리듬 언어이므로 '의미전달'이 되는 영어 읽기인지 아닌지를 측정하려는 것입니다. 대부분 2, 3단계로 구성되며 1단계보다 2단계에서, 2단계보다 3단계에서 더 잘 읽을 수 있도록 수업 중에 꾸준히 전체 연습 및 개별확인이 이루어집니다. 연습의 과정 중 단계별 점수를 매기고 최종 과정에서 가장 좋은 점수를 받을 수 있도록 유도합니다.

말하기

중학교 교과서는 매 단원마다 반드시 익혀야 할 말하기 표현이 있습니다. 다른 사람 소개하기, 길 묻기, 좋아하는 것 묻고 답하기, 여행 스케줄에 대해 말하기 등 특정 상황에 따른 기능적 표현을 배웁니다. 수행평가 역시 교과서에서 배운 표현을 활용하여 특정 상황에서 자연스럽게 대화할 수 있는 능력을 측정합니다. 원어민 교사가 있는 학교는 원어민 선생님의 도움을 받아 실제와 거의 동일하게 상황을 연출하여 시험을 치르기도 합니다.

쓰기

말하기와 마찬가지로 단원별로 핵심어법을 배운 뒤 그 어법을 적용한 글쓰기가 가능한지 살펴봅니다. 교과서의 '쓰기' 부분을 활용하여 수행평가를 구성하는 경우가 많습니다. 특정 어법에 초점을 맞추어 초대장, 편지글, 일기, 홍보 포스터 등 다양한 종류의 글쓰기를 배운 뒤 수행평가를 치릅니다. 학년 초에 받아보게 되는 '연간 평가계획' 가정통신문을 참조하면 어느 단원과 연계하여 쓰기 평가가 이루어지는지 확인할 수 있습니다.

엄마와 아이가 학기 초에 함께 지필평가와 수행평가의 큰 틀을 파악한 후 아이가 학교에서 시기별로 제공되는 상세한 안내에 주의를 기울일 수 있도록 체크하면 좋습니다.

중학교 1학년,
자유학기제 시기에 고지를 선점하라

'시험이 없는' 자유학기제를
기회로 만들려면

초등학교를 졸업하고 중학교 1학년이 되면 드디어 자유학기제를 경험하게 됩니다. 2022학년도까지는 중학교 1년 내내 자유학기제를 운영했지만 2023학년도부터는 1학년 1, 2학기 중 한 학기만 자유학기를 운영합니다. 자유학기제에 대해 자세히 모르는 엄마들도 이때 성적에 들어가는 시험을 치지 않는다는 사실은 알고 계십니다. 그런데 단순히 '시험을 치지 않는' 제도로만 이해하기에는 자유학기제가 가지는 의미가 훨씬 넓습니다.

영어 시험 잘보는법

자유학기제란?

자기주도적 학습능력을 기르기 위해 중학교 1학년 한 학기 동안 지식·경쟁 중심에서 벗어나 학생 참여형 수업을 실시하고 학생의 소질과 적성을 키울 수 있는 다양한 체험활동을 중심으로 교육과정을 운영하는 제도

학교는 자유학기제를 통해 중학교 1학년 학생들이 2, 3학년에 올라가기 전에 각자의 꿈과 끼에 대해 생각해보고 이것이 앞으로 해나갈 공부의 방향키가 될 수 있기를 기대합니다. 그래서 교사는 자유학기제 시기에 중1 학생이 반드시 배워야 할 핵심 학습요소를 가르치되, 가르치는 방법을 다양하게 구성합니다. 강의식이나 암기식 수업을 줄이고 토론이나 프로젝트 학습 등 아이들이 참여하는 형태로 수업을 진행하여 학생 개개인의 끼와 잠재력을 발휘할 기회를 최대한 제공하고 자기주도학습력을 높이겠다는 취지입니다.

자유학기제 시기에 시험을 전혀 안 친다고 생각하시는 분들이 많은데 정확히는 성적이 나오는 지필평가인 중간고사, 기말고사를 안 치는 것이지 배우는 과정을 평가하는 과정 중심 수행평가는 꾸준히 이루어집니다. 그렇지만 학교마다 수업 운영방식이 다르고 학생 개인별로 이룬 성장이 눈에 보이는 성적으로 표시되는 것이 아니어서 오히려 학력이 떨어지는 것 아니냐는 학부모님들의 우려가 있습니다. 하지만 꼭 그런 것만은 아닙니다. 긴장감의 끈을 놓기 쉬운 자유학기제 시기를 역으로 활용한다면 오히려 한발 앞서나갈 수 있는

유리한 조건을 만들 수 있습니다.

"아이가 내내 배우는 것 없이 '노는' 것 아닌가요?"

자유학기제 시기에는 성적을 내는 시험은 없지만 수행평가를 꾸준히 치르게 됩니다. 그렇기에 이 시기는 그동안 다잡지 못했던 자기주도학습 습관을 바로잡을 최적의 시기이자 난이도가 점점 높아지는 중고등학교 수업에 대비할 기회이기도 합니다.

이때 치르는 수행평가를 통해 교사는 현재 아이가 수업을 잘 따라오고 있는지, 잘 배우고 있는지, 자기주도학습 습관이 잡혀 있는지를 알 수 있습니다. 시기별로 익혀야 할 것을 잘 배우고 있는지 확인하는 수단이 바로 이 과정형 수행평가입니다.

대부분의 영어 과목 수행평가는 듣기, 말하기, 읽기, 쓰기, 4가지 영역으로 구성됩니다. 듣고 말하기 위주로 영어를 학습해온 아이들, 즉 읽기 능력이 뒷받침되지 않는 학생들은 4가지 영역을 골고루 다루는 수행평가를 어려워합니다. 단순히 시험 유형이 낯설어서 잠시 실력이 주춤하는 것이 아닙니다. 많은 글을 읽고 소화하여 문제를 다룰 능력이 갖추어지지 않은 것입니다. 4가지 영역을 모두 다루는 수행평가에서는 단연 초등학교 시절 원서를 다양하게 읽고 3줄 일기 등 간단한 문장이라도 꾸준히 쓰는 연습을 해온 아이들이 훨씬 빠르게 적응합니다.

자유학기제 시기에 영어 수업은 교과서를 중심으로 이루어지되 수행평가를 다양한 방식으로 구성합니다. 여러 나라 음식 문화에 대한 글을 읽었다면 가장 관심 가는 세계 음식 문화를 선정하고 이를 영어로 소개하는 글을 직접 써서 발표하는 식입니다. 교과 수업과 수행평가가 내내 이어지는 자유학기제 기간 동안 중학교 1학년생이 학기 중에 반드시 챙겨야 할 것은 바로 이것입니다.

자유학기제에 챙겨야 할 것

학습면 영어의 8품사와 문장의 형식, 문장구성 성분을 포함한 영어 기초문법
습관면 수행평가 일정을 스스로 체크하여 플래너에 기록하는 습관

1학년 학기 중

문법기초를 다질 마지막 기회

학습 포인트 나에게 맞는 문법교재를 찾는 법

초등학생 때 영어문법 지도를 완성하지 못했다면 이때가 문법기초를 잡을 수 있는 마지막 기회입니다. 8품사와 영어 문장의 종류를 전체적으로 쭉 훑어볼 것을 권합니다. 영어 기초가 전혀 없는 아이라면 1장 4학년 겨울방학 로드맵에서 소개한 스토리텔링 문법교재를 골라 짧은 기간 안에 훑어보고 본격적인 문법학습에 돌입하도록 합니다. 문법교재는 수준별로, 출판사별로 시중에 다양하게 나와 있

습니다. 아래 사항을 고려하여 내 아이에게 맞는 문법교재를 선택해야 합니다.

중1 문법문제집 구입 시 체크할 것

- 하루 학습량, 주별 학습량 등 진도표를 포함하고 있는가?
- 문법 자체에 포커스를 두고 있는가? (쓰기나 독해 등과 연계되지 않은 것)
- 문장의 구성 성분을 쉽게 설명하고 있는가?

첫째, 하루 학습량, 주별 학습량 등 진도표를 포함하고 있는가?

이 단계에서 중요한 것은 영어문법 기초를 잡는 것입니다. 문법을 전체적으로 이해하는 것이 먼저이고 부분 부분 세세하게 이해하는 것은 학년이 올라감에 따라 수업 중에 따라가면 됩니다. 기본적으로 수업에 쓰이는 문법용어, 영어 문장의 구조, 영어 단어의 품사 등 수업을 이해하는 데 필요한 기초공사를 하는 것입니다. 문법의 큰 그림을 그리려면 일단 문법교재를 처음부터 끝까지 한번 보는 것이 중요합니다. 문법문제집을 시작만 하고 끝내지 못하면 영어문법에 부담만 가지고 실력은 실력대로 갖추지 못할 수 있습니다. 따라서 교재가 제공하는 진도표에 따라 학습하면서 일정한 시간 내에 교재를 끝까지 훑어보는 게 중요합니다. 이렇게 하면 목표를 이루었다는 성취감과 함께 학교 영어 수업을 따라갈 수 있는 바탕을 마련할 수 있습니다.

둘째, 문법 자체에 포커스를 두고 있는가?

문법교재에는 A부터 Z까지 자세하게 설명하고 있는 것부터 핵심만 짚어 간략하게 설명하는 것, 쓰기나 독해 등 다른 분야와 접목하여 설명하는 것 등 다양한 종류가 있습니다. 중학교 1학년 시기에 우리가 이루고 싶은 것은 영어문법에 대한 전체적인 그림, 즉 '영어문법 지도 완성'이므로 다른 영역과 연계하지 않고 문법 설명 자체에만 포커스를 맞춘 교재를 고르도록 합니다. 그래야 약 2개월에 걸쳐 한 번 정도 교재를 훑어볼 수 있습니다. 지나치게 많은 예문을 포함하고 있거나 한 가지 개념에 대해 너무 깊이 다루고 있는 문제집은 기초문법을 꽉 잡는 용도로는 적절하지 않습니다. 자칫 아이가 영어문법은 마냥 지루하고 어려운 것이라고 생각할 수 있습니다.

셋째, 문장의 구성 성분을 설명하고 있는가?

문장의 구성 성분이란 주어, 서술어 등 문장 안에서 각 단어들이 하는 역할을 말합니다. 주어나 서술어와 같은 말은 자주 들어서 마치 그 개념을 다 아는 것 같지만 막상 학생들에게 주어가 무슨 뜻인지, 문장 안에서는 어떻게 쓰이는지 물으면 답을 못하고 우물쭈물하는 경우가 많습니다. 초등학교와 달리 중학교에 들어와 영어문법의 비중이 높아지고 독해량이 늘어남에 따라 문장을 구성 성분별로 볼 수 있느냐 없느냐 하는 것이 영어 공부의 질을 결정합니다. 문장 구성 성분을 이해하기 쉽게 설명한 교재를 통해 이것만은 확실히 이해해야 합니다.

습관 포인트 수행평가를 통해 시험의 긴장감을 간접 경험하라

1학년 때 수행평가의 시험 일정이나 범위를 공지해도 성적을 내는 지필평가가 아니어서 신경 쓰지 않는 학생들이 있습니다. 수행평가는 중1 내내 이어집니다. 성적 부담은 없으면서 평가는 계속 이어지는 이때가 바로 스스로 시험 일정을 챙기고 시험에 대비하는 연습을 할 적기입니다. 2학년이 되면 시험 일정을 스스로 챙기는 것은 기본이고 성적 관리에 힘을 써야 하기 때문입니다. 중학교는 다양한 과목의 수행평가가 시기별로 달리 이루어집니다. 어떤 종류의 수행평가인지, 범위는 어디부터 어디까지인지, 며칠에 걸쳐 평가가 이루어지는지, 시험을 치는 데 무엇이 필요한지 등 챙길 것이 많습니다.

수행평가 진행 일정과 준비물을 스스로 챙기는 연습을 하지 않으면 자칫 아무런 준비 없이 수행평가를 치르게 됩니다. 교사는 자유학기제에 치른 수행평가의 모든 결과를 학교생활기록부에 문장의 형태로 기록합니다. 그런데 수행평가를 대강 치르는 학생들에 대해서는 기록할 것이 없어 난감한 경우가 있습니다. 1학년 때 치르는 과정형 수행평가의 일정을 미리 파악하고 계획하여 준비하는 과정은 2학년, 3학년에 올라가 치게 될 중간고사, 기말고사와 같은 시험을 간접 경험할 수 있는 기회입니다. 이 기회를 잘 활용하여 자기주도적으로 공부해 나가는 습관을 갖추어야 합니다.

영어 시험 잘보는법

시험 일정을 챙기는 습관 장착을 위해 필요한 것은?

스터디 플래너 또는 다이어리!

시험 일정을 챙기는 습관 장착을 위한 일등공신이 있습니다. 바로 스터디 플래너입니다. 저는 1학년 학생들을 담당할 때 반 학생들이 스스로 시험 일정을 챙기도록 하기 위해 다양한 방법을 시도해 보았습니다. 가장 효과가 좋았던 것은 간결한 스터디 플래너나 다이어리를 활용하는 것이었습니다. 수행평가 일정이 공지되면 바로 자신의 플래너를 꺼내 옮겨 적게 했습니다. 손으로 직접 적으며 날짜와 내용을 한번 더 새겨보고 수시로 플래너에 다른 일정도 옮겨 적도록 하니 확실히 준비도가 향상되었습니다. 지나치게 두껍거나 무거운 플래너는 활용도가 낮았습니다. 가벼워서 휴대하기 좋고 일정을 적는 칸이 큼지막한 것이 좋습니다.

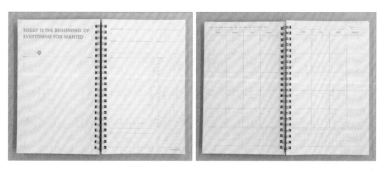

공부 스케줄을 정리하기 좋은 스터디 플래너 예시

실제로 저희 아이가 쓰고 있는 플래너입니다. 한 권의 플래너 안에 월별 계획과 일일 계획 칸이 모두 마련되어 있어 중학생들에게도 주로 이 형태를 권합니다. 꼭 이 제품이 아니더라도 월별 계획 쓰는 칸이 한눈에 들어오되 칸이 큰 것(오른쪽)을 선택하는 것이 좋고, 일일 계획은 한 면 전체를 활용할 수 있는 구성(왼쪽)의 플래너를 고르면 좋습니다.

1학년 여름방학

난이도를 높여 추측하며 읽는 연습을 하라

학기 중에 문법에 중점을 두어 공부했다면 방학 때는 영어 원서 읽기를 통해 교재로 익힌 문법을 글로 만나보아야 합니다. 초등 때 원서를 많이 못 읽어 다소 수준이 낮은 경우라도 이미 아이의 정서 수준이 높아졌기 때문에 무작정 쉬운 수준의 책을 읽힐 수는 없습니다. '유치하다'고 생각하여 아예 보지 않을 수도 있기 때문입니다.

제가 교육대학원에서 다독에 대해 연구하며 가장 강하게 각인되었던 것은 두 가지입니다. 영어 실력을 높이기 위해 영어로 된 책을 읽을 때는 자신의 수준보다 살짝 어려워서 추측하며 읽을 수 있는 책을 제공해야 한다는 것(스티븐 크라셴의 '이해 가능한 입력(i+1)' 가설)과 정서 수준에 따른 읽기 책을 제공해야 한다는 원칙이었습니다. 이해 가능한 입력이란 앞서 설명했듯이 현재 아이의 수준보다 살짝 어려운 자

영어 시험 잘보는 법

료를 의미합니다. 보통 책의 한 페이지를 기준으로 모르는 단어가 2개 정도 있고 나머지는 모두 아는 단어일 때 이해 가능한 자료라고 여깁니다. 아는 단어를 활용하여 모르는 단어의 뜻을 추론할 수 있기 때문입니다. 이 가설과 더불어 중학생에게 원서를 읽힐 때 생각해볼 것이 바로 책을 읽는 사람의 '정서 수준'입니다.

"영어 실력이 낮다고 해서 중학생들에게 오리 하나, 오리 둘을 세는 유아용 책을 읽힐 수는 없는 거잖아요. 어른들도 마찬가지고요." 라고 하시던 교수님의 말씀이 아직도 기억납니다. 교수님은 이렇게 말씀하시면서 나이에 따른 정서 수준이 있기에 영어 실력과는 별개로 나이대에 맞는 정서를 고려해서 원서를 제공해야 다독의 효과를 제대로 볼 수 있다고 설명하셨습니다. 즉, 청소년기에 있는 중학생들이 영어책을 통해 영어학습의 효과를 누리려면 일단 내용이 유치하지 않고 중학생이 공감할 수 있는 '정서 수준'에 맞는 것이어야 합니다. 정서 수준을 고려하여 중학생들이 읽을 만한 원서를 소개합니다. 여기 소개된 원서를 시작으로 아이가 스스로 자신만의 독서 리스트를 늘려갈 수 있기를 바랍니다. 아래 소개된 원서를 어려워한다면 초등 고학년 로드맵에 소개한 책을 읽어도 좋습니다. 초등 고학년이 보는 내용은 중학생이 보기에도 무난합니다.

읽기 난이도 중-하

유머가 녹아 있고 내용이 흥미진진한 책은 언제나 인기가 좋습니다. 때로 감동을 불러오는 내용까지 다양하게 읽어볼 것을 권합니다.

《Billionaire Boy》 David Walliams

원하는 것은 말만 하면 선물로 다 사주시는 부자 아빠에 개인 집사에 개인 영화관까지 있는 조. 과연 내 아이가 이런 상황이라면 어떨까요? 그런 조가 갖지 못한 것이 딱 하나 있습니다. 조에게 없는 단 한 가지. 그것은 무엇일까요? '억만장자'라는 흥미로운 소재로 주인공에게 감정 이입하여 읽기 좋은 책입니다.

《Fantastic Mr. Fox》 Roald Dahl

로알드 달의 이야기는 언제나 기지가 넘치고 유쾌합니다. 세 농부 주변을 돌며 도둑질을 하는 영리한 여우와 그들을 잡기 위한 어리석은 농부의 쫓고 쫓기는 추격전. 과연 결과는 어떨까요? 책의 마지막 장을 덮을 때까지 흥미진진한 이야기가 펼쳐져서 아이들이 끈기 있게 읽기 좋습니다.

《Lizzie Zipmouth》 Jacqueline Wilson

새아빠와 살면서 좋지 않은 일이 많았던 리지에게 엄마는 두 번째

새아빠와 살자고 합니다. 새아빠가 너무 싫었던 리지는 새아빠네 집에서 입을 꾹 다물게 됩니다. 그러다 새아빠의 할머니, 즉 증조할머니를 만나게 되면서, 마음을 다친 아이가 세상에 마음을 여는 과정을 감동적으로 그려냈습니다.

읽기 난이도 상

영어 원서를 대하는 데 부담을 갖지 않는 경우라면 추리, SF, 감동, 유머 등 장르를 가리지 말고 무조건 취향껏 많이 읽는 것이 좋습니다. 중1 여름방학 때 인생 최대의 영어 원서를 읽는다는 마음으로 책을 읽어보면 좋겠습니다. 실제로 이때 다진 영어책 읽기 근육이 고등학교까지 간다고 해도 과언이 아닙니다.

《The Ickabog》 J.K. Rowling

〈해리포터〉의 작가 J.K. 롤링J.K.Rowling이 쓴 판타지 소설입니다. 그러나 평소에 판타지를 많이 읽는 아이들에게는 추천하지 않습니다. 다소 평이한 전개로 이야기가 이어지기 때문에 한글로 된 판타지 소설을 많이 접해본 아이들은 자칫 지루하다고 느낄 수 있기 때문입니다.

《The Mysterious Howling》 Maryrose Wood

늑대와 함께 자란 아이들을 교육해야 하는 가정교사의 이야기입니다. 가정교사도 나이가 15살로 어린 편이고 늑대와 함께 자란 아이들도 어립니다. 서로에게 영향을 미치며 성장해 나가는 과정이 감동적인 이야기입니다.

《A Christmas Carol》 Charles Dickens

찰스 디킨스Charles Dickens의 유명한 소설인 《크리스마스 캐롤》 원작을 읽어볼 것을 권합니다. 우리말로 된 책을 읽어본 경우라면 이야기를 이미 알고 있으니 내용을 이해하는 것은 오히려 수월할 수 있습니다. 내용을 알고 있는 상태에서 영어 문장의 맛을 음미하며 볼 수 있는 책입니다.

1학년 겨울방학

영어 교과서로 5대 영역을 선점하라

1학기와 2학기에 문법기초 잡기에 힘을 쏟고 여름방학을 이용해 원서도 충분히 읽었다면 겨울방학에는 2학년 영어 교과서를 미리 봐두어야 합니다. 영어 교과서는 크게 듣기-말하기 영역, 읽기 영역, 문

영어 시험 잘보는법

법 영역, 쓰기 영역, 문화 이해 영역으로 구성되어 있습니다. 이 중 읽기 영역에 해당하는 '본문'을 미리 훑어보는 것이 2학년 수업을 이해하고 따라가는 데 큰 도움이 됩니다. 본문을 미리보기 할 때는 가능한 아래 순서에 맞추어 보는 것을 추천합니다.

글 전체를 훑어보며 단어 파악하기

단어만 따로 모아보는 것은 추천하지 않습니다. 본문에서 어떻게 쓰이고 있는지를 함께 보아야 하기 때문입니다. 눈으로 훑어보면서 정확한 뜻을 모르는 단어, 왜 여기에 쓰였는지 모르는 단어는 연필로 밑줄을 그어가며 봅니다. 처음부터 끝까지 훑어 읽기를 하고 난 후 몇 번 더 훑어 읽기를 반복합니다. 이 과정에서 밑줄 친 단어의 뜻을 깨닫거나 추측하게 됩니다. 정확한 의미는 모르지만 추측하여 이해한 단어가 있다면 그 단어 옆에 자신이 생각하는 단어의 뜻을 적어둡니다. 서너 차례 훑어 읽기가 끝나면 연필로 밑줄 그어둔 단어들의 의미를 직접 찾아봅니다.

문단별로 주제문 찾아보기

본문은 하나의 제목 아래 관련 있는 내용들을 담고 있는 짧은 글, 즉 문단의 모음입니다. 한 문단이 끝나면 새롭게 줄바꿈하여 문단이 시작되므로 문단의 시작과 끝을 알 수 있습니다. 각각의 문단에서 말하려고 하는 내용이 무엇인지 생각해보게 합니다. 문단별로 어떤 이야기를 하고 있는지 생각해보는 습관을 기르는 것이 앞으로의 영어 공부에 필요하므로 기회가 될 때마다 연습합니다. 처음부터 주제를 명확하게 파악하지 못해도 괜찮습니다. 문단을 인식하고 여기서 말하려고 하는 것이 무엇인지 생각해보는 것만으로 수업 이해도는 높아집니다.

각 과에서 강조하고 있는 문법이 쓰인 문장 찾기

중학교 교과서는 매 단원마다 강조하고 있는 문법 요소가 있다고 말씀드렸습니다. 각 단원의 본문 역시 해당 단원의 중요 문법을 포함하고 있습니다. 내용에 대해 생각을 해보았다면 문장의 형식을 보도록 하세요. 그리고 그 단원에서 강조하고 있는 문법이 쓰이고 있는 문장을 찾아보는 것입니다. 해당 단원이 강조하는 문법은 단원이 시작되는 첫 페이지에 적혀 있으므로 단원 시작 페이지를 참고하거나 교과서 문법 영역을 보고 파악하면 좋습니다.

내용 전달이 가능할 정도로 해석하기

해석하기를 마지막 과정으로 본문 미리보기는 마무리됩니다. 하지만 이 과정에서 너무 힘을 빼지는 말았으면 합니다. 단어의 뉘앙스, 문장의 구조를 지나치게 꼼꼼하게 따져 가며 해석하지 말았으면 합니다. 영어를 우리말로 정확히 옮기는 것이 중요하다고 생각해서 해석하는 데 너무 애를 쓰면 본문 미리보기 과정에서 쉽게 지칩니

영어 시험 잘보는법

다. 글의 전체적인 의미를 파악한다는 차원에서 문장을 해석해보는 시간을 가져야 합니다. 이 과정에서 엄마에게 이야기를 들려준다는 마음으로 진행하면 해석하기 과정이 수월해집니다. 꼭 엄마가 아니어도 괜찮습니다. 가족 중 누구에게라도 '이 글이 무슨 이야기냐 하면' 하고 내용을 전달한다는 마음으로 해석하는 시간을 가져보세요. 교과서 속 딱딱한 글이 생동감 넘치는 이야기로 살아나면서 아이의 장기기억 속에 자리 잡게 됩니다.

이 순서에 맞게 2학년 교과서의 7~8개의 본문을 파악하고 나면 2학년 영어에 대한 막연한 불안감은 사라지고 아이는 자신감을 장착합니다. 앞서 설명한 순서를 기본으로 하되 아이 학습 스타일에 맞게 공부 시간과 강도를 조절하세요.

자기주도학습을 돕는
영어학습 사이트와 앱

영어는 외국어이기 때문에 자주 보고 듣는 것이 중요합니다. 또한 콜로케이션collocation 이라든가 구동사처럼 자연스럽고 올바른 영어를 구사하는 데 꼭 필요한 것들도 꾸준히 익혀야 하고요. 콜로케이션은 영어에서 서로 자주 어울려 쓰이는 단어들을 말합니다. 아이가 초등학생일 때는 스마트폰을 해줘야 하나 말아야 하나 고민하지만, 아이가 중학생쯤 되면 전교에 스마트폰이 없는 아이들이 드물 정도로 대부분의 아이들이 스마트폰을 들고 다닙니다. 아이들이 늘 지니고 다니며 자주 들여다보는 스마트폰에 영어 관련 앱이나 학습에 유용한 사이트의 바로가기를 설치하세요. 아무리 좋은 학습 교재도 펼쳐보지 않으면 무용지물이듯이 일단 공부를 위해서는 도구의 접근이 쉬워야 합니다. 자투리 시간에도 영어 공부를 이어갈 수 있는 환경을 만들고, 잠깐이라도 들여다보는 시간이 모이면 자기주도학습에 한 발 더 다가갈 수 있습니다.

■ 어울리는 단어 세트를 알려주는 오즈딕

오즈딕ozdic은 영어 단어의 의미뿐만 아니라 함께 쓰이는 단어 무리, 즉 콜로케이션까지 한꺼번에 알아볼 수 있는 온라인 단어 사전이라고 생각하면 됩니다. 예를 들어 'heavy'라는 단어를 검색하면 영영 풀이로 heavy의 뜻을 알려주면서 이때 자주 어울려 쓰이는 동사나 부사 등을 같이 알려줍니다. 평소 단어를 찾을 때 콜로케이션까지 함께 보는 연습을 하면 영어 표현에 대한 감을 자연스럽게 기를 수 있습니다.

■ 자기주도학습에 최적화된 클래스카드

영어 단어학습에 새로운 장을 열며 등장한 단어장입니다. 이후 발전에 발전을 거듭하였습니다. 처음에는 단순한 단어 리스트를 휴대전화를 활용해 학습해보는 수준이었다면 이제는 각종 중고교 영어 교과서의 단어와 수능 관련 단어를 이용 목적에 맞게 모음별로 제공하고 있어서 학생들이 공부하는 데 상당히 유용합니다. 주어진 단어만 외우는 것이 아니라 자신이 원하는 대로 단어 세트를 구성할 수도 있습니다. 휴대전화 앱을 통해 단어 카드를 휙휙 넘기며 학습하면 적은 시간에 큰 공부 효과를 볼 수 있습니다. 학습 중 암기를 완료한 단어는 다시 안 보이게 하거나 단어의 의미를 가리고 외우는 등 다양한 암기학습이 가능합니다. 단어를 모두 외운 후에는 게임을 통해 단어 실력을 체크해볼 수도 있어서 자기주도학습에 최적화된 도구라고 할 수 있습니다. 자투리 시간을 활용하여 교과서에 나오는 단어와 숙어를 공부할 생각이라면 단연코 클래스카드가 최고의 앱이라고 할 수 있습니다.

■ 나만의 단어장이 유용한 네이버 영어사전

학생들이 학교 수업을 들으며 가장 많이 사용하는 영어사전입니다. 단어를 찾는 기능 외에 오늘의 단어, 영어 퀴즈, 추천 단어장 기능 등 다양한 기능이 많습니다. 추천 단어장은 주제별 단어 모음집으로서 '미국 대표 음식 단어', '인기 많은 동물 150마리' 등 유용하면서도 이용자가 정확히 알지는 못하는 단어들을 제공함으로써 단어 활용의 폭을 넓혀줍

니다. 이 중 단연 돋보이는 기능은 네이버 사전에서 검색해본 단어를 저장해서 폴더별로 모을 수 있는 '나만의 단어장' 기능입니다. 클래스카드가 이미 구성된 단어 세트를 골라 학습하는 데 최적화되어 있다면 네이버 영어사전이 제공하는 단어장 기능은 내가 몰라서 찾아본 단어를 바로바로 나만의 단어장에 폴더별로 저장해서 후에 모아볼 수 있다는 장점이 있습니다. 단어장 폴더를 '잘 외워지지 않는 단어', '수능 빈출 단어', '글 쓸 때 필요한 단어'처럼 각자의 쓰임과 목적에 맞게 구성해두면 두고두고 활용하기 좋습니다.

■ 유튜브 말고 케이크하자

유튜브에는 영어회화를 다양하게 익힐 수 있는 양질의 채널이 많이 있습니다. 이러한 채널을 통해 영어에 관한 다양하고 유용한 정보를 얻을 수 있습니다. 하지만 영어를 공부하기 위해 유튜브를 이용하려면 그만큼 주의를 분산시키는 요소들을 극복해야 합니다. 유튜브에 접속하는 순간 흥미로운 영상 채널이 광고 형태로 추천될 때가 많아 중고등학생이 유튜브를 활용하여 공부하는 것은 상당한 자기통제력을 요구합니다. 주의력이 흩

어지는 것에 대한 염려는 덜면서 유튜브만큼 다양하게 학습 욕구를 자극하는 영어 연설 영상부터 드라마 속 표현, 영화 속 표현, 미국 토크쇼에 등장하는 표현을 제공하는 앱이 있습니다. 바로 케이크cake입니다. '학생 각자의 취향에 맞는 채널을 제공하면서 교과서 밖 영어를 다양하게 알려줄 수는 없을까?' 하는 저의 고민을 cake 앱이 시원하게 해결해주었습니다. 수많은 영어 채널 중 자신이 보고 싶은 콘텐츠를 담은 채널만 구독하며 꾸준히 업데이트되는 영상을 시청하기만 하면 됩니다. 영상 속에서 학습요소로 삼는 핵심 구간을 직접 읽어보고 나의 발음 수준을 체크할 수 있는 기능도 제공하고 있어 말하기 연습에도 큰 도움이 됩니다. 또한 앱에 접속해서 실제로 학습한 시간을 알려주는 타이머 기능이 있어서 공부한 시간을 파악하기에도 좋습니다.

중학교 2학년,
성적표에 놀라지 않으려면

긴장과 방심이 반복되는
3월에 준비해야 할 것

2학년이 되면 드디어 성적이 나오는 지필평가가 시작됩니다. 물론 1학년 자유학기제가 아닌 시기에 지필평가를 치르지만 내신 성적에는 들어가지 않습니다. 자유학년제를 유지하는 학교가 있어 형평성에 맞지 않기 때문입니다.

1학년 때는 마냥 멋모르고 학교를 다니는 것 같던 아이들도 2학년이 되면 표정이 달라집니다. 성적으로 이어지는 시험이 있다는 것이 아이들을 알게 모르게 긴장하게 만드는 것 같습니다. 하지만 1학년 때 수행평가 일정을 챙기면서 시험을 대비해왔다면 이 정도 긴장은

영어 시험 잘보는 법

오히려 학습에 도움이 됩니다. 2학년에 올라와 치르는 모든 시험 일정은 학년 초에 공지되는 평가계획을 보고 미리 스케줄러나 플래너에 기록해두어야 합니다. 특별한 사정이 있지 않은 한 평가는 미리 정해둔 날짜에 계획대로 치러지므로 학기 초에 날짜를 기록해두고 대비하는 습관을 유지해야 합니다.

2학년에 갓 올라왔을 때는 긴장하던 아이들이 3월이 끝나갈 때면 슬슬 느슨해집니다. 2학년이 된다는 것만으로 긴장하겠지만 당장 시험이 코앞에 다가온 것은 아니니 시험에 대한 감각이 없을 수밖에 없습니다. 게다가 새로운 담임선생님과 친구들, 반 분위기에 적응하느라 공부에 신경을 덜 쓰게 되는 것도 사실입니다. 상황이 이렇다 보니 계획과 달리 공부가 흐지부지되는 경우가 있습니다. 이럴 때는 시험 일정과 다음 날 수업시간표가 적혀 있는 플래너를 주기적으로 체크하여 시험에 대한 감각을 놓지 않고 매일의 과제와 당장 내일 있는 수업에서 배울 내용을 미리 살펴보는 것만으로도 공부의 흐름을 놓치지 않을 수 있습니다.

평소 준비를 잘해왔지만 막상 시험 때가 되면 여러 가지 예기치 못한 상황이 발생할 수 있습니다. 아이가 공부는 많이 했는데 벼락치기를 하느라 잠을 제대로 못 잤다면 막상 시험 당일 문제를 잘 풀어두고 OMR 카드에 옮기는 과정에서 실수하는 경우도 있고, 분명 공부한 부분인데 시험지의 문제를 읽고 그 문제가 요구하는 것을 잘못 이해해서 전혀 다른 답을 쓰는 경우도 있습니다.

아이가 시험을 대비하는 동안 학부모님께서는 시험이 단순히 문제를 통해 지식을 점검하는 과정이 아니라 아이의 메타인지, 주의력, 공부한 내용, 체력이 한데 어우러져 성적이라는 결과치로 드러나는 복잡한 메커니즘이라는 것을 이해하셨으면 좋겠습니다. 그래야 아이를 닦달하지 않고 옆에서 지켜보며 필요한 때에, 필요한 것을 챙겨줄 수 있습니다. 시험이 시작되는 중2 시기, 1학년 때부터 사용해온 플래너와 더불어 몇 가지 더 챙길 물건들이 있습니다. 적어도 이 정도는 갖추고 2학년을 시작했으면 합니다.

첫째, L자 파일이나 인덱스파일을 준비하라.

학기를 시작하면서 학습자료를 과목별로 한데 모아 보관할 파일을 준비하면 좋겠습니다. 당연한 것 아니냐고요? 3월 첫 수업에 들어가 학생들의 수업 준비 상황을 체크하면 과목별 파일이든 전 과목용 인덱스파일이든 학습자료를 따로 모을 파일을 준비한 학생은 한 반에 두세 명 정도입니다. 그래서 첫 시간에 학습준비물로 L자 파일이나 인덱스파일을 준비해오라고 늘 당부합니다.

코로나19로 블렌디드 수업(온·오프라인 혼합 수업)이 강화되면서 학생들이 집에서 온라인으로 수업하는 시간이 길어졌습니다. 학교는 구글클래스룸이나 MS팀즈 같은 온라인 학습플랫폼을 많이 활용하게 되었고요. 블렌디드 수업 시 제공되는 수업자료는 주로 클라우드 시스템에 올려 공유하고 과제 역시 스마트폰이나 패드를 이용하여 진행하는 경우가 많아 종이 학습지(이하 프린트물)는 시대에 뒤떨어진

영어 시험 잘보는법

것이 아닌가 하고 생각하시는 학부모님들도 계십니다. 실제로 오프라인 수업을 하면서도 패드나 스마트폰을 활용하여 수업을 진행하는 경우가 많아 더욱 그렇게 생각하실 수 있습니다. 하지만 과목 특성에 따라 온라인으로 제공하는 자료 외에 종이로 된 학습자료, 즉 '프린트물'이 필요한 순간이 있습니다. 최근 코로나가 잠잠해지고 온라인 수업 일색이던 학교 수업이 코로나 이전으로 '일상 회복'을 하면서 오프라인 수업이 다시 활기를 되찾고 있습니다. 이와 더불어 선생님들께서 가장 많이 활용하는 수업자료 중 하나가 바로 프린트물입니다. 라이브 워크시트와 같은 온라인 학습지 시스템을 쓴다고 해도 종이로 된 프린트물을 별도로 제공해서 학생들이 수업을 더 잘 이해할 수 있게 돕습니다.

영어뿐만 아니라 다른 과목들도 마찬가지입니다. 1교시부터 6교시까지 모든 수업에서 프린트물을 준다고 생각해봅시다. 금세 자료가 뒤섞이고 필요할 때 제때 꺼내지 못하는 경우가 생깁니다. 이런 경우를 대비해서 과목별로 L자 파일을 준비하거나 한 폴더 안에 칸이 구분되어 있는 인덱스파일을 활용해서 프린트물을 찾기 쉽게 보관하는 것이 좋습니다. 이렇게 하면 수업에 활용하기 좋을 뿐 아니라 시험 공부를 할 때에도 훨씬 효율적입니다.

둘째, 타이머를 효과적으로 활용하라.

중2 교실에는 중3 학생들이나 고등학생들에 비해 타이머를 들고 있는 학생이 몇 없습니다. 그런데 학생들이 2학년이 되고 시험을 치면서 가장 많이 어려워하는 것이 바로 시험 중 시간 안배입니다. 문제를 풀다가도 이쯤되면 서술형 답안 작성을 시작해야 하고, 아무리 늦어도 종료 5분 전을 알리는 안내방송이 나오면 답안 카드에 객관식 답을 옮겨 적어야 하는데 시간 감각이 없는 학생들이 많습니다. 선생님들께서 아무리 설명하고 연습시켜도 시간 감각만큼은 하루 이틀 교육으로 익혀지는 것이 아닙니다. 문제를 다 풀어두고도 OMR 답안 카드를 작성하지 못해 발을 동동 구르는 학생을 볼 때면 정말로 안타깝습니다. 평소 타이머를 활용하여 공부하면 시간 감각을 기르는 데 도움이 됩니다. 학습지 1장을 푸는 데 시간이 얼마나 걸리는지 체크한다거나 숙제를 하는 데 걸리는 시간을 재보고 자신이 예상한 시간에 대비해 더 걸렸는지, 덜 걸렸는지를 알아보는 것부터 시작합니다. 시험 공부를 할 때 연습문제를 풀면서 객관식 문제를 몇 분 안에 푸는지 체크해보는 것도 좋습니다. 이런 연습을 통해 정해진 시간 안에 계획한 것을 해내는 연습을 해야 합니다.

2학년 학기 초에 갖추어야 할 최소한의 것을 모두 갖추었다면 이제는 2학년 1, 2학기와 방학 동안에 할 일을 알아보겠습니다. 1학년 때 기초문법을 다지고 플래너를 활용하는 연습을 했다면 2학년 때는 다음의 두 가지를 완성해봅시다.

2학년에 완성해야 할 것

학습면 수업에 충실하기 + 교과서 공부의 확장으로 내신 다지기
습관면 엉덩이 힘 기르기

영어 시험 잘보는 법

최상의 컨디션으로 수업에 임해야 하는 이유

학습 포인트 모든 시험의 해답은 수업에 있다

보통 시험이 치러지기 2주 전부터 학교에는 본격적인 시험 분위기가 형성됩니다. 공부에 전력을 다하든 아니든 학생들이 심적 부담을 안고 시험 준비에 돌입하는 분위기가 이때부터 시작된다는 뜻입니다. 이 기간에 1교시 수업을 하다 보면 졸려서 눈을 못 뜨는 학생들을 만나게 됩니다. 잠을 많이 못 잤느냐고 물으면 '학원 숙제하느라 못 잤어요' 하는 답변이 돌아옵니다. 안쓰러운 마음과 안타까운 마음이 동시에 듭니다. 충분히 자고 성장해야 할 시기에 잠이 부족하다는 것이 안쓰럽고 앞뒤가 맞지 않게 공부하고 있다는 생각에 안타깝습니다.

아이가 학원에 가서 공부를 하는 이유는 학교 시험을 잘 쳐서 성적을 잘 받고 싶어서입니다. 학교 시험문제는 학교 선생님이 수업 중에 가르친 내용을 바탕으로 출제합니다. 기존에 출제된 문제, 기성 문제집에 있는 문제를 그대로 시험문제로 내는 것은 출제 원칙에 어긋나므로 낼 수 없다는 것을 앞서 설명드렸습니다. 결국 잠을 덜 자가며 예상문제집과 작년 기출문제를 열심히 풀어봐야 올해 시험문제에 완벽하게 대비할 수는 없다는 이야기입니다. 적어도 시험 범위에 해당하는 수업만큼은 푹 자고 개운한 컨디션으로 들어야 합니다. 예상문제를 푸느라 잠도 줄여가며 공부하고 있다면 오히려 잠을 푹 자고 수업 중에 교사가 강조한 내용을 제대로 이해해서 모두 소화할 때까지 공부하는 것이 시험을 잘 치는 방법입니다. 잠이 모자라서 비몽사몽한 상태로는 수업내용을 제대로 이해할 수 없습니다.

시험 2주 전이면 수업에서 한창 복습을 하고 있거나 시험 범위에 들어가는 수업을 하고 있을 시점입니다. 이 시점에 수업을 제대로 듣지 못한 아이들이 학교 시험을 잘 칠 수 있을까요? 조금만 생각해보면 답이 나오는 문제입니다. 아이들은 졸려서 못 들은 내용을 보충하고자 학원으로 향합니다. 학원의 숙제량이 어마어마합니다. 아이들은 오늘도 잠을 푹 자지 못하고 학교에 옵니다. 졸린 눈으로 수업을 들으려 애쓰다 이내 잠을 못 이기고 책상 위로 고꾸라집니다. '아, 이거 놓치면 안 되는데!' 그런 아이들을 바라보는 교사는 탄식도 하지 못하고 수업을 계속 진행합니다. 눈을 말똥말똥 뜨고서 다음 수업내용을 기다리는 아이들이 있기 때문입니다. 학원에 가지 말라는 것이 아닙니다. 다만 학원 숙제를 하느라 학교 수업을 놓치는 일이 없어야 한다는 뜻입니다.

학교 수업에 우선 충실하고 나면 이제 교과서를 잘 이해했는지 스스로 점검해볼 차례입니다. 이때 필요한 것이 무엇일까요? 바로 우리 아이 영어 교과서를 만든 출판사가 제공하는 문제들입니다. 중학생이 되면 학원에서 보내는 시간이 대폭 늘어나면서 교과서 문제집을 따로 챙겨보지 않는 경우가 많습니다. 수업 중에 선생님의 설명

영어 시험 잘보는 법

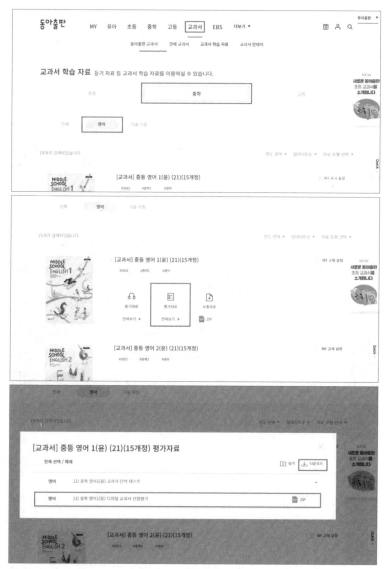

동아출판사 홈페이지 단원평가 다운로드 방법

을 들으며 교과서를 이해했다면 출판사 홈페이지를 방문하여 시험 범위에 해당하는 단원Lesson의 단원평가를 풀어보아야 합니다. 출판사 홈페이지에서는 단원평가 문제 이외에도 교과서 본문을 미리 살펴보거나 듣기 파트의 음원을 다운로드하는 등 교과서와 관련한 자료를 다양하게 얻을 수 있습니다. 검색포털에 '출판사명+교과서'(예를 들어 '동아교과서')를 입력하고, 해당 사이트를 방문하면 됩니다. 동아출판사를 예시로 살펴봅시다.

단원평가로 전반적인 점검을 끝냈다면 평가문제집을 통해 한 번 더 실력을 점검해볼 차례입니다. 각 출판사별로 평가문제집을 따로 판매하고 있으니 구매하여 풀어보기를 권합니다. 수업 이해 후 단원평가, 평가문제집 문제 풀이 3종을 마치고 나면 기본적인 시험 대비가 끝납니다. 이후에 시간이 허락하고 여력이 된다면 학원 수업내용과 자료들을 추가로 보충하여 공부하면 됩니다. 학원을 다니지 않는 아이라면 시험 범위에 해당하는 문법문제를 좀 더 풀어볼 것을 권합니다.

습관 포인트 엉덩이 힘부터 길러라

공부를 곧잘 하는 아이도 일정 시간 공부하고 나면 집중력이 떨어지고 슬슬 다른 것이 하고 싶어집니다. 시험 기간이 아니라면 더욱 그렇습니다. 그런데 이제는 일어나고 싶을 때 한 번 더 앉아 있는, 즉 엉덩이 힘을 기르는 습관이 필요합니다. 엉덩이 힘을 기르라는 말은

영어 시험 잘보는법

지지부진하게 시간을 오래 끌며 공부하라는 말이 아닙니다. 그보다는 그만하고 책상에서 일어나고 싶은 기분이 들 때 조금 더 공부를 이어가는 습관이라고 생각하는 것이 좋습니다.

쉬어가면서 해야 능률이 더 오르는 거 아니냐고 반문하는 분들도 있을 겁니다. 물론 공부와 휴식은 적절히 병행해야 효율적입니다. 하지만 아이들 대부분이 공부하려고 마음먹은 부분을 다 끝내기도 전에 여러 번 들락날락하며 자리에서 일어납니다. 중3, 고등학교 시기를 생각하면 지금부터 앉아 있는 시간을 늘려보는 연습이 필요합니다. 어떻게 이 시간을 늘릴 수 있을까요?

첫째, 15분 간격으로 공부하는 과목을 바꿔라.

막상 공부를 하려는 마음은 있으나 집중시간이 짧고 한 가지 일을 오래 하는 스타일이 아닌 경우 책상에 오래 앉아 있기 힘들 수 있습니다. 이 경우 여러 과목을 번갈아 공부하는 방법을 권합니다. 한 과목당 15분 정도 타이머를 세팅해두고 공부를 시작해서 타이머가 울리면 바로 다음 과목으로 넘어가는 식입니다. 이렇게 공부하다 보면 어느 순간에는 15분이 넘어가도 다음 과목으로 넘어가지 않고 하던 공부를 이어가는 순간이 옵니다. 이때가 아이의 집중시간이 늘어나고 몰입도가 올라가는 순간입니다.

둘째, 교과서와 문제집을 한번에 끝내라.

무엇이든 한 영역을 끝냈다 싶으면 아이는 공부를 마무리하고 싶습니다. 교과서 개념도 마찬가지입니다. 교과서를 공부하고 개념을 이해했다 싶으면 책을 탁 덮고 일어나고 싶습니다. 그때 곧바로 공부한 범위에 해당하는 문제를 풀어보면 책상에 앉아 있는 시간을 효율적으로 늘릴 수 있습니다. 게다가 개념공부 후 문제 풀이에 바로 돌입하면 즉시 복습하는 효과가 있어서 공부 효과가 배가 됩니다. 이렇게 하려면 문제집이 손 닿는 곳에 있어야 합니다. 교과서 공부가 끝남과 동시에 문제집을 뽑아들 수 있는 환경을 조성하는 것도 좋은 방법입니다.

2학년 여름방학
균형추를 원서에 놓아야 할 때

학기 중에 교과서 공부에 매달렸다면, 즉 문법 공부에 시간을 더 할애했다면 여름방학 기간에는 영어 원서를 읽으며 교과서 밖 영어도 꾸준히 접해보아야 영어 실력의 균형을 맞출 수 있습니다. 머리를 식히면서 영어 글에 대한 감을 잃지 않기 위해 읽는 것이니 수준보다 어려운 책보다는 쉬워서 잘 읽히고 재미있어서 아이가 거부하지 않을 만한 책이면 좋겠습니다. 아이가 읽고 싶은 책을 직접 고르는 것이 가장 좋습니다. 중학교 2학년쯤 되면 반드시 읽어야 할 책보다는 읽고 싶은 책을 읽어서 영어 실력을 다지는 것이 훨씬 효과적입니다.

이 시기에는 어느 책을 읽을까보다는 책 읽을 시간을 언제 확보할

영어 시험 잘보는 법

수 있을까가 더 큰 고민입니다. 학교는 방학이지만 학원에 다니는 학생들이 많기 때문입니다. 3학년 대비 공부를 할 수도 있고 문법이나 독해 등 각자 취약한 부분에 시간을 더 쏟기도 합니다. 어느 쪽이든 영어 원서 읽기는 중요도 면에서 뒤로 밀립니다. 하지만 밸런스 영어의 4가지 축에서 어느 하나가 무너지면 결국 뒷심을 발휘하지 못합니다. 영어문법이든 독해든 학습 위주로 영어 공부가 이어지고 있다면 더더욱 원서를 읽어야 합니다. 그만큼 적극적으로 원서 읽을 시간을 확보해야 한다는 뜻입니다.

첫째, 일찍 일어나는 새가 한 단어를 더 외운다.

아침에 일찍 일어날 수 있다면 학원 수업이 시작되기 전, 아침에 책을 읽는 것이 가장 효과적입니다. 일단 학원에 다녀오면 그날 해야 할 숙제가 생기고 숙제를 하다 보면 저녁에 책을 읽기 위해 계획해둔 시간까지 잡아먹는 경우가 생기기 때문입니다. 그 외에 예상치 못한 변수가 발생해서 저녁 시간이 통째로 날아가기도 합니다. 그래서 아침 시간을 활용하는 것이 가장 좋습니다.

둘째, 책 읽는 날(주간)을 지정하라.

아침에 일찍 일어나는 것이 어렵고 저녁 시간을 내기도 어렵다면 아예 일정 기간을 책 읽는 날(주간)으로 지정하는 것이 좋습니다. 초등학생 때 책의 바다에 빠져본 것처럼 한 달 내내 책의 바다까지는 아니더라도 일주일에 하루 정도는 책만 읽는 날로 정한다든가 마치 휴가 기간처럼 연속 사나흘을 영어책만 읽는 기간으로 정하는 것입니다. 책 읽는 날을 정했다면 이 기간만큼은 교과 공부에 대해서는 부담 주지 말아야 합니다. 그래야 아이가 원서 읽기를 즐거운 일로 받아들입니다. 교과 공부를 하면서 병행하는 것이 아니라, 오로지 책 읽기에만 몰입하는 시간을 마련해주세요.

2학년 겨울방학

중학교 전 과정에서 가장 중요한 시기

중학교 교육과정에서 놓치지 말아야 할 때가 바로 2학년 겨울방학 기간입니다. 1학년 때 영어문법을 전반적으로 한번 훑었고 2학년 학기 중에 성적이 나오는 시험에 대비하고 공부하는 요령을 익혔다면, 2학년 겨울방학에는 3학년 영어 교과서를 활용하여 문법을 좀 더 깊이 공부하는 시간을 가져야 합니다. 실제로 3학년 교과서에는 학생들이 어렵다고 느끼는 문법 개념이 대거 등장합니다. 예를 들어 1, 2학년 때 '관계대명사'라는 개념을 배웠다면 이 개념을 확장한 '관계대명사의 계속적 용법', '관계대명사+be 동사의 생략' 등 말만 들어도 복잡하게 느껴지는 개념들이 3학년 교과서에 속속 등장하는 것입니다. 그뿐만 아니라 거기서 더 확장해 '관계부사'까지 배우게 됩니다. 따라서 3학년 때 배울 문법요소를 미리 봐두는 것이 앞으로의 수업을 이해하는 데 큰 도움이 됩니다. 그래서 중학교 교사들은 중2 겨울방학을 중학교 전 과정상 가장 중요한 시기라고 말합니다.

영어 시험 잘보는 법

이 시기에는 교과서와 문법문제집을 병행하며 공부하는 것이 좋습니다. 우선 교과서를 보고 어떤 문법 개념을 다루고 있는지를 파악하고 이후 문제집을 통해 그 개념을 확실히 공부합니다. 문제집은 양이 좀 많더라도 문법 개념을 보다 세세하게 다루고 있는 것이 좋습니다. 그래야 교과서에서 설명하는 문법 개념을 찾아가며 공부할 수 있습니다. 자체적으로 동영상 강의를 제공하거나 EBS 강의를 참고하여 진행할 수 있는 문제집도 좋습니다. 예문이 다양하고 제대로 이해했는지 확인해볼 수 있는 문제가 딸려 있으면 더욱 좋습니다.

보통 한 학년 영어 교과서에 7, 8개의 단원이 들어 있고 해당 단원마다 2개 정도의 핵심문법이 있으므로 기본적으로 14개 또는 16개의 개념을 공부해야 합니다. 이틀에 한 개념씩 공부한다고 하면 한 달 정도의 분량입니다. 플래너에 분량을 기록해서 공부를 진행하면 됩니다. 공부를 하다 보면 이틀 안에 끝나지 않는 경우도 있고 하루 만에 끝이 나기도 합니다. 또 계획한 대로 진행하지 못하는 경우도 생깁니다. 그래도 플래너에 기록을 해두어야 진행상황을 파악할 수 있고 여기에 맞춰 다음 날의 공부 스케줄을 조정할 수 있습니다.

3학년 문법을 한 번쯤 미리 보느냐 아니냐 하는 것이 3학년을 가벼운 마음으로 시작하느냐 아니냐를 결정합니다. 문제집을 완벽하게 푸는 것이 버겁다면 적어도 3학년 교과서에 등장하는 문법은 무엇인지 훑어보기라도 해야 합니다.

시험 준비에 대한
학부모의 실제 고민

2학년이 되어 시험을 대비하면서 학부모님들께서 상담을 요청하시는 경우 이러한 고민을 하고 계시는 경우가 많았습니다.

■ 문제 푸는 것을 귀찮아하는 아이

'이것저것 다 귀찮아요' 하는 아이라도 공부를 잘하고 싶은 마음은 모두 똑같습니다. 학교에 다니는 아이라면 누구라도 그렇습니다. 사실 공부를 잘했으면 하는 마음은 엄마보다 아이가 더 간절할 것입니다. 다만 방법을 모르고 열심히 해도 결과가 마음같지 않으니 이내 포기해버리는 것입니다. 특히 영어 기초가 없어서 영어 공부 자체를 싫어하고 있다면 다른 것은 모두 내려두고 시험 범위에 해당하는 본문만 '외워볼 것'을 권합니다. 본문을 '공부하는 것'이 아닙니다. '외우는' 것입니다. 보통 시험 한 번에 2개의 본문이 들어갑니다. 처음부터 두 개를 다 외우라고 하면 아이가 손사래를 칠 테니 딱 하나만 외워보기를 권합니다. 어려운 문법 내용을 이해하려고 들지 말고 그냥 본문에 나열된 문장을 외워보는 것입니다. 쓰면서 외우든 들으면서 외우든 방법은 자유입니다. 시험문제는 주로 본문에서 출제됩니다. 물론 본문의 형태나 내용을 변형하여 문제를 출제하지만 본문을 다 알고 있느냐 아니냐가 성적의 주요 변수가 될 수 있습니다. 어느 것도 하기 싫어하는 아이가 가장 효과적으로 영어 교과에서 성취감을 느낄 수 있는 방법은 바로 본문 외우기입니다. 의욕이 없는 아이라면 보상을 걸어서 시작하면 됩니다. 한번 해보면 스스로 느끼는 바가 있어 태도가 달라집니다. 그다음에 본문 2개를 외워보고 그만큼 성적이 올라가면 그때부터는 하고자 하는 마음이 생겨납니다. 무엇인가를 하고자 하는 기분은 스스로 느껴보기 전에는 결코 알 수 없는 것이어서 우선 어떻게든 흥미를 붙이도록 시작하는 것이 중요합니다. 무작정 외우면 무슨 학습 효과가 있을까 싶겠지만 이도 저도 싫은 아이라면 일단 외워서라도 문제를 풀고 성취감을 느끼게 해주어야 합니다.

■ 아는 것을 자꾸 틀리는 아이

아는 것을 자꾸 틀리는 아이를 보는 부모님의 마음은 안타깝기만 합니다. 아이가 알면서도 틀리는 문제에 큰 타격을 받지 않는다면 그래도 괜찮습니다. 이런 아이들은 알아서 방법을 찾습니다. 그런데 알고도 틀렸다는 것에 좌절하고 힘들어하는 아이라면 좀 더 세심하게 살펴봐야 합니다.

· 꼼꼼한 성격인데 아는 것을 틀리는 경우

덤벙대는 아이가 아닌데도 아는 것을 틀리는 아이라면 시험 불안이 높은 경우일 수도 있습니다. 분명히 공부한 내용인데도 시험 상황 자체에 스트레스를 많이 받고 있고 긴장도가 높은 것이니 시험 불안도를 낮추는 연습이 필요합니다.

· 문제 이해를 잘못한 경우

시험지에 쓰인 문제를 잘못 이해하는 경우입니다. 특히 조건에 맞춰 답을 써야 하는 서술형 문제의 경우 이런 일이 많이 생깁니다. 서술형 답안의 경우 주어진 조건을 고려하지 않고 답안을 작성하면 온전한 점수를 다 받을 수 없습니다. 이런 경우 채점 후 선생님께서 먼저 그 아이에게 왜 감점이 되었는지, 어떻게 써야 하는지 설명하면서 조건에 맞춰 답을 쓰는 방법을 알려줍니다. 하지만 설명을 듣는 그때뿐이고 따로 연습하지 않으면 소용이 없습니다. 기출문제지를 놓고 조건이 딸린 문제의 경우 어떻게 답을 작성해야 하는지, 선생님께서 알려준 방식 위주로 연습해야 합니다.

중학교 3학년,
수행평가는 자기주도학습의 열매다

'밸런스 영어'뿐만 아니라
'밸런스 시험'도 챙겨야

2학년 때는 지필평가를 처음 접하면서 긴장했다면 이제는 고입을 앞둔 시점이어서 긴장감을 갖게 되는 시기입니다. 특히 중3 시기는 중학교 전체 내신 산출에 성적이 반영되는 비율이 가장 높은 때여서 더욱 긴장할 수밖에 없습니다. 그러다 보니 3학년이 되어 성적 관리를 하면서 지필평가에만 신경을 쓰는 경우가 있습니다. 하지만 중3 시기는 수행평가가 지필평가만큼 중요합니다.

3학년은 고등학교 입학을 앞두고 내신 석차를 내는 시기입니다. 지원하는 학교에 따라 입학에 반영하는 과목과 비중이 다르지만 일

영어 시험 잘보는법

반적으로 2학년 성적이 40%, 3학년 성적이 60% 반영(자유학기제의 경우 비율이 다름)됩니다. 여기에 학교 성적관리위원회가 정한 규칙에 따라 중학교 3년간 받았던 학교장 상이나 모범상 등 특정 상을 받은 학생들과 학교에 봉사하는 부서 활동을 한 학생들은 가산점을 받습니다. 이 점수들이 더해져 흔히 말하는 중학교 내신 석차가 나옵니다. 석차와 함께 내 아이의 위치가 전체 학생 중 어디쯤 분포하는지를 알려주는 백분율도 함께 나옵니다.

중학교 3학년 성적이 중요하다고 하니 지필평가만 관리하면 된다고 생각하는 학생들이 있습니다. 하지만 앞서 설명드린 것처럼, 3학년 2학기에 지필평가를 한 번만 치르는 경우에는 수행평가 비중이 더 높아지고, 지필평가 점수가 비슷한 경우 수행평가 점수로 학생들의 내신 석차가 확 벌어지기도 합니다. 3학년이 되었으니 더욱 지필평가에 만전을 기하고 싶겠지만 아이러니하게도 이때는 수행평가 점수가 내신 석차와 백분율의 변수가 되는 시기입니다. 수행평가는 몇 단계에 걸쳐 이루어지므로 당연히 지필평가를 준비하는 시기에 수행평가가 치러지는 경우도 있습니다. 이럴 때 지필고사를 준비하느라 수행평가에 소홀해지면 내신 석차에 적신호가 켜집니다. 이런 문제에 대비하려면 미리 일정과 범위를 챙겨 수행평가에서도 좋은 결과를 낼 수 있어야 합니다.

저는 중3 시기가 고등학교 생활패턴을 시뮬레이션해보는 시기라고 생각합니다. 고등학생이 되면 교과서와 학력평가 등 길어지는 지문에 익숙해져야 하고 학교 일정을 포함해서 자기관리가 가능해야 합니다. 그 연습의 시작이 바로 중3 시기의 수행평가 관리입니다.

3학년에 완성해야 할 것

학습면 독해력 심화로 지필평가 대비하기
습관면 학교일정+개인일정 스스로 챙기는 연습=자기주도학습력 완성

3학년 학기 중
다양한 지문 유형에 대비하는 공부법

1학년 때 문법의 전반적인 흐름을 파악했고 2학년 겨울방학 때 문법 개념을 속속들이 다졌습니다. 여기까지 했다면 중3 교과서 글을 읽고 해석하는 것에는 큰 어려움이 없습니다. 이 단계에 도달했다면 해석을 넘어서 독해력 심화에 집중해야 합니다. 단순히 영어문장을 우리말로 옮기는 것에 그치지 않고 문장과 문장 간의 관계, 연결어를 보고 다음 내용 예측하기 등 다양한 방식으로 글을 이해해보는 과정입니다. 3학년은 교과서 본문의 길이가 눈에 띄게 길어지면서 시험문제 역시 다양한 유형으로 출제됩니다. 긴 지문에도 겁먹지 않고 쭉쭉 읽어내면서 변형되는 문제에 대비하는 연습을 지금부터 꾸준히 해야 합니다. 교과서 지문을 활용하여 다방면으로 독해력을 기르는 방법을 소개하겠습니다.

학습 포인트 독해력 심화로 지필평가에 대비하라

앞서 이도 저도 하기 싫어하는 아이라면 교과서 본문 외워보기를 추천했습니다. 그러나 이는 본문을 평면적으로 이해하는 것이어서 본문을 변형하거나 응용하는 문제에서는 여전히 어려움을 느낄 것입니다. 다음에 소개하는 방법은 내신뿐 아니라 영어 지문을 바라보는 입체적인 시각을 갖추는 데 도움이 되며, 편의상 영어 문장에 번호를 붙이고 내용 이해를 위해 한글 해석도 함께 실었습니다.

제목 : **Who can help me feel better?**

▶When he graduates from high school next year, Jaemin wants to become a singer. ▶**However,** he has never told anyone about it. ▶He is worried that his parents will not understand. ▶Wanting to clear his mind, Jaemin decided to take a day trip on a bus by himself. ▶On the bus, he told a complete stranger sitting beside him about his problem. ▶He had no idea why he did it. ⑦**However,** he felt much better when he got off the bus. ⑧ Strangely enough, we often tell strangers about our problems just like Jaemin. ⑨That is because we do not have to worry about being judged or seeing them again. ⑩If you have a problem that you cannot share with your family, try talking to a stranger. ⑪ You will feel much better.

내년에 고등학교를 졸업한 이후에 재민은 가수가 되고 싶어 한다. 하지만, 누구에게도 그것에 대해 한 번도 말하지 않았다. 그는 부모님이 이해하지 못할까 걱정이 된다. 마음을 정리하기 위해서, 재민은 혼자 하루 버스 여행을 떠나기로 결심했다. 버스에서. 그는 옆에 앉은 전혀 모르는 사람에게 자신의 고민에 대해서 말했다. 그는 자신이 왜 그랬는지 알 수 없었다. 그러나, 버스에서 내릴 때 기분이 훨씬 좋아졌다. 정말 이상하게도, 우리는 재민처럼 우리의 문제에 대해 낯선 사람에게 말할 때가 있다. 그것은 우리가 평가받거나 그 사람을 다시 볼 것이라는 걱정을 할 필요가 없기 때문이다. 만약 가족과도 나눌 수 없는 고민이 있다면, 낯선 이에게 말해보라. 기분이 훨씬 나아질 것이다.

[독해력 심화 1] 모든 문장에 'Why?'를 대입하라

글을 읽으면서 마주치는 모든 문장에 '왜?'라고 질문하고 이에 대한 답을 본문에서 찾아야 합니다. 이처럼 스스로 답을 하는 과정을 통해 문장을 꼼꼼하게 이해할 수 있고 관련 문제 유형을 파악하는 연습이 됩니다. 글의 모든 문장에 '왜?'를 붙여 생각하는 훈련은 처음에는 어렵고 힘들지만 연습하지 않으면, 지문을 마주할 때마다 낯설고 어렵습니다. 짧은 글부터 점차 길이를 늘려 가면 속도도 붙고 글을 빠르게 이해하는 경험을 하게 됩니다. 이처럼 글이 다각도로 이해되기 시작하면 따로 연습하지 않아도 '왜?' 회로가 저절로 돌아가며 글을 읽어낼 수 있습니다.

※ 글 속에서 답을 찾을 수 없는 경우

> Jaemin wants to become a singer.

↓

> 질문하기 : 왜? 왜 가수가 되고 싶을까?

↓

> 답 찾기 : 본문을 통해 알 수 없음

↓

> 관련문제유형 : 윗글을 통해 알 수 있는/없는 것은?
> 윗글의 앞쪽에 올 수 있는 내용으로 적절한 것은?

※ 글 속에서 답을 찾을 수 있는 경우

> ⑦번 문장 : However, he felt much better when he got off the bus.

↓

> 질문하기 : 왜? 왜 재민은 버스에서 내릴 때 기분이 좋았을까?

↓

> 답 찾기 : 다시 마주칠 걱정이 없는 낯선 이에게 고민을 털어놓았기 때문
> (답의 근거가 되어주는 문장 ⑨, ⑩, ⑪)

↓

> 관련 문제 유형 : 밑줄 친 문장(⑦번 문장)의 이유로 적절한 것은?
> 글의 내용으로 보아 버스에서 내릴 때 재민의 감정상태는?
> (⑪번 문장을 근거로 유추하여 답하는 유형)

[독해력 심화 2] 문장 사이의 접속부사에 주목하라

However과 같은 연결어(접속부사)에 주목해야 합니다. 이 같은 연결어를 중심으로 글의 앞뒤 내용을 유추해보는 연습 역시 독해력 심화에 큰 도움이 되기 때문입니다. 영어에 쓰이는 모든 연결어들은 각각의 역할이 있습니다. 예를 들어, However는 이 단어 앞뒤로 내용의 반전을 불러오는 단어로, 주로 글쓴이의 주장이나 생각을 드러낼 때 많이 사용합니다. 글에서 However과 같은 연결어를 만나면 일단 표시해두고 연결어의 특성에 맞게 문장의 앞뒤 내용을 유추해보는 연습을 해야 합니다. 유추라고 하니 막연한 느낌이 들 수도 있습니다. 연결어와 그 특성에 따른 유추에 대해 좀 더 상세히 알아보겠습니다.

▶ When he graduates from high school next year, Jaemin wants to become a singer. ▶**However,** he has never told anyone about it.

▶ When he graduates from high school next year, Jaemin wants to become a singer. ▶**However,** (?   ).

▶ When he graduates from high school next year, (?   ).
▶**However,** he has never told anyone about it.

※ However 뒷부분을 예측하는 경우

앞 문장에 대한 다양한 반대(역접) 상황을 예상하기

재민은 가수가 되고 싶다. 그런데 그렇게 할 수 없다.

재민은 가수가 되고 싶다. 그런데 주변의 반대가 있다.

재민은 가수가 되고 싶다. 그런데 꿈을 이루는 방법을 모른다.

재민은 가수가 되고 싶다. 그런데 생각뿐이고 말해본 적은 없다.

※ However 앞부분을 예측하는 경우

However 뒤에 나오는 문장을 읽고 이 내용과 반대되는 근거나 배경 생각해보기

(재민은 고등학교 졸업 후) 말하고 싶은 것이 있다. 하지만, 누구에게도 말한 적은 없다.

(재민은 고등학교 졸업 후) 하고 싶은 일이 있다. 하지만, 누구에게도 말한 적은 없다.

(재민은 고등학교 졸업 후) 대학에 가지 않을 것이다. 하지만, 누구에게도 말한 적은 없다.

(재민은 고등학교 졸업 후) 아무도 자신을 모르는 곳으로 떠날 예정이다. 하지만, 누구에게도 말한 적은 없다.

위와 같이 내용의 반전을 예측하는 사례는 얼마든지 나올 수 있습니다. 본문에 나온 문장과 똑같이 예측하지 않아도 상관없습니다. 이러한 연습 과정을 통해 However이라는 연결어의 성격을 제대로 알아야 이른바 글의 '개연성'에 대한 이해가 이루어집니다. 영어 지문에서 글의 흐름을 바꾸는 다양한 연결어(접속부사)를 공부해두면 글이 어떻게 펼쳐질지 예측할 수 있습니다. 특정 연결어의 경우 두 가지 기능에 걸쳐 쓰이는 것도 있습니다. 이러한 경우를 포함하여 영어의 대표적인 연결어를 알아보겠습니다.

교과서에서 자주 접하는 다양한 연결어(접속부사)

⟨대상을 나열하거나 순서를 제시할 때⟩
firstly, secondly, lastly, in the first place 등

⟨부가적인 내용을 언급할 때⟩
in addition, furthermore, moreover

⟨앞선 내용을 요약할 때⟩
In summary 요약하면
In short, In a word 간단히 말해서
in conclusion 마지막으로, 끝으로

⟨예시를 들어 말할 때⟩
for example 예를 들어, in other words 다시 말해, that is to say 다시 말해서

⟨결과를 도출할 때⟩
therefore, thus 그러므로
as a result, consequently 결과적으로
then 그러면 (*주의: 과거나 미래의 특정한 때를 가리키는 then과 구별하기)

영어 시험 잘보는 법

〈앞뒤 내용이 대조를 이룰 때〉

however 그러나

otherwise 그렇지 않으면

contrarily 그 반대로, 대조적으로

conversely 반대로, 역으로

on the contrary, in contrast 반대로

on the other hand 한편

〈앞서 언급된 내용은 인정하지만 다른 의견도 제시하고 싶을 때(양보)〉

nevertheless, nonetheless 그럼에도 불구하고

〈화제를 전환할 때〉

by the way 그런데

습관 포인트 자기주도학습력, 일정 관리에서 시작된다

중3 지필평가에 대비하기 위해서는 어떤 능력을 길러야 할까요? 학교 일정과 개인 일정을 정리, 조율하고 수행평가 시험 범위를 스스로 챙기는 연습이 필요합니다. 달라지는 입시와 교육환경에 반드시 필요한 역량이 자기주도학습력이기 때문입니다. 특히 중3 시기에는 고등학교 올라가기 전에 자기주도학습력을 완성해야 합니다.

플래너에 시험 일정을 스스로 정리할 줄 알고 교과서 출판사 홈페이지를 찾아가며 공부할 내용을 챙기는 아이라면 사실상 자기주도학습력을 갖추었다고 봐도 좋습니다. 하지만 아직 스스로 공부하는

습관이 완성되지 않았다고 여겨진다면 고등학교 진학 전 마지막 습관을 잡는 시기라고 생각하고 앞서 설명한 1, 2학년 필수코스로 돌아가 플래너 쓰기부터 먼저 시작해야 합니다. 수행평가 시험 일정과 그 범위를 파악하는 것부터가 수행평가의 시작점입니다. 책상에 앉아 공부하는 것만이 공부가 아닙니다. 수행평가를 대비하는 모습에서 우리 아이의 자기주도학습력을 예측해볼 수 있습니다.

그러나 자기주도학습력은 별다른 것이 아닙니다. 다음날 시간표를 보고 교과서와 프린트물, 준비물을 전날에 미리 챙기는 것. 시험 일정을 스스로 정리하여 준비하는 것. 쉬는 시간 동안 복도에서 친구와 놀다가도 10분이 끝나기 전에 교실로 돌아와 다음 수업 준비를 하는 것. 다음 수업이 이동 수업인지 아닌지를 알고 쉬는 시간 동안 미리 특별실로 이동하는 것. 이 모든 것이 자기주도학습력입니다. 방금 말씀드린 모든 일이 학생이라면 당연히 해야 할 일이라고 생각하시는 부모님이 많습니다. 하지만 이 당연한 일을 매일 제대로 하는 학생은 반에서 10%에 불과합니다. 수업 시작종이 울리고 나서야 교실로 돌아가는 학생도 많습니다. 중학교 3학년이 되어서도 다음 수업시간이 이동 수업인지 몰라서 잠긴 교실 문과 복도 사이를 헤매다 담임선생님이나 다른 선생님의 도움으로 그제야 이동 수업에 참여하는 경우도 생각보다 자주 있습니다. 이런 유형의 학생들이 교과 성적이나 수행평가 성과가 그다지 좋지 않은 것은 우연의 일치가 아니라 자기주도학습력이 부족하기 때문입니다.

영어 시험 잘보는 법

고입 대비 '담화분석' 습관을 들여라

3학년 여름방학에는 2학기에 배울 교과서 본문을 활용하여 '담화분석Discourse Analysis'을 연습해보아야 합니다. 담화분석 기술은 고등학교 영어를 공부하는 데 꼭 필요한 내용으로 모의고사에 등장하는 긴 지문을 분석할 때에도 효과적으로 활용할 수 있습니다. 중학교에서는 영어 교과서의 본문이나 영어 글을 학생들과 함께 분석할 때 담화분석' 과정을 반드시 가르치게 됩니다. 담화란 하나의 주제를 가지고 쓰인 '글'이나 '말'입니다. 여기서는 글만 가리키는 것으로 하겠습니다. 담화분석이란 이러한 글에 쓰인 여러 문장의 관계를 분석하여 글을 이해하는 방법입니다.

즉, 어느 문장이 주제를 담고 있으며 또 어느 문장이 그 주제에 대한 보충, 예시, 반증 등을 담당하고 있는지를 분석하여 글을 이해하는 방법입니다. 이 과정에서 글의 주제와 요지를 찾을 수 있고 글의 흐름에 비추어 특정 단어의 쓰임이 적절한지 아닌지를 알아볼 수 있으며 주제와 연계하여 필요한 내용인지, 아닌지, 특정 문장의 앞뒤에 올 내용은 무엇인지 등 글의 구조와 의미에 관한 다양한 사실을 파악해보는 것입니다.

담화분석은 좀 더 쉬운 말로 지문분석이라고 할 수 있습니다. 학교 수업에서 지문분석을 하는 목적은 글을 읽고 글의 주제(무엇에 대해 쓴 글인가)와 요지(주제에 대한 글쓴이의 주장 또는 생각)가 무엇인지 알고 글에 쓰인 문장과 단어들이 주제와 관련하여 적절하게 쓰이고 있는지를 알아보기 위함입니다. 다음의 글을 예로 들어 담화분석의 실제 사례를 보겠습니다.

Despite its widespread popularity, meditation has serious limitations that restrict its widespread use. First of all, not everyone is capable of meditating. Second, a person who does not learn how to meditate is unlikely to reach a meditational trance. Finally, there are situational limits to the ways a ruminator will apply to his or her meditation when they try to meditate. In many cases, people who try to use meditation as a tool for mental training may not be able to take the way they meditate normally depending on the situation.

앞서 소개된 지문에서 주제topic를 찾으려면 무엇을 보아야 할까요? 주제를 찾을 때는 글에서 자주 언급되는 것, 처음에 언급되는 것을 찾아보아야 합니다. 이 원리를 적용하면 첫 줄부터 꾸준히 언급되고 있는 'meditation(명상)'이 이 글의 주제임을 알 수 있습니다. 그렇다면 작가는 이 'meditation'에 대해 무엇을 말하고 싶은 걸까요? 두 번째 줄의 'First of all'이라는 표현은 글에서 특정 예시를 들 때 나

영어 시험 잘보는 법

오는 표현입니다. 예시가 나온다는 것은 이미 이 문장 앞에 글쓴이의 생각이나 주장을 드러냈고 지금부터는 작가의 주장을 뒷받침하는 문장, 즉 부가 설명이 이어진다는 것을 뜻합니다. 따라서 이 글을 쓴 글쓴이의 생각은 'First of all' 앞에 언급되어 있을 것입니다. 윗글에서는 색깔로 표시한 부분이 바로 'meditation'에 대한 작가의 생각, 즉 요지Main Idea가 됩니다. 그리고 중학생들에게 가르치는 담화분석은 보통 다음의 3단계에 걸쳐 이루어집니다.

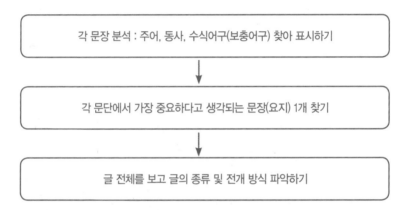

각 문장 분석 : 주어, 동사, 수식어구(보충어구) 찾아 표시하기

각 문단에서 가장 중요하다고 생각되는 문장(요지) 1개 찾기

글 전체를 보고 글의 종류 및 전개 방식 파악하기

이러한 과정을 반복하며 글을 분석하는 과정이 바로 담화분석입니다. 이 과정을 통해 우리는 이 글의 주제, 주제에 대한 작가의 생각을 알 수 있고 이 글이 주장과 예시 구조로 이루어져 있다는 것도 파악할 수 있습니다. 담화분석을 통해 주제와 요지, 요지에 대한 세부 뒷받침 문장을 찾는 연습을 꾸준히 한 아이들은 고등학교에 가서 길어지는 영어 지문을 만나도 당황하지 않습니다. 담화분석 기술은 중

학교 때 미리 연습하고 습득해야 합니다. 본격적으로 사용해야 하는 고등학생 때 배우기에는 이미 늦기 때문입니다. 중학교 지문을 분석하며 담화분석의 기본을 연마하고 이후 인과 관계, 예시, 시간의 흐름 등 글의 전개 방식과 관련한 특정 표현을 추가로 공부하면 중학교 수준에서는 충분합니다.

담화분석의 정의와 설명을 들으니 어쩐지 많이 들어본 이야기 같지 않습니까? 네, 맞습니다. 바로 영어책을 읽고 이해하는 원리와 비슷합니다. 밸런스 영어를 이어온 아이라면 애쓰지 않고 담화분석을 자연스럽게 터득합니다. 그간 학교 공부 외에도 꾸준히 영어책을 읽어오면서 책의 내용을 이해하기 위해 이 글의 주제는 무엇인지, 이 문장의 의미는 무엇인지, 이 단어는 왜 여기에 쓰였으며 무슨 뜻인지 등 의도하지 않게 다각도로 책을 읽어왔기 때문입니다. 그래서 중학생이 된 이후 지나치게 영어문법이나 내신 공부에만 몰두하려는 학생들에게는 영어책 읽기 근육을 계속 이어 나가야 한다고 조언합니다. 결국 책을 읽고 글을 분석하는 능력이 고등학교에서 최종적으로 필요한 능력이기 때문입니다.

3학년 겨울방학

고입 대비 실전 문법문제를 총정리하라

여름방학에 담화분석 기술을 다져놓았다면 겨울방학에는 문법

영어 시험 잘보는법

취약점을 찾아 부족한 부분을 메워두면 됩니다. 몇 해에 걸친 고1 모의고사 기출문제 중 문법문제만 골라 풀면서 조금이라도 미심쩍은 부분이 있다면 기존에 공부하던 문법문제집으로 돌아가 관련된 문법을 다시 공부해야 합니다. 모의고사 문제 중 '어법상 틀린 것은?'처럼 어법에 대해 묻고 있는 것이 문법 관련 문제입니다.

고등학교 1학년 3월, 6월, 9월, 11월 모의고사는 시험을 치른 당일 저녁 EBSi 홈페이지에서 문제와 답지, 해설지 확인이 가능하고 해설 강의 역시 이 사이트에서 들을 수 있습니다. 한국교육과정평가원 홈페이지에서도 기출문제와 정답표를 다운로드할 수 있습니다만 해설지는 EBSi에서 따로 보아야 합니다. EBSi 홈페이지를 방문하여 해당 학년과 기출문제 영역을 선택한 후 원하는 연도를 설정하고 몇 월 모의고사인지 고르는 파트는 전체를 선택합니다. 영역(과목)란에 영어에 체크하고 조회하면 원하는 기출문제 시험지, 답지, 해설지를 모두 볼 수 있습니다.

문제와 정답지, 해설을 동시에 제공하므로 자칫 문제를 스스로 풀어보지 않고 바로 답을 확인한 후 문제에서 제시하는 문법 개념만 익히려 할 수 있습니다. 이렇게 공부하면 문법문제에 대한 감각을 기를 수 없을뿐더러 자신의 취약점이 어디인지도 알 수 없습니다. 반드시 문제를 직접 풀어보고 채점한 후 해설 영상을 보아야 합니다. 자신이 틀린 문제나 몰랐던 부분에 대한 설명을 들을 때 더욱 집중도가 높아지는 것은 당연합니다.

EBSi 홈페이지의 기출문제 다운로드 및 해설강의 수강방법

영어 시험 잘보는 법

중3 겨울방학은 고등학교 입학을 앞두고 학업 부담이 생길 수밖에 없는 시기입니다. 그러나 수업 부담은 없는 시기이므로 EBSi에서 제공하는 것과 같은 무료강의를 적극 활용하여 고등학교 영어에 대비하여야 합니다.

수면과 학습의 밸런스가
성적을 바꾼다

중3 학생들을 지도하다 보면 인문계 고등학교 진학을 앞두고 잠을 줄여가며 열심히 공부하는 경우를 종종 봅니다. 3학년 2학기 초, 진학 상담을 하던 중 이런 이야기를 듣게되었습니다.

"제가 왜 이렇게 공부를 하고 있는지 모르겠어요. 학원 숙제하느라 졸려도 못 자고 다음날 학교 오면 수업을 들어야 하는데 눈은 안 떠지고…… 선생님, 자고 싶은 잠도 못 자면서 왜 이렇게 공부해야 해요?"

진학을 희망하는 고등학교 이름이 나란히 적힌 종이를 사이에 두고 저와 학생은 한동안말이 없었습니다. 저는 아이에게 해줄 적절한 말을 찾느라 얼른 말을 이을 수 없었고 아이는 답을 모르는 질문을 던지고 멍한 눈으로 그저 앉아 있었습니다. 잠도 줄여가며 공부를 하는데 정작 왜 공부를 하는지 스스로 답을 찾을 수 없다고 생각하면서 번아웃이온 것이었습니다. 매해 이런 학생들이 있습니다. 열과 성을 다해 공부하던 아이들이 갑자기 수업 태도가 안 좋아졌다면 열에 아홉은 이처럼 공부의 목적을 잃고 방황하는 경우를 의심해보아야 합니다.

저는 당시 이 아이에게 사람이 잠을 자는 것은 낮에 입력한 정보를 두뇌가 정리할 시간을 주는 것이라고 설명하며 잠이 충분하지 않으면 열심히 공부해도 공부한 것의 반만큼도 효과가 나지 않을 수 있다고 이야기했습니다. 또한 잠이 모자라면 우울해질 수 있다는 것도요. 그런 다음, 공부해야 하는 이유는 다양한데, 사람마다 다르니 우선 '내가 공부하는 이유'를 종이에 적어보고 이후 다시 이야기를 나누기로 했습니다.

이처럼 부모나 다른 사람의 의견이 아닌, 자신이 생각하는 공부 이유, 즉 학습동기가 있어야 다시 공부할 마음을 회복할 수 있습니다. 또한 학원에 가서 수업을 '받은' 만큼 스스로 '되새겨볼' 시간이 있어야 합니다. 정보를 입력했다면 이것을 스스로 정리하여 출력해볼 시간이 있어야 머리에 남습니다. 공부할 마음과 스스로 학습하는 시간의 확보, 이 두 가지를 위해 저는 중학생일수록 잠을 줄이기보다는 충분히 잘 자야 한다고 생각합니다.

아이의 학년이 높아질수록 자는 시간을 줄이는 것을 당연하게 생각하는 부모님들은 제 말을 반신반의하기도 합니다. 하지만 일정한 수면량과 취침습관은 아이의 학습동기와 더불어 전반적인 학습 태도에 영향을 미칩니다. 충분히 잠을 못 자고 학교에 오면 학교 수업에 충실할 수 없습니다. 이렇게 되면 지필평가, 수행평가에 대비하는 것을 포함하여 학교에서 일어나는 모든 학습에 필요한 능력이 저하됩니다. 밤에 잠을 못 자고 공부했지만 그만큼 학교에 와서 배워야 할 것을 온통 놓친다고 생각해보세요. 충분히 자고 학교에 와서 수업을 잘 받는 것과 밤에 잠을 줄여 공부를 보충하는 것. 어느 쪽이 효율적일까요? 더 어릴 때 이러한 시간 개념이 자리 잡았다면 좋겠지만, 아직은 고등학교에 입학하기 전이고 취침습관을 바로잡을 기회도 있습니다. 밤에 잠드는 시간을 정해두고 반드시 그 전까지 할 일을 다 해보려고 깨어 있는 시간을 이리저리 쪼개보는 것만으로도 자신이 무엇을 알고 무엇을 모르는지, 현재 무엇을 어떻게 해야 나에게 주어진 과제를 해결할 수 있는지를 아는 능력인 메타인지가 발달합니다. 여기서 한발 더 나아가 잠들기 전에 자신이 해내야 할 일을 정말로 모두 끝내는 경험을 한 아이의 성취감은 그 무엇과도 비교할 수 없을 만큼 큽니다. 이러한 성취감이 바탕이 되면 자연스럽게 학업 면에서 더욱 뛰어난 학습 결과를 보여줍니다. 일정한 시간에 잠을 자는 습관 쌓기를 지금이라도 시작해서 아이가 충분한 수면을 취하면서 시간관리 능력까지 기를 수 있도록 해야 합니다.

6장

고등학교, 진짜 승부처에서의
영어 시험 공부법

밸런스 영어를
줏대 있게 밀어붙여라

고등학교 진학 후
열등생이 되는 이유

중학교 때 성적을 잘 받던 아이들이 고등학교에 가서 성적이 떨어지는 경우가 있습니다. 새로운 환경에 적응하느라 잠시 주춤하는 것이라 생각할 수 있겠지만 사실 공부력이 제대로 갖추어진 학생이라면 주변 환경이 달라졌다고 성적이 떨어지지는 않습니다. 그보다는 중학교 때는 통하던 공부법이 고등학교에서는 더 이상 통하지 않아 시험을 제대로 치르지 못했다고 봐야 합니다. 중학교에서는 통하고, 고등학교에서는 안 통하는 공부법이란 무엇일까요?

중학교와 고등학교의 가장 큰 차이를 알아보려면 공부하는 데 필요한 능력과 공부 방법에 대해 생각해보아야 합니다. 공부는 사실 스스로 계획하고 자기 힘으로 해내야 합니다. 그런데 중학교에서 성적이 잘 나오는 학생 중에는 학원에 기대어 수동적으로 공부하는 학생들이 꽤 있습니다. 또한 제대로 이해하지 못한 개념을 단순 암기하기도 합니다. 이런 습관을 이어오다 스스로 생각하는 힘이 필수인 고등학교 시기를 맞닥뜨리면 이내 무너지기 쉽습니다. 그렇다면 중학교 우등생이 고등학교에 가면 열등생이 되는 이유는 무엇일까요?

첫째, 사고력과 독서력이 부족한 아이.

초등학생 때는 엄마의 도움으로, 중학생 때는 학원의 도움으로 버티다 고등학교에 가면 진짜 자기 실력이 나온다고 흔히들 말합니다. 아이가 공부하는 환경을 마련해줄 때 유의할 점은 무슨 과제든지 스스로 생각할 여력을 주어야 한다는 점입니다. 수학이든 영어든 혹은 국어, 사회, 과학이든 수업을 통해, 교재를 통해 수동적으로 개념을 받아들일 것이 아니라 '이 개념이 어떠한 것인지'를 먼저 생각해보아야 합니다. 선생님이나 강사분들, 혹은 다른 사람이 나서서 모든 개념을 풀어서 설명해주고 아이는 수동적으로 듣기만 하는 공부를 하다가 고등학교에 진학하면 위기를 맞이할 수밖에 없습니다. 스스로 생각하는 능력이 키워지지 않았기 때문입니다. 게다가 귀로 듣는 수업에 익숙한 아이는 긴 글을 읽고 풀어내는 문제에도 역시 약합니다. 책읽기가 모든 공부의 기본인 이유가 바로 이것입니다. 책을 읽는 동안 글을 읽고 해석하는 능력과 글 안의 개념에 대해 생각해보는

영어 시험 잘보는 법

기회를 모두 가질 수 있기 때문입니다.

둘째, 학습계획력이 부족한 아이.

고등학교 영어 수업은 교과서를 필두로 보충 수업 교재, 선택과목 교재 등 공부량이 확 늘어납니다. 어법과 어휘의 비중이 증가하고 시험 공부 분량도 많아집니다. 게다가 내신 시험은 수능 유형으로 출제되는 문항이 많아 이러한 문제 유형을 다뤄보지 않은 학생이라면 적응하는 데 시간이 걸립니다. 공부해야 할 분량이 많고 시험 유형 역시 낯선데 학습계획까지 제대로 되지 않는다면 고등학교 공부가 어려울 수밖에 없습니다. 주어진 과제와 스스로 소화해야 할 공부 분량을 적절한 때에 계획한 양만큼 해내는 경험이 없으면 이도 저도 제대로 하지 못한 채 시간만 흘려보내다 첫 시험을 치게 되고 예정된 수순으로 좋은 성적은 기대할 수 없습니다. 중학교 로드맵에서 스터디 플래너나 스케줄러를 활용해 공부계획 및 학교 일정을 정리해보는 습관을 꾸준히 다져야 한다고 조언한 것은 바로 이 때문입니다. 플래너를 꾸준히 사용하며 스스로 공부계획을 세워본 아이는 시험 범위가 늘어나도 주어진 시간을 안배하여 자신에게 맞는 공부량과 방법을 정합니다.

셋째, 자기주도학습이 안 되는 아이.

학습계획력이 시험 준비와 밀접한 능력이라면 자기주도학습력은 수업에 앞서 교과서를 미리 살펴보는 것, 수업 이후 복습하는 것, 과제를 제때 하는 것, 준비해야 할 것을 잊지 않고 준비하는 것 등 교과 공부 전반에 걸쳐 필요한 능력이라고 할 수 있습니다. 특히, 자기주도학습력이 있고 없고는 과정 중심 수행평가에서 큰 차이를 불러옵니다. 고등학교의 과정 중심 수행평가는 중학교 시험에 비해 방법과 규모에서 더욱 다양해지고 커집니다. 아주 높은 수준의 결과물을 요구하는 것은 아니지만 꼼꼼하게 챙기지 않으면 만점을 받기 어려운 것이 과정 중심 수행평가입니다. 한 가지 주제를 두고 수업 때 배운 내용을 활용하여 몇 단계(과정)에 걸친 결과물을 내는 프로젝트형 시험인 만큼 수업 중 배운 내용을 확실히 알고 있어야 함은 물론이고, 시험을 준비하고 문제를 해결하는 전 과정에서 학생의 메타인지와 사고력이 종합적으로 필요합니다. 학습한 내용을 자신의 생각과 결합하여 결과물을 도출하는 과정을 훌륭하게 소화하는 아이들은 어떤 아이들일까요? 평소 자신만의 공부패턴과 방법이 있고 스스로 세운 계획에 맞춰 공부할 수 있는, 이른바 자기주도학습력이 있는 아이들입니다.

자기주도학습력은 평소 습관과 밀접하게 연관되어 있다고 앞서 여러 차례 말씀드렸습니다. 자기주도학습력으로 이어지는 습관은 하루아침에 완성되는 것이 아니기에 초등학교, 중학교 기간 동안 아이가 자기주도학습력을 기를 수 있는 기회를 많이 주어야 합니다. 아이가 초등학생이라면 영어책을 고를 때 어떤 책을 읽을 것인지 스스로 고르게 하는 것, 영어 교재를 풀 때 어느 정도의 분량을 얼마의 시간에 걸쳐 풀 것인지 스스로 계획하게 하는 것이 그런 기회에 해당합니다. 아이가 어리다고, 엄마가 불안하다고 아이가 공부할 교재도, 공부할 분량도, 시간도 엄마 주도로 진행하면 아이는 스스로 공부를 해나갈 힘을 기르지 못합니다. 초등 시절, 엄마가 공부의 환경은 조성해주되 세부적인 선택은 아이가 할 수 있게 하는 것이 고등학교 시기에 필요한 자기주도학습 능력입니다. 현직 교사로서 초등 아이를 둔 엄마들에게 바라는 점을 딱 하나만 꼽으라면 아이가 학교를 마치고 돌아오면 가방을 스스로 정리하고 다음 날 학교 갈 준비를 미리 해두는지를 체크해보라고 하고 싶습니다. 단언컨대 이것이 고등학교 공부의 필수 능력인 자기주도학습력의 시작점입니다.

고등영어, 어떤 과목을 선택해야 할까

고등학교 영어 공부가 대체 어떻기에 중학교 우등생이 열등생이 되고 늘어난 시험 공부 분량에 아이들이 허덕이게 되는 것일까요? 고등학교 영어 과목 구성을 살펴보면서 고교 영어에 대한 감을 잡아봅시다. 그간 학교는 2015 개정교육과정에 기반하여 교육과정(학교 수업)을 운영해왔습니다. 그런데 작년, 2025년 고교학점제 전면 시행을 앞두고 2022 개정교육과정이 발표되었습니다. 기존의 교육과정과 비교하여 어떤 점이 달라지는지, 과목 선택 시 어떤 점에 유의해야 하는지 살펴보겠습니다.

고등영어 교과, 진로에 따라 다르다

아래의 교과목들은 다시 읽기, 쓰기 중심 학문 영어와 듣기, 말하기 중심 실용 영어로 나눌 수 있습니다. 그리고 우측의 표는 이 기준으로 영어 교과목을 분류한 것입니다. 그러나 영어 교과목 구성은 각 학교의 특성에 따라 다를 수 있으니 우리 아이 학교에서 어떤 영어를 배우는지는 내 아이가 다닐 학교 교육과정을 학교알리미를 통해 확인하면 됩니다.

2015 개정 교육과정 현재 시행	공통과목 (1~9등급)	일반선택 (1~9등급)	진로선택 (A,B,C 절대평가)	전문교과 (일반계고 개설 시 진로선택) (A,B,C 절대평가)
	영어	영어 I 영어 II 영어 독해와 작문 영어 회화	기본 영어 실용 영어 영어권 문화 진로 영어 영미 문학 읽기	심화 영어 회화 I, II 심화 영어 I, II 심화 영어 독해 I, II 심화 영어 작문 I, II

2022 개정 교육과정 (2025년 고교학점제 전면 시행)	공통과목 (1~9등급) (A,B,C,D,E 절대평가) 병행표기	일반선택 (A,B,C,D,E 절대평가)	진로선택 (A,B,C,D,E 절대평가)	융합선택 (A,B,C,D,E 절대평가)
	공통 영어1,2 기본 영어1,2	영어 I 영어 II 영어 독해와 작문	영미 문학 읽기 영어 발표와 토론 직무 영어 심화영어 심화 영어 독해와 작문	실생활 영어 회화 미디어 영어 세계 문화와 영어

2015 개정교육과정 영어 교과와 2022 개정교육과정 영어 교과(안)의 비교

영어 시험 잘보는 법

	읽기, 쓰기 중심(학문 영역) 영어	듣기, 말하기 중심(실용 영역) 영어
2015 개정 교육 과정	영어 I 영어 II 영어 독해와 작문 심화 영어 I, II 심화 영어 독해 I, II 심화 영어 작문 I, II	영어 회화 실용 영어 영어권 문화 진로 영어 영미 문학 읽기 심화 영어 회화 I, II
2022 개정 교육 과정	영어 I 영어 II 영어 독해와 작문 심화영어 심화 영어 독해와 작문	영미 문학 읽기 영어 발표와 토론 직무 영어 실생활 영어 회화 미디어 영어 세계 문화와 영어

읽기, 쓰기 중심 영어 교과는 일반적으로 지필고사의 비중이 높고 수능을 치르는 데 필요한 영어 능력 향상에 초점을 맞춘 수업일 가능성이 높습니다. 따라서 어법과 어휘 능력을 확인하고, 영어 지문(담화)을 읽고 주제와 요지를 파악하며, 글의 응집성과 일관성을 이해하여 순서를 파악하고, 글을 요약할 수 있는 능력이 중요합니다.

듣기, 말하기 중심 영어 교과는 지필평가보다는 과정 중심 수행평가에 더 비중을 둡니다. 말 그대로 영어 회화나 영어로 된 문학작품을 읽고 감상을 나누는 활동 위주의 수업이거나 프로젝트 중심 수업입니다. 프로젝트 수업이란 하나의 주제를 정하고 그 주제에 대하여 학생이 스스로 조사하고 발표 자료를 만들어 영어로 발표하는 수업을 말합니다. 특정 지역 교육청의 경우 이러한 프로젝트 중심 수행평가를 일정 비율 반드시 진행하도록 지침을 정해두기도 합니다.

원하는 학과에 따라 영어 교과목 선택이 달라진다

첫째, 현재 교육과정상 1~9등급이 나오는 일반 선택과목인지 A, B, C 3단계로 평가되는 진로 선택과목인지 고려하여 선택합니다. 등급이 나오는 과목은 대학 진학 시 학생부 교과 전형에, 진로 선택과목은 대학 진학 시 과목별 세부능력 특기사항 위주로 학생부 종합 전형에 반영됩니다.

둘째, 학교마다 과목에서 가르치는 중점 사항이 다를 수 있으므로 학교 선생님과 선배들의 조언을 바탕으로 선택합니다. 예를 들어, 같은 '심화 영어 I' 과목이라도 학교에 따라 교과서 위주 수업이거나 원서 활용 수업, 수능 관련 수업 등 가르치는 내용이 다 다를 수 있습니다. 학교에서 자체 제작한 교육과정 안내서를 참고하거나 담당 선생님께 여쭤보면 자세한 내용을 알 수 있습니다.

셋째, 자신의 진로와 관련하여 과목을 선택하는 것이 학생부 종합

선택과목명	관련학과
영어회화	항공서비스학과, 호텔경영학과, 비서행정학과, 관광통역과, 국제관계학과 등
영어 독해와 작문	영어 교육과, 영문학과, 영어통번역학과, 자율전공, 상경 계열, 공학 계열, 자연 계열 등
실용 영어	영어통번역과, 서양어 계열, 관광통역과, 상경 계열, 공학 계열 등
영어권 문화	영문학과, 통번역학과, 서양어 계열, 항공서비스학과, 관광 통역과 등
진로 영어	외국어학부, 무역학과, 자율전공 등
영미 문학 읽기	영문학과, 영어 교육학과, 통번역학과, 문화콘텐츠학과, 인문 계열 등

영어 시험 잘보는 법

전형을 대비하는 데 유리합니다. 선택과목별 진학·진로방향을 예로 들어두었으니 참고하시기 바랍니다.

밸런스 영어가 고등 내신 등급을 만든다

고등학교 영어 교과목 제세를 들여다보면 낙상 머리에 잘 안 들어옵니다. '아니, 그래서 어떻게 공부하라는 거야?'라는 말이 나올 때도 있습니다. 복잡할수록 심플하게 본질을 봐야 합니다. 교과목이 세부적으로 나뉘어 있어도, 학교마다 가르치는 내용이 달라도, 확실한 것은 그 모든 것은 다 외부 환경이라는 사실입니다. 지금 적용되는 교육과정이 또 언제 개정될지 모르는 일입니다. 외부 환경은 개인의 의지로 바꿀 수 없습니다. 개인이 준비하고 바꿀 수 있는 것은 오로지 자신의 상태와 실력입니다. 스스로 계획하고, 공부하고, 결과가 나오면 점검한 후 약점이라고 판단되는 부분은 보충하여 다시 현재 상황을 개선하는 것. 이것이 고등학교 생활을 원활하게 유지할 수 있는 본질입니다. 영어뿐 아니라 고등학교 전 과목이 그렇습니다.

고등학교 학생들이 시험을 앞두고 등급을 걱정합니다. 그러나 등급 걱정을 하기 전에 스스로 균형 잡힌 영어 공부를 하고 있는지 돌아보아야 합니다. 교과서에만 매진한다고, 수능 문제 스타일 지문에만 매달린다고 내신 1등급으로 이어지지는 않습니다. 교과서, 보충

교재, 학력평가를 망라하는 지필평가는 물론 수행평가도 잘 치러야 가능한 일입니다. 이처럼 고등학교 영어 시험을 준비하는 과정은 초중등 기간에 걸쳐 꾸준히 연습한 밸런스 영어의 학습 과정과 완벽하게 일치합니다.

원서에 몰두하다 문법으로 급선회하고 다시 수능형 문제로 전력질주하는 기준 없는 영어 말고 처음부터 제대로, 속도가 아닌 정도(正道)를 염두에 두고 꾸준히 균형에 맞춰 공부하는 영어. 원서와 영어 교재의 비중을 맞추고, 새 책과 복습을 2단계로 적절히 안배하며 공부와 습관의 균형을 추구하는 균형 잡힌 영어 말입니다. 초중등에 걸쳐 이 과정을 꾸준히 실천해온 아이라면 늘어난 시험 범위와 심화된 과정 중심 수행평가에도 유연하게 대처할 수 있습니다. 학교에서 내신 1등급 학생을 대견하게 여기는 것은 그 학생의 성적이 우수해서가 아닙니다. 내신 1등급이란 학교 수업에 충실한 것을 기본으로 시간관리, 공부계획을 포함한 자기관리의 끝판왕이어야 가능한 등급이라는 것을 알고 있기 때문입니다. 대입이라는 단 하나의 목표를 두고 빡빡한 생활을 하는 대한민국의 고등학생이라도 초중등 기간 내내 균형 잡힌 영어로 단련한 아이라면 고등학교 시기를 슬기롭게 보낼 수 있습니다.

고등 밸런스 영어의
키워드는 영어 원서

고등학교에 진학하는 순간 원서를 읽으며 영어 실력을 다져온 지난날을 잊어버리는 듯합니다. 시간이 없다, 혹은 수능 문제와 직접 관련이 없다는 이유로 원서 읽기를 소홀히 하지만, 고등학교 영어는 밸런스 영어의 정점입니다. 영어책 읽기 근육이 빠진 고등영어 공부는 한계가 있습니다. 고등학생이 되어서도 영어책 읽기 근육은 여전히 필요합니다. 많은 시간을 할애하라는 것이 아닙니다. 그럴 시간도 없습니다. 다만 휴식 시간에 원서 읽는 시간을 가지면 좋겠습니다. 영어책 읽는 것이 휴식이 될 수 있느냐고요? 수능 일변도의 공부에서 벗어나 다른 책을 보는 것만으로도 두뇌에 휴식 시간을 주는 일입니다. 게다가 읽다 보면 손에서 놓고 싶지 않은 재미있는 소설책들이 많습니다. 재미로 읽었지만 읽다 보니 영어 문장을 이해하고 쓰는 실력이 좋아지는 것이 원서 읽기가 주는 장점입니다. 고등학생이 되면 아이 가방 속에 틈나면 꺼내 읽을 영어소설 한 권쯤은 있어야 합니다. 엄청나게 글이 많고 페이지 수가 대단한 것이 아니어도 좋습니다. 몇 번을 반복해도 좋으니 수시로 영어로 된 글을 접하는 것입니다.

학원이 밀집한 빌딩에 제가 다니는 운동센터가 있습니다. 운동센터가 있는 11층까지 엘리베이터를 타는 동안 각 층마다 학생들이 타고 내립니다. 학원을 드나드는 아이들의 손에는 여지없이 스마트폰이 쥐어져 있습니다. 엘리베이터에 타고 내릴 때까지 스마트폰 화면에서 눈을 떼지 않습니다. 심지어 둘이서 대화를 나누면서도 각자의 눈은 전화기에 고정되어 있습니다. 짧은 시간이나마 휴식을 취하고픈 의도인 것을 모르는 바가 아닙니다. 하지만 이것은 휴식이 아닙니다. 게다가 학원 수업에 들어가더라도 방금 전까지 보던 소셜미디어와 유튜브 속 콘텐츠가 머릿속에 떠다니면 두뇌는 곧바로 학습모드로 전환되지 않습니다. 결국 학원 수업이 시작되고 나서도 한참이 지나서야 집중이 될 텐데 이제 좀 집중하려 하면 수업이 끝나버리고 맙니다.

자투리 시간에 영어 원서를 꺼내 읽는 것이 결코 쉬운 일이 아닌 것을 압니다. 책보다 훨씬 소프트한 매체인 스마트폰으로 손이 가는 것도 당연합니다. 자투리 시간을 활용하라고 이야기하는 부모님들 역시 본인의 휴식 시간에 책보다는 스마트폰을 쥐고 있을 겁니다. 그럼에도 영어 원서 읽기는 여전히 필요하다고 말하고 싶습니다. 어려운 책이 아니어도 좋습니다. 그 끈을 놓지만 않으면 됩니다. 고등학생 때 읽기 좋은 영어 원서를 고등학교 1, 2학년 로드맵 마지막 부분에 따로 다루었으니 참고하기 바랍니다.

영어 시험 잘보는 법

모의고사 문제 유형을 알고
백전백승하는 법

시험이라고
다 같은 시험이 아니다

고등학교에서 흔히 '모의고사'라고 칭하는 것에는 두 종류가 있습니다. 지역 교육청이 주관하여 치르는 시험은 '학력평가'이고 한국교육과정평가원이 주관하여 치르는 시험은 모의고사, 좀 더 자세히는 '모의수능고사'라고 합니다. 시험을 치르는 학생들 입장에서는 시험의 형태가 동일해서 통칭하여 모의고사라고 부릅니다. 1, 2학년 때 치는 모의고사는 모두 지역 교육청이 주관하는 학력평가이지만, 이후 3학년이 되어 6, 9월에 치는 시험은 평가원이 주관하는 모의수능고사입니다. 3학년이라도 3, 4, 7, 10월에 치는 시험은 모두 학력평가입니다. 그리고 11월이면 평가원이 주관하는 대학수학능력시험을 치는 것이죠. 이제부터 모의고사란 학력평가와 모의수능고사를 모두 이르는 말로 하겠습니다.

주기적인 시험을 통해 학생들은 현재 공부 상황을 진단하고 취약점을 알 수 있습니다. 다시 말해, 매번 시험을 치를 때마다 성장할 포인트를 찾을 수 있다는 의미입니다. 따라서 고등학교 모의고사의 출제 요령을 함께 알고 있는 것이 도움이 됩니다.

한 문제를 1분 안에 풀지 못한다면

총 문항(문제) 수는 45문항으로 듣고 푸는 문제가 17문항, 읽고 푸는 문제가 28문항입니다. 총 시험시간은 70분이며, 읽고 푸는 문제에 할당된 시간은 50분 내외로 문항당 평균 소요 시간이 1.3분입니다. 어려운 문제에서 고민하고 푸는 시간을 고려하면 나머지 문제들은 문제당 1분 안에 풀어야 한다는 의미입니다.

고3 공부법을 알려주는 유튜브 영상 등에서는 듣기 문제를 풀면서 다음 문제 방송이 나오기 전까지 읽고 푸는 문제를 미리 풀라고 하기도 합니다만, 이것도 자기가 직접 해보고 자신의 문제 푸는 스타일에 맞아야 합니다. 읽기 문제를 풀다가 듣기 문제를 놓치는 경우도 있고 집중력이 흐트러져서 시험 자체를 망치는 경우도 있기 때문입니다.

영어 시험 잘보는 법

영역 \ 구분	문항수	원점수 (만점)	출제비율	시험시간	문항형태
영어	45	100	듣기 17문항 포함 (시험 시작 20분 내외)	70분	5지 선다형

영역 \ 배점	2점(35문항)		3점(10문항)	
듣고 푸는 문제	14문항(28점)		3문항(9점)	
읽고 푸는 문제	21문항(42점)		7문항(21점)	

절대평가에서 등급은 이렇게 나뉜다

현재 영어 교과목은 절대평가로 이루어집니다. 시험을 친 아이들끼리 성적을 비교해서 상대적으로 잘하고 못하고를 가리는 것이 아니라 일정 점수에 도달하면 그 점수에 해당하는 등급을 부여하는 것입니다. 등급 구간은 다음과 같습니다.

1등급	2등급	3등급	4등급	5등급	6등급	7등급	8등급	9등급
100~ 90점	89~ 80점	79~ 70점	69~ 60점	59~ 50점	49~ 40점	39~ 30점	29~ 20점	19~ 0점

지금까지는 EBS 연계 교재의 지문 중 70%가 직접, 간접적으로 수능에 출제되었는데 사실 7문항은 지문을 똑같이 사용하여 출제하였습니다. 2022학년도 대학수학능력시험부터는 50% 간접연계로 바뀌어서 똑같은 지문은 한 문제도 없었습니다. 익숙한 지문이 없으니

학생들이 읽기 속도와 이해력을 더 높이지 않으면 절대평가 90점(1등급)을 받기가 어렵습니다. 실제로 2021년 수능 만점자의 비율과 2022년 수능 만점자의 비율을 비교해보면 EBS 연계 교재와 동일한 문항이 없었던 2022년에 그 비율이 확연히 낮아진 것을 볼 수 있습니다.

영어 영역이 절대평가로 바뀌면서 다른 영역에 비해 중요도가 떨어진다고 생각할 수 있으나 생각보다 1등급 받기가 어렵다는 것을 염두에 두어야 합니다.

구분	2018 수능	2019 수능	2020 수능	2021 수능	2022 수능
만점(명)	52,983명	27,942명	35,796명	53,053명	27,830명
만점(%)	10.03	5.3	7.43	12.66	6.25

모의고사의 출제 과정을 기억하라

모의고사의 전체적인 틀을 알아보았다면, 이제는 내용으로 들어가 문제를 살펴보았으면 합니다. 모의고사에 나오는 문제는 어떤 과정을 통해 어떤 원리로 출제되는 것일까요?

시험의 답안은 읽어내는 능력에 달렸다

출제하는 문제 중 1~17번 '듣기', 18번 '글의 목적 고르기', 25번 '내용 불일치 고르기(도표)' 유형에 쓰이는 데이터는 실존 데이터를 활용합니다. 27~28번 '내용 불일치, 일치 고르기(실용문)' 유형은 실제 실용문을 참고하여 만듭니다. 43~45번은 지문 하나에 문제가 3개 딸려 있는 형태로 '순서 파악, 지칭 대상 추론, 세부내용 파악하기' 유형이며 여기에는 문학작품과 에세이 등 다양한 자료를 참고하여 지문을 구성합니다.

지문을 외부에서 찾아 활용할 때는 원문을 바꾸지 않고 단락을 그대로 활용하는 원칙을 적용합니다. 지문에 사용된 어휘가 지나치게 어려운 경우 고등학생 수준으로 고칠 수는 있지만 글의 구조나 형태는 모두 그대로 사용해야 합니다. 19번 '글의 분위기, 주인공 심경 변화 고르기' 문제는 질문의 방향에 맞게 지문을 약간 수정할 수 있고, 26번 '내용 불일치 고르기' 문제는 일정 단락을 건너뛰어 편집하는 정도의 수정이 가능합니다. 35번 '무관한 문장 파악하기'는 기존에 있는 글에 무관한 문장을 창작하여 집어넣습니다.

문제 출제에 활용하는 원서는 과학, 경제, 사회, 심리, 철학, 예술, 인문 분야의 출간 도서를 활용합니다. 지문 길이는 130단어(1학년)~150단어(3학년) 수준이나 최근 170단어 이상 길어지는 지문이 출제되는 경향입니다. 어휘는 각 학년별 기본 어휘를 활용하되 수능은 고등학교 영어, 영어Ⅰ, 영어Ⅱ 교육과정 내 단어로 출제하고 어려운 어휘는 별표 표시를 하여 각주를 달아둡니다. 네이버 영어사전을 예로 들면 단어마다 별 표시가 있습니다. 이때 별 하나는 대학교 수준

단어를 뜻하고 별 두 개는 중고교 수준의 단어를 말합니다. 따라서 별 하나 수준의 단어를 모의고사 출제에 활용할 경우 각주를 달아줄 수 있습니다.

전국 연합학력평가 시험문제를 출제하는 지역 교육청은 서울특별시교육청, 부산광역시교육청, 인천광역시교육청, 경기도교육청 4곳이며 거의 모든 일반계(인문계) 고등학교 재학생들이 빠짐없이 응시합니다. 특성화 고등학교 학생들은 일반적으로 이 시험에 응시하지 않지만 재학생 전원이 응시하는 특성화고도 있으며, 그 외 특성화고에서도 진학반 학생인 경우 응시하기도 합니다.

모의고사의 문제 출제 과정과 원리를 보다 보면 이렇게 광범위한 영역에서 출제되는 문제를 어떻게 감당하나 하는 생각이 듭니다. 모든 시험문제에 쓰인 지문이 원문이 있다지만 그 모든 책을 읽어서 시험을 대비한다는 것은 불가능합니다. 그보다는 어떤 지문을 만나도 당황하지 않고 읽어내고 이해할 수 있는 힘을 길러야 합니다. 고등학교에 와서 이 능력을 기르려면 상당히 힘들겠지만 어려서부터 꾸준히 밸런스 영어를 통해 영어책을 읽고 공부하는 힘을 기른 아이라면 고등학교 공부가 힘들지 않습니다.

영어 시험 잘보는 법

모의고사 문제유형별
공략법

모의고사에 등장하는 문제 유형은 크게 6가지입니다. 대의 파악
(글의 주장, 요지, 주제 파악, 제목 추론하기), 빈칸 추론, 간접 쓰기(글의 순서
파악하기, 문장 삽입하기), 어법(문법성 판단), 어휘(문맥상 적절한 어휘 파악하
기), 의미 추론(함축적 의미 파악) 유형이 그것입니다. 유형 전체에 걸쳐
담화분석, 즉 지문을 분석하는 능력과 글의 통일성과 응집성, 일관성
을 파악하는 연습이 공통적으로 필요합니다. 담화분석 능력은 중3
로드맵에서 설명했습니다.

담화분석과 더불어 영어 지문을 파악할 때 챙겨야 하는 것이 바로
글의 통일성, 응집성, 일관성입니다. 통일성이란, 하나의 글 안에 있
는 모든 문장이 주제, 요지와 직접적으로 명확한 연관성이 있어야 한
다는 것을 뜻합니다. 주제문장과 주제문을 뒷받침하는 문장들이 중
심 개념을 매개로 서로 연관이 있는 내용인지를 따져보아야 합니다.

응집성Cohesion은 글에 쓰인 문장들끼리 눈에 보이는 연결고리로
이어져 있는지를 따져보는 것입니다. 여기서 눈에 보이는 연결고리
란 앞서 설명드렸던 글의 흐름을 전환하는 접속부사(연결어), 한 번
언급된 대상인지 아닌지를 구분하게 해주는 정관사 the와 대명사,
this/that+특정명사 등의 구조를 말합니다. 문장의 의미에 숨은 연관
성이 아니라 글 자체에 드러나 있는 단어와 구의 쓰임으로 글이 끈끈

하게 연결되어 있는지를 살펴보는 것입니다.

모의고사 문제를 풀 때 이러한 눈에 보이는 응집성 장치를 활용하여 글을 이해하면 글에 이미 한번 언급된 내용인지 아닌지를 파악하거나 접속부사 앞뒤로 어떤 내용이 오는지를 유추할 수 있습니다. 따라서 응집성 장치는 글의 순서를 파악하거나 주어진 문장을 적절한 위치에 넣는 문제 유형에서 강력한 문제해결 도구가 됩니다.

마지막으로 일관성Coherence은 쉽게 말해서, 글이 서술된 방식을 말합니다. 글 속에 쓰인 내용들이 시간적, 공간적, 논리적 배열 중 어느 것을 기준으로 서술되었는지를 따져보는 과정입니다. 많은 학생들이 응집성과 일관성이 헷갈린다고 이야기하지만, 사실은 구분이 쉽습니다. 응집성은 눈에 보이는 장치들로 글이 긴밀하게 연결되어 있는지를 살피는 것이고 일관성은 전체 내용을 서술하는 동안 일정한 '흐름'이 있는지를 보는 것입니다.

모든 문제 유형을 대비하는 데 기본적으로 필요한 글의 성질을 알아보았습니다. 이제 세부적으로 모의고사에는 어떤 유형이 있는지, 각 유형별로 어떻게 공부해야 하는지를 알아보겠습니다.

대의 파악 유형 필자의 주장, 요지, 주제, 제목을 추론하라

대의 파악 유형은 담화분석 능력이 필수입니다. 중3 로드맵에서 설명한 내용처럼 중3 때부터 꾸준히 담화분석을 연습해왔다면 모의고사에서 많은 부분을 차지하는 필자의 주장, 요지, 주제 파악, 제목 추론하기 문제들을 쉽게 풀 수 있습니다. 문제는 다음과 같이 출제됩니다.

[문제] 다음 글에서 필자가 주장하는 바로 가장 적절한 것은?

When I was in the dormitory of the Military Academy, the dormitory manager would come to my room, and the first thing he would check out was my bed. It was a simple procedure, but every morning I had to make my bed perfectly. It seemed a little absurd at the time, but the lesson of this simple task has been proven to me over and over. If you do a simple action, such as making your bed every morning, you will have achieved the first task of the day. That brings you a mere sense of pride and it will boost your energy to do one task and others. At the end of the day, that one task carried out will have turned into many tasks accomplished. If you can't do trivial things properly, you will never do the big things right.

*accomplish: 성취하다

▶ 숙면을 위해서는 침실을 단정하게 유지해야 한다.

▶ 일의 효율성을 높이려면 자립심을 발휘해야 한다.

▶ 올바른 습관을 위해 스스로 정한 규칙을 따라야 한다.

▶ 건강을 유지하기 위해서는 수면 시간을 일정하게 유지해야 한다.

▶ 큰일을 잘 해내려면 작은 일부터 제대로 해내야 한다.

이 문제를 예로 들면, 첫 문장이 'When I~'로 시작하면서 필자가 겪은 개인 경험을 이야기하려 한다는 것을 알 수 있습니다. 이런 경우 첫 문장을 다 읽지 않아도 좋습니다. 바로 다음 문장으로 넘어갑니다. 다음 문장 역시 대명사 'It'으로 시작합니다. 앞서 언급한 무엇인가를 지칭하는 것이니 이것 역시 넘어갑니다. 다음 문장에 쓰인 'seemed'로 보아 작가의 생각이 드러나 있을 수 있으니 이 문장은 우선 눈으로 훑어봅니다. 문장 중간에 접속사 'but'이 등장합니다. 'but' 이전에는 예시, 사례, 일반적인 생각들을 언급하고 'but' 이후에 작가의 생각이 드러나는 경우가 많습니다. 따라서 'but' 이후 문장은 꼼꼼히 읽고 해석해봅니다. 문장 위치상 작가가 주장하는 바를 구체적으로 언급하기보다는 구체적 주장으로 이어지는 바탕을 깔아주는 역할을 하고 있을 가능성이 높습니다. 이 문장에서 'the lesson'이라고 이야기하고 있으므로 작가가 삶에서 얻게 된 교훈에 대해 주장하려고 한다는 것을 예측할 수 있습니다. 작가의 구체적인 주장을 알기 위해 다음 문장으로 넘어갑니다. 다음 문장은 'If you~'로 시작합니다. 앞서 작가가 사례를 설명했고 여기서 얻은 교훈을 글을 읽는 독자가 직접 느껴볼 수 있도록 독자의 경우로 예를 드는 것입니다. 문제가 요구하는 것은 이 글을 쓴 사람이 주장하는 바이지, 예시나 사례가 아니므로 이 문장 역시 끝까지 읽지 않고 다음 문장으로 넘어갑니다. 다음 문장은 대명사 That으로 시작합니다. 이 문장도 읽지 않고 바로 다음 문장으로 넘어갑니다. 이제부터는 문단의 막바지입

영어 시험 잘보는 법

니다. 마지막 2~3문장은 꼼꼼히 읽어봅니다. 앞서 줄곧 예시와 사례였으니 마지막 문장에 필자의 생각이 드러나 있을 것입니다. 마지막 문장만 제대로 읽으면 이 문제의 답은 쉽게 찾을 수 있습니다.

제가 굳이 이렇게 문제 풀이에 대해 길게 설명한 이유가 있습니다. 이러한 문제를 구조 파악이 아니라 전 문장을 다 읽고 해석하여 풀려는 학생들이 있기 때문입니다. 이 유형의 핵심은 문장을 읽고 해석할 수 있느냐 없느냐의 문제가 아니라 글에 쓰인 문장의 구조를 보고 이 문장이 글에서 하는 역할이 무엇이냐를 빠르게 판단하여 끝까지 읽어야 할지 아닐지를 결정하는 것입니다. 그래야 시간을 단축하면서 정확하게 문제를 풀 수 있습니다.

빈칸 추론하기 유형 빈칸의 답은 글의 요지에 힌트가 있다

수능과 모의고사에는 추론 능력이 기본적으로 필요합니다. 그간 영어 원서를 읽으면서 모르는 단어의 뜻이 무엇인지, 다음에 나올 내용이 어떠할지, 주인공이 왜 이런 행동을 했는지를 자연스럽게 추측해왔다면 이때 쌓인 추론 능력이 이와 같은 빈칸 추론 문제 해결의 키가 됩니다. 빈칸 추론 유형 문제를 해결하기 위해서는 먼저 담화 분석을 통해 글의 주제와 요지를 파악해야 합니다. 이후 주제와 요지를 일반화하거나 구체화하는 등 바꿔 말하는 '재진술' 개념이 빈칸에 들어가게 됩니다. 그 빈칸에 들어갈 말을 찾기 위한 적절한 근거가 글 속에 숨어 있습니다. 그 근거를 찾는 연습을 해야 합니다. 단지

이 문제 유형뿐 아니라 평소 영어 지문을 대할 때 작가의 생각을 일반화, 구체화, 재진술로 표현한 부분을 찾아보는 연습을 꾸준히 해보아야 합니다.

[문제] 다음 빈칸에 들어갈 말로 가장 적절한 것을 고르시오.

Generalization without specific cases that make writing special is dull to the reader. Who wants to read stereotyped phrases such as the words great, greater, best, smartest, finest, something all day long? Instead of using these 'nothing words,' bring detailed cases into your writing. Cut the platitudes out completely and just describe the _____. It is no good to read a scene in a story in which a main character is narrated up front as heroic or brave or tragic or comic, thereafter, the writer quickly moves on to a different thing. That couldn't be worse at all. You have to choose not one word descriptions but more detailed, attractive descriptions if you want to make something real.

▶ insight
▶ fantasies
▶ particulars
▶ resemblance
▶ weariness

간접쓰기 유형 글의 순서를 파악하고 문장을 삽입하라

[문제] 주어진 글 다음에 이어질 글의 순서로 가장 적절한 것은?

> Around the end of the 19th century, a new architectural view appeared. Industrial architecture, the argument continued, was ugly and inhuman; past styles were less practical than people living in their homes.

A Those materials were local, and used with plainness - houses built this way had simple wooden floors and whitewashed walls inside.

B Instead of these approaches, how about looking at the way ordinary country builders worked in the past? They improved their craft skills over generations, showing mastery of both tools and materials.

C But they satisfied people's needs perfectly and, at their best, had a beauty that came from the craftsman's skill and the deep-rooted locality.

▶ A - C - B   ▶ B - A - C   ▶ B - C - A

▶ C - A - B   ▶ C - B - A

[문제] 주어진 문장이 들어가기에 가장 적절한 곳을 고르시오.

> Plant-eating animals entirely lose their food source and die
> out, and so do the animals that feed on them.

When an ecosystem has biological variety, wildlife have more
chances to gain food and shelter. Diverse species react and
respond to changes in their environment diversely. (▶) For
instance, think of a forest with only one kind of plant in it, which
is the only source of food and habitat for the whole forest food
web. (▶) Now, there is a sudden disaster and this plant becomes
extinct. (▶) But, when there is a biodiversity, the effects of an
unexpected change are not so extreme. (▶) Different species of
plants respond to the disaster differently, and many can survive
a natural catastrophe. (▶) Many animals have a variety of
food sources and don't just depend on one plant; now our forest
ecosystem has a way of surviving!

*biodiversity: (생물학적) 종 다양성
**habitat: 서식지

이런 유형은 글의 응집성, 일관성과 관련한 단서를 찾아 글의 순
서를 파악하거나 주어진 문장이 들어갈 위치를 찾아야 합니다. 단서
란, 대명사 활용이나 관사의 쓰임, this/that+명사 등 앞에 한 번 언급

되었는지 아닌지를 알려주는 어구를 말합니다. 평소 영어 지문을 볼 때 응집성과 일관성의 단서를 찾는 연습을 습관적으로 해야 합니다. 응집성, 일관성과 관련한 내용은 모의고사 문제유형별 공략법(311쪽 참고)을 살펴보세요.

어법 유형 문장 성분을 끊어 읽는 연습부터 시작하라

[문제] 다음 글의 밑줄 친 부분 중, 어법상 틀린 것은?

We commonly match best with people who we think ▶are like us. In fact, we find them out. That's ▶why places called Little Italy, Chinatown, and Koreatown exist. But I'm not just talking about race, skin color, or religion. I want to talk about people who share our values and ▶look at the world with the same view. There is a saying that 'birds of a feather flock together'. This is a very fundamental human instinct that is rooted in how our species developed. Let's assume that you are walking out in a forest. You would be likely to avoid something unfamiliar or strange because there is a high tendency ▶which it might try to kill you. Similarities make us ▶relate better to other people because we think they'll understand us more deeply than other people.

*species: 종(생물 분류의 기초 단위)

최근 지문의 핵심내용에서 문법성을 묻는 문제가 주로 출제되고 있습니다. 주로 등장하는 유형은 본동사와 준동사의 구분, 분사(구문), 형용사 대 부사, 동사의 수 일치, 관계사(관계대명사, 관계부사), 접속사와 전치사의 구분입니다. 평소 복잡한 문장이 보이면 문장의 형식을 기준으로 주어, 동사, 목적어, 보어, 수식어구 등을 찾아서 끊어 읽을 부분을 표시해가며 문장의 성분을 따져보는 연습이 되어 있어야 합니다. 사실 이 기술은 중학교 영어에서도 강조하는 부분이어서 중학교 수업을 충실히 들은 학생이라면 학교 수업만으로도 문장 분석 요령을 충분히 습득할 수 있습니다.

어휘 유형 문맥상 적절한 어휘를 파악하라

[문제] 밑줄 친 부분 중, 문맥상 낱말의 쓰임이 적절하지 않은 것은?

Rumors develop in situations that are ambiguous or threatening in some way. Ambiguous situations are those in which the meaning or significance of events is ▶<u>unclear,</u> or in which the effects of events are not assured. Ambiguity is ▶<u>problematic</u> for people. Why? In any situation, humans have an essential social reason to understand and to act properly. Culturally specified categories usually help people do this. But sometimes events do not fit well together or ▶<u>fail</u> to convey meaning. In these cases, people refer back to the group to understand the situation and to behave. This referring back to the group—or group thinking—

is rumor discussion. Thus, rumors ▶disappear when a group
is trying to understand ambiguous, uncertain, or confusing
situations. One of the sociologists suggested that when formal
information is missing, people make up for it by ▶informally
interpreting the situation.

꾸준히 영어책을 읽으면서 영어 공부의 균형을 유지해온 아이라
면 어휘 유형이야말로 쉽게 풀 수 있는 문제에 속합니다. A~C 세 쌍
에서 어휘 선택하기와 위에 나오는 유형처럼 밑줄 친 5개 중 틀린 것
을 고르는 선다형 문항이 있으며, 최근에는 주로 5지 선다형 문제로
출제되고 있습니다.

글 전체의 흐름을 따져보았을 때 밑줄 친 부분이 글의 흐름과 맞
지 않고 작가가 주장하는 것과 반대되는 의미의 단어가 보인다면 그
부분이 답일 확률이 높습니다. 따라서 어휘 유형에서는 주제와 요지
를 파악해서 문맥상 필요한 말 대신 반의어가 들어간 표현을 찾는 훈
련이 필요합니다.

의미 추론 유형 문장이 함축한 의미를 파악하라

밑줄 부분이 뜻하는 바를 파악하기 위해 밑줄 친 부분의 앞뒤 구
문을 정확하게 이해해야 하는 문제 유형입니다. 영어 실력이 좋은
학생들도 어려워하는 유형입니다. 밑줄 친 부분을 주제와 연관 지어

이해하면서 특정 대상이 일반적으로 상징하는 것과는 달리 지문 안에서 어떤 의미로 쓰였는지를 찾아야 합니다. 밑줄 친 부분을 정확히 해석하는 데서 그치는 것이 아니라 그 문장이 어떤 의미를 담고 있는지를 찾아야 하므로 다른 문제에 비해 답을 찾는 데 시간이 좀 더 걸릴 수 있습니다. 다른 문제 풀이에서 벌어둔 시간을 이 유형의 문제를 푸는 데 쓰면서 글 전체를 꼼꼼히 읽어야 합니다.

[문제] 다음 글에서 This is a slippery slope!가 의미하는 바로 가장 적절한 것은?

One day, while working, Tom labels one drawer in his office PENS AND MEMO PADS and another PENCILS. After months, he swaps the contents of the drawers because he finds it difficult to bend over and pick out HB from 2B pencils. He doesn't swap the labels because it's too difficult to do, and he finds it doesn't matter because he knows where he put the pencils. This is a slippery slope! If you allow two drawers to go mislabeled, it's only a matter of time before you loosen your grip on making "a place for everything and everything in its place." It also makes it difficult for anyone else to find anything. Something that is unlabeled is indeed better because it brings a conversation such as "Tom, where do you keep your pencils?" or, if Tom isn't around, a systematic search. With mislabeled drawers, you don't know which ones you can depend on and which ones you can't.

▶ Changeable storage places are not desirable.

▶ Bias criteria do not help item identification.

▶ Mislabeled items are worse than unlabeled ones.

▶ Keeping items in one place is better than classifying them.

▶ The location of the last item can be determined by the label.

● 문항별 출제의도

문항번호	내용영역	출제의도	배점
1	듣기	담화의 목적 고르기	2
2	듣기	의견 고르기	2
3	듣기	대화자의 관계 고르기	2
4	듣기	내용 불일치 고르기(그림)	2
5	듣기	할 일 고르기	3
6	듣기	숫자 정보 파악하기	2
7	듣기	5W1H(이유) 고르기	2
8	듣기	세부 내용 고르기(언급 유무)	2
9	듣기	담화 내용 불일치 고르기	3
10	듣기	세부 내용 고르기(도표)	2
11	말하기	짧은 대화의 적절한 응답 고르기	2
12	말하기	짧은 대화의 적절한 응답 고르기	2
13	말하기	긴 대화의 적절한 응답 고르기	2
14	말하기	긴 대화의 적절한 응답 고르기	2
15	말하기	상황에 적절한 응답 고르기	3
16	듣기	긴 담화 듣기(담화의 주제 파악하기)	2
17	듣기	긴 담화 듣기(담화의 언급 유무 고르기)	2
18	읽기	글의 목적 고르기	2
19	읽기	심경 변화 고르기	2
20	읽기	필자의 주장 고르기	2
21	읽기	함축적 의미 파악하기	3
22	읽기	글의 요지 파악하기	2

영어 시험 잘보는 법

23	읽기	글의 주제 파악하기	2
24	읽기	글의 제목 추론하기	2
25	읽기	내용 불일치 고르기(도표)	2
26	읽기	내용 불일치 고르기	2
27	읽기	내용 불일치 고르기(실용문)	2
28	읽기	내용 일치 고르기(실용문)	2
29	읽기	문법성 판단하기	3
30	읽기	문맥상 적절한 어휘 파악하기	3
31	읽기	빈칸 추론하기	2
32	읽기	빈칸 추론하기	2
33	읽기	빈칸 추론하기	3
34	읽기	빈칸 추론하기	3
35	쓰기	무관한 문장 파악하기	3
36	쓰기	글의 순서 파악하기	2
37	쓰기	글의 순서 파악하기	2
38	쓰기	문장 삽입하기	2
39	쓰기	문장 삽입하기	3
40	쓰기	문단 요약하기	2
41	읽기	1지문2문항(글의 제목 추론하기)	2
42	읽기	1지문2문항(문맥상 적절한 어휘 파악하기)	2
43	쓰기	1지문3문항(글의 순서 파악하기)	2
44	읽기	1지문3문항(지칭대상 추론하기)	2
45	읽기	1지문3문항(세부 내용 파악하기)	2

달라지는 입시제도,
2025 개정교육과정에 대비하라

1·2학년 학기 중

고등학교 영어는 내신 관리에서 시작된다

고등학교에서 첫 영어 시험을 치른 제자들은 한결같이 고등학교 영어가 어렵다고 말합니다. 좀 더 정확히는 내신 시험에서 기대하는 성적을 받는 것이 어려웠다고 했습니다. 물론 그중에는 수월했다고 말하는 아이도 있었으니, 중학교 때 비슷한 영어 실력을 가지고 있던 아이들이라도 각자 체감하는 난이도가 다른 셈입니다.

고교 내신 영어는 모의고사 영어와 다르다

영어 원서로 기본적인 읽기 실력이 쌓여 있다고 해도 내신에서 좋은 등급을 장담할 수 없습니다. 고등학교까지 원서 읽기만으로 영어 실력을 쌓아온 경우라면 더욱 내신 성적에서 낭패를 보기 쉽습니다. 전체 학생 수가 유난히 적다거나 특정 선택과목에 학생이 몰리는 등 특수한 상황에서는 피와 땀으로 내신 성적을 일군다고도 합니다. 모의고사는 일정 유형의 문제를 풀고 그에 맞는 답을 맞히면 정해진 등급이 나옵니다. 하지만 내신 성적을 내는 중간고사, 기말고사, 수행평가는 사용하는 교과서별로, 부교재별로 나오는 문제가 다르고 모의고사처럼 정해진 유형이 있는 것도 아니기에, 문제를 출제하는 교사가 수업 중 가르치고 강조한 내용에 따라 문제 유형도, 시험하고자 하는 내용도 달라집니다. 단순히 영어 글만 잘 읽고 이해한다고 해서 문제를 잘 풀 수 있는 것도 아닙니다.

고등학교에서 영어 내신 성적을 잘 받기 위해서는 중학교 로드맵에서 정리한 바와 같이 시험에 대비하는 능력을 총망라해야 합니다. 시험 전반에 걸쳐 시간관리 요령과 학습계획력은 기본이고 수행평가라면 평가 일정 챙기기, 주어진 시간 안에 결과물 만들기, 성실하게 프로젝트에 임하는 태도가 필요합니다. 수행평가를 진행하는 데 개인이 미리 해두어야 할 것을 몰라서, 혹은 프로젝트 완성 시간이 기준보다 늦어서 점수가 깎이는 일이 없어야 힙니다. 또한 싱실하게 수행평가를 진행하면서 특정 프로젝트에서 자신의 강점을 드러내야 합니다.

지필평가는 앞서 말씀드렸듯이 지식의 합으로 결과가 나오는 것이 아닙니다. 범위에 해당하는 내용을 모두 공부했다 하더라도 문제 유형이 낯설어서 아는 내용도 틀리는 경우가 있고 시험 당일 컨디션이 좋지 않아 제 실력을 발휘하지 못하는 경우도 있습니다. 흔히 고등학교 아이들의 학습 유형을 두고 수능형, 내신형으로 분류하는 것을 들어보셨을 겁니다. 수능형 아이는 사고력이 뛰어나고 내신형 아이는 사고력은 그보다 못하지만 성실하게 공부하는 것이 장점이라는 식으로 이야기하곤 합니다. 하지만 그런 의견에 대해 저는 생각이 좀 다릅니다. 점수받기 까다로운 내신에 강하다는 것은 그만큼 학습계획력, 시간관리능력과 같은 비인지능력이 뛰어나다는 이야기입니다. 이런 학생들은 사고력은 물론이고 과제를 제때 수행하는 성실함까지 갖추고 있습니다. 똑똑하게 시험문제를 풀거나 프로젝트형 수행평가를 진행하면서 매사 성실하기까지 한 학생은 각 과목 선생님들께서 열이면 열 알아봅니다. 또한 이 학생이 수업 중 이루어내는 성과에 대해 학생생활기록부에 꼼꼼하게 기록하며, 이 자료는 차후 아이가 원하는 대학에 입학하는 데 중요한 자료로 쓰입니다.

비인지능력을 비롯한 기본적인 공부습관과 시간관리의 필요성에 대해서는 초중등 로드맵 챕터에 정리되어 있으니 참고하면 됩니다. 그러나 고등학교 내신 관리는 그 성격이 모의고사 준비와는 무척 다릅니다. 특히 2025년부터는 개정교육과정이 적용되기에 이에 맞는 내신 관리 방법을 살펴보겠습니다.

영어 시험 잘보는 법

2025년 개정교육과정, '절대평가'로 바뀐다

2025년에 고등학교 1학년이 되는 학생들부터 전면 시행되는 '2022 개정교육과정'에 따르면 2025년부터는 고등학교 전 과목에 모두 절대평가제를 적용합니다. 일정 기준에 도달하면 전체 등급 중 해당 등급이 차지하는 비율을 따지지 않고 그 기준에 해당하는 등급을 부여하는 것입니다.

영어도 마찬가지입니다. 모든 영어 교과의 시험은 A, B, C, D, E 등급으로 표기하는 절대평가제로 바뀝니다. 성취율이 40% 미만인 학생들은 E 등급보다 더 낮은 등급으로 '미이수Incomplete'를 뜻하는 표기인 'I'를 받게 됩니다. 등급이 미이수로 뜨는 경우 최소한 갖춰야 하는 영어 능력을 갖추지 못했다고 판단한 것이므로 최소 성취 수준에 달성하기 위한 과정을 다시 이수해야 합니다. 모든 과목이 절대평가제로 바뀌는 것은 맞지만 1학년 때 배우는 공통과목만큼은 기존의 석차 9등급제를 병행합니다. 대학교 입시에 활용하기 위해서입니다. 현재로서는 절대평가제로만 표기되는 2, 3학년 영어 성적을 입시에 어떻게 활용할지는 발표되지 않은 상태입니다.

전 과목이 절대평가제로 바뀐다고 하면 상대평가에 비해 시험이 쉬울 것으로 생각하는 분도 계시겠지만 그렇지 않습니다. 점수(등급)를 주는 기준이 바뀌는 것이지 시험문제의 난이도가 쉽고 어려워지는 것은 아닙니다. 석차 9등급제를 병행 표기하는 1학년 공통과목 영어 내신은 시험 응시 학생 수에 따라 정해진 비율만큼만 내신 1등

현행		2025학년도 이후		
성취율	성취도	성취율	성취도	
90% 이상	A	90% 이상	A	
80% 이상~90% 미만	B	80% 이상~90% 미만	B	
70% 이상~80% 미만	C	70% 이상~80% 미만	C	
60% 이상~70% 미만	D	60% 이상~70% 미만	D	
60% 미만	E	40% 이상~60% 미만	E	↑ 이수
		40% 미만	I	↓ 미이수

고교학점제의 성적 표시 방식

급을 받습니다. 따라서 시험 결과상 성취도 A를 받는다고 해도 내신 등급이 1등급이 아닐 수 있습니다. 2, 3학년 영어는 절대평가제입니다. 이 경우 100점 만점에 90점 이상을 받아 성취도 A를 달성하는 것은 기본이고, 수업 중 이루어지는 토의, 발표 등 교과와 관련한 활동을 하는 동안 수업에 적극적으로 참여하여 각자의 개성이 드러나도록 해야 합니다. 그래야 담당 선생님께서도 학생의 특성을 손쉽게 파악하여 생활기록부의 과목별 세부능력 특기사항란에 구체적으로 기록할 수 있습니다. 때로 아이가 내성적이라서 수업에 '적극적으로' 참여하지 못할까 봐 걱정하는 부모님들도 계십니다. 수업에 적극적으로 참여한다는 것은 성격이나 성향의 문제가 아닙니다. 그보다는 현재 이루어지는 수업에 주의를 기울이고 있는지, 팀 활동에서 자신이 해야 할 역할을 충실하게 해내고 있는지가 더 중요합니다.

영어 시험 잘보는 법

시험 점수를 높이는 내신 공부 요령은 있다

첫째, 두 권의 교과서를 준비하라.

수업에 성실하게 임한 다음 내신 관리를 위해 할 일은 시험 준비를 잘하는 것입니다. 중학교 로드맵에서 언급했듯이 학교 시험은 그 수업을 담당하는 선생님께서 문제를 출제합니다. 고지식한 방법 같지만, 수업 중에 선생님의 수업내용을 꼼꼼하게 필기하는 것이 기본입니다. 또한 필기에서 그치면 안 되고 필기한 내용을 반드시 자기 것으로 정리해야 합니다. 복습하는 과정에서 나만의 노트에 따로 정리하도록 합니다. 현직 선생님들께서는 교과서를 2권 활용하는 것을 추천합니다. 그러나 교과서를 따로 1권 더 살 필요 없이 교과서 출판사 홈페이지를 방문하여 학교에서 쓰는 교과서의 PDF 버전을 다운로드합니다. 이후 수업 중에는 교과서에 필기하고 그 내용을 PDF 버전 교과서 출력물에 다시 옮겨 쓰면서 내용을 복습합니다.

둘째, 기출문제는 이렇게 활용하라.

지필평가의 경우 출제하시는 선생님이 기존에 출제한 예전 문제를 구해서 해당 선생님의 출제 경향을 분석하는 것이 도움이 됩니다. 이미 한번 나온 문제를 똑같이 낼 수는 없지만 문제를 출제하시는 선생님께서 어떤 유형으로 문제를 내는지 미리 파악해두면 시험 공부할 때 훨씬 유용합니다. 학교는 매해 기출문제를 보관하고 있고 시험 기간이 되면 학생들이 열람할 수 있도록 평가부에서 보유하고 관리합니다. 학교 선생님께 문의하여 기출문제를 구한 뒤 출제 유형을 분석해보세요.

셋째, '과정 중심 수행평가'는 비인지능력 싸움이다.

대부분의 과정 중심 수행평가의 경우 지나치게 어려운 문제나 프로젝트를 다루지는 않습니다. 그러나 시험의 의도 자체가 단계별로 해당 문제를 해결하는 모든 과정을 평가하는 것이기에 사소한 부분까지 신경 써야 점수를 모두 챙길 수 있습니다. 프로젝트 해결에 예상보다 시간이 더 걸려서 정해진 시간을 초과했다든지 결과는 좋으나 문제의 조건을 제대로 수행하지 않아 감점이 되는 경우도 있습니다. 시간 안배에 신경 쓰면서도 스스로 시험 전반을 꼼꼼하게 보고 아우를 수 있어야 합니다.

1·2학년 여름방학

3, 6월 모의고사의 약점을 보완하라

고등학교 1, 2학년 1학기에 3, 6월 모의고사를 치릅니다. 잘 준비한 만큼 성과가 있을 것이고 예상치 못한 약점이 드러날 수도 있습니다. 고1, 고2 여름방학 때는 모의고사에서 드러난 약점을 보완해야 하며 이를 위해서는 다음의 세 가지를 기억해야 합니다.

첫째, 어휘력을 높이는 단어 암기는 필수다.

고등학교에서는 어휘 학습이 필수입니다. 이때 여러 단어집을 보는 것보다 하나의 단어장을 무수히 반복하는 것이 중요합니다. 특별

영어 시험 잘보는법

히 좋은 단어집은 없습니다. 단어집은 모두 비슷합니다. 하나를 여러 번 반복하여 익힌 후 수능 빈출 단어장을 병행해도 좋습니다.

둘째, 구문독해 교재로 문장의 구조를 다져라.

담화분석을 꾸준히 연습해왔지만 여전히 문장의 구조를 이해하는 데 어려움이 있다면 구문 독해 교재를 활용하여 문장의 구조를 이해해야 합니다. 문장의 주어, 동사, 목적어, 보어, 수식어구를 파악하고 이들이 각각 어떻게 해석되는지를 학습하는 과정입니다. 부정사, 동명사, 분사 등의 어법은 구문 속에서 자연스럽게 익히는 것이 중요합니다. 문법을 먼저 익히려고 하지 말고 구문을 먼저 익히고 어법에 접근하면 문장의 구조와 의미를 모두 잡을 수 있습니다.

셋째, 글의 주제와 요지 파악은 기본 중의 기본이다.

문장은 하나하나 분석이 되고 독해가 되는데 여전히 문제를 푸는 과정이 어렵다고 느낀다면 글의 주제와 요지 파악 연습이 덜 되었을 수 있습니다. 150~180단어로 구성된 담화(모의고사에 주로 등장하는 지문의 길이)를 읽고 주제와 요지를 파악하는 연습을 방학 동안 꾸준히 합니다. 수능 및 모의고사 지문은 하나의 짧은 글, 즉 담화로 구성되며 주제와 요지가 있습니다. 이를 바탕으로 주제, 요지, 주장, 제목, 빈칸, 어휘, 요약 문제 등을 출제합니다. 이를 위해서는 글을 빨리 읽고 핵심을 파악하는 훈련이 필요합니다.

주제와 요지가 중요한 것은 알지만 어떻게 연습해야 할지 막연하다면 EBSi 단추 서비스를 활용할 것을 권합니다. 학생이라면 누구나 EBSi 단추 서비스를 통해 기존의 모든 기출문제를 무료로 이용할 수 있습니다. 이 서비스를 이용하여 기존의 기출문제 중 나에게 필요한 유형의 문제만 모아서 '나만의 시험지'를 만들 수 있습니다. 나만의 시험지를 활용하여 공부하면 훨씬 효율적으로 유형별 학습을 할 수 있습니다. EBSi 단추 서비스를 잘 모르는 학생들도 많은데, EBSi 사이트→기출문제→나의 기출문제→시험지 만들기 경로로 들어가면 EBSi 단추 서비스 창이 새로 열립니다. 포털 검색에서 'EBSi 단추'를 검색하여 바로 해당 사이트로 이동하는 것도 가능합니다. EBSi 단추 서비스 홈페이지에서 '시험지 만들기' 메뉴를 선택하면 기출 검색을 선택할 수 있습니다. 여기서 학년과 수준을 설정하여 원하는 기출문제를 모아 나만의 시험지를 구성하면 됩니다.

단, 처음 이용하는 경우 '단추 학습지표'를 설정해야 합니다. 학습지표란 현재 내가 풀어보고 싶은 문제의 수준이라고 생각하면 됩니다. 현재 성적을 그대로 기준으로 삼아도 됩니다. 이미 치른 모의고사 성적을 불러와서 나의 학습지표로 삼을 수도 있고 직접 학습지표를 입력할 수도 있습니다. 기본 지표는 8이며 숫자 1로 갈수록 높은 수준입니다. 15까지 지표를 입력할 수 있습니다. 아래 사진을 참고하여 초기 설정을 한번 해두면 이후부터 학습에 필요한 자료를 마음껏 활용할 수 있습니다.

나만의 시험지 만들기를 통해 얻을 수 있는 가장 큰 장점은 공부에 대한 기준이 생긴다는 것입니다. 영어를 공부하는 데 있어 내가 '어

영어 시험 잘보는법

디'가 약하고 그것을 위해 '무엇'을 공부해야 하는지를 아는 것이 중요합니다. 나만의 영어 공부 기준이 있어야 학교 수업을 듣든, 문제집이나 인터넷 강의의 도움을 빌리든 효과가 있습니다.

9, 11월 모의고사의 약점을 보완하라

첫째, 시험 잘 보는 아이들은 오답노트가 다르다.

겨울방학에는 여름방학 때처럼 9, 11월 모의고사에서 드러난 약점을 보완하되 주 1회 모의고사를 실전처럼 시간을 재면서 풀고 틀린 문항에 대해서는 오답노트로 정리해볼 것을 권합니다. 오답은 종류별로 묶어 작성합니다. 해석이 안 된 문장이 있어서 문제를 틀린 경우라면 구문 독해 오답노트에, 해석은 됐지만 전체 지문의 주제와 요지 파악이 되지 않아 틀린 문제라면 담화분석 오답노트에 정리하는 식입니다. 특정 문제 유형에서 유독 오답이 두드러지는 경우라면 문항별로 오답노트를 만들어도 좋습니다. 이처럼 종류별, 문항별 오답노트를 통해 스스로 영어 실력을 점검하고 개선하는 시간이 필요합니다. 고1 겨울방학에 시작한 오답노트는 수능을 치기 전까지 꾸준히 작성하여 이를 통해 자신의 취약점을 알고 빠른 시일 내에 보강해야 합니다. 학교에서 우수한 성적을 거두고 있는 학생들의 오답노트 예시를 보여드리겠습니다.

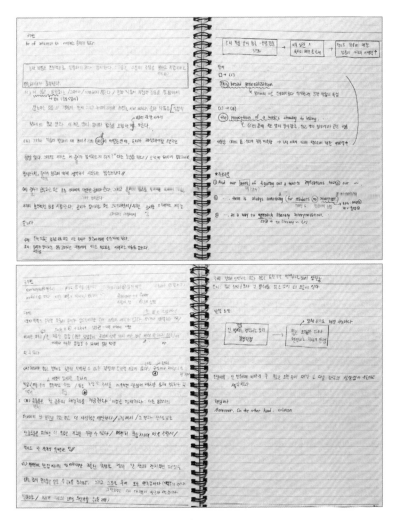

둘째, 인터넷 강의로 나의 취약점을 보완하라.

또한 겨울방학에는 평소 자신의 수준보다 한 단계 높은 모의고사 문제를 풀어볼 것을 권합니다. 앞서 말씀드린 EBSi 단추 서비스를 통해 학습지표를 현재 나의 수준보다 한 단계 높게 설정하여 기존의 기출문제를 모두 풀어보는 것도 추천합니다. 이 과정에서 정답을 맞히지 못한 문제가 있다면 역시 오답노트에 정리합니다. 그리고 단어 공부도 꾸준히 이어가야 합니다. 이즈음부터는 수능 기출 어휘 위주로 공부하는 것이 좋습니다. 고2 겨울방학 때는 고3 학기 중에 풀 교재들을 둘러보고 자신에게 필요한 것을 미리 구매해야 합니다. 학교에서 수업 중에 다루는 수능연계 교재 외에도 개인적으로 보충이 필요하다고 느껴지는 영역이 있다면 미리 문제집을 준비하세요.

취약점을 보강하기 위해서 인터넷 강의를 활용하는 것도 좋습니다. 인터넷 강의를 선택할 때는 유료냐, 무료냐 혹은 유명 강사냐 아니냐보다는 이 강의가 '나에게 필요한 강의인지'를 살펴야 합니다. 여름방학 동안 나만의 시험지 만들기 과정을 통해 스스로에게 필요한 영어 공부의 기준을 세웠으니, 이 기준을 중심으로 샘플 강의를 듣고 나에게 필요한 강의인지를 판단하면 됩니다. 또한 어떤 강의든, 강의를 들었으면 혼자서 소화하는 시간이 반드시 있어야 한다는 것을 명심하세요. 누군가 줄줄 설명해주는 강의를 들었다고 해서 공부가 끝난 것이 아닙니다. 입력한 정보는 반드시 아웃풋을 해보아야 합니다. 강의 교재를 두고 다시 설명을 해본다든지 따로 옮겨 적으면서 강사의 설명 없이도 문제를 완벽하게 풀이하는 등 곱씹어 이해하는 시간이 없으면 강의를 들은 일이 시간낭비가 됩니다.

영어 시험 잘보는 법

영어 원서를 읽으며
머리를 식혀라

고등학생에게 영어란 학교 수업, 학원 수업, 시험 준비 등 온통 공부로만 다가옵니다. 하지만 영어는 결국 누가 끝까지 균형을 잃지 않느냐의 싸움입니다. 문법과 독해는 충분히 하고 있으니 결국 순수한 영어 원시 읽기량이 얼마니 되느냐에서 실력이 판가름납니다. 고등학교에 올라가면 원서를 읽는 아이가 드뭅니다. 그렇기에 그동안 읽어온 영어책의 양을 따지기 전에 틈틈이 영어책 자체를 읽고 안 읽고에서 벌써 실력 차이가 납니다.

학교 영어, 문법 공부와 더불어 끝까지 원서를 놓지 않는 아이가 영어 실력의 최강자가 됩니다. 고등학교 영어를 공부하는 동안 두뇌를 쉬게 하면서도 공부에 도움이 되는 무엇인가를 하고 싶다면 가장 적절한 것이 바로 영어 원서 읽기입니다. 수능 지문보다 읽기 편하고 내용은 훨씬 재미있는 영어 원서를 찾아 읽어보는 것이 좋습니다. 교과서나 수능 모의고사에서 보던 단어들과는 다른 단어, 문장 형식에 오히려 다시 공부로 돌아왔을 때 집중이 잘되게 마련입니다. 두뇌가 새로운 영어 단어와 문장 형태라는 자극을 몸과 마음이 편안한 상태에서 접했기 때문입니다. 영어 원서 읽기를 통해 적절한 외부 자극이 영어 공부의 활력이 되어주는 선순환 효과를 기대해볼 수 있습니다. 공부로 열이 오른 머리를 식혀줄 만한 원서를 영역별로 추려보았습니다.

■ 현대문학

《Project Hail Mary》, Andy Weir

SF 장르소설입니다. 기억을 잃은 주인공은 마지막 임무를 실행한 유일한 생존자입니다. 여타 SF 소설이 그러하듯 주인공의 어깨에 지구의 미래가 달려 있다는 설정입니다. 상대성 이론 등 과학 용어와 개념이 등장하여 다소 어려울 수 있으나 오히려 책 안에서 이러한 용어들을 접하면 자연스럽게 익힐 수 있어 좋습니다.

《Out of the Dust》, Karen Hesse

산문시 형태로 이야기가 이어지는 소설입니다. 읽다 보면 주인공 여자아이의 마음에 감정이 이입되어 한없이 가슴이 먹먹해지는 내용입니다. 미국의 대공황 시대가 배경입니다. 인간의 힘으로 어찌할 수 없는 자연재해와 화재로 인한 비극을 딛고 끝내 일어서려는 주인공의 모습에서 슬픔과 동시에 삶에 대한 의지를 느낄 수 있습니다. 산문시 형태여서 줄글로 된 책에 비해 술술 읽힌다는 장점이 있습니다.

■ 고전문학

《The Wind in the Willows》, Kenneth Grahame

이 책은 작가가 시력이 약한 아들을 위해 쓴 책입니다. 그만큼 표현력이 섬세하고 묘사가 생생하여, 영어 어휘의 맛을 느끼기 위해 읽어볼 것을 추천합니다. 강둑 마을에 사는 두더지, 물쥐, 두꺼비, 오소리 등 숲속에 사는 동물들 간의 우정을 그린 이 이야기는 자연 속 생활의 모습을 생생하고 섬세하게 묘사하고 있는 것이 특징입니다. 숲속 동물들이 서로의 우정을 통해 세상을 배우고 알아갑니다. 이야기도 재미있지만 영어 말의 맛을 느끼기에도 좋은 책입니다. 축약판도 잘 구성되어 있지만 정식 판본을 보는 것이 훨씬 좋습니다.

《Anne of Green Gables》, Lucy Maud Montgomery

대부분의 아이들이 《빨간머리 앤》의 내용을 알고 있을 겁니다. 어릴 적에 읽었던 짧은 이야기 버전으로만 알고 있다면 반드시 원문을 읽어볼 것을 권합니다. 표지는 같고 언어만 다른 한글책과 영어책 버전이 각각 나와 있으니 원문과 우리말 비교를 위해 두 권 다 사서 보면서 영어 문장에 대한 감을 기르는 것도 좋습니다.

《1984》, George Orwell

올더스 헉슬리의 《멋진 신세계》, 예브게니 자먀찐의 《우리들》과 더불어 세계 3대 디스 토피아 소설로 불리는 《1984》를 꼭 한번 영어로 읽어볼 것을 추천합니다. 1984년이라 는 숫자는 조지 오웰이 이 작품을 쓸 당시인 1940년대를 기준으로 먼 미래를 뜻하는 것 이었습니다. 언어와 역사를 통제하고 자유로운 남녀 간의 만남 역시 불가하며 획일화, 집단화를 강조하는 전체주의 사회를 배경으로 주인공 윈스턴 스미스가 겪는 일을 그리 고 있습니다. 인간의 자유를 박탈한 사회 묘사가 오늘날 개인정보 및 사생활의 손쉬운 노출과 연결되어 시사하는 바가 많은 작품입니다.

■ 비문학(Non-fiction)

비문학은 수능 지문이 수월하게 읽히는 경우에 도전해야 합니다. 전문 용어나 개념이 다 수 등장하여 이 용어나 개념들을 이해하며 읽는 데 시간이 걸릴 수 있습니다. 보통은 번 역본이 있지만 원문으로 읽으면 저자가 글에서 원래 의도한 뜻은 무엇이었는지 생각해 볼 수 있는 동시에 다양한 분야의 배경지식을 쌓을 수 있습니다.

《Mistakes That Worked》, Charlotte Foltz Jones

실수로 탄생한 역작들에 대한 이야기입니다. 코카콜라가 어떻게 탄생했는지, 도넛에 구 멍은 왜 생겼는지 등 재미있고 신기한 스토리가 많습니다. 그림도 보는 재미가 있어서 비문학이지만 술술 넘어가는 맛이 있습니다.

《Sapiens: A Brief History of Humankind》, Yuval Noah Harari

세계사 위주로 이야기가 펼쳐지므로 역사에 흥미가 없는 경우 다소 지루할 수 있습니다. 새로운 시선으로 역사를 바라볼 수 있다는 점에서 추천하고 싶은 책입니다. 《사피엔스》 는 현재를 사는 인류에게 앞으로 다가올 미래의 변화, 그에 따른 불평등을 야기하며 인류 앞에 놓인 미래의 전망에 대해 논의하고자 합니다. 원서로 읽는다면 수능에 등장하는 다양한 지문들을 이해하는 데에도 큰 도움이 됩니다.

잡지 〈TIME〉

시사 지식과 고급 영어를 동시에 익힐 수 있는 잡지입니다. 〈타임〉지에 실린 기사문을 읽으면서 세련된 영어 문장을 접할 수 있을 뿐 아니라 세계 정세 및 사회 흐름에 대해 이해할 수 있습니다. 기사의 제목들만 넘겨보아도 배경지식이 저절로 쌓입니다. 온라인으로도 기사를 읽을 수 있으니 좀 더 고차원적인 자료가 필요한 경우 관심을 가져보는 것이 좋습니다. 사실상 〈타임〉 잡지를 읽는 습관은 나이를 떠나 고급 영어 실력을 꾸준히 유지하는 비법이기도 합니다.

고등학교 3학년,
승부는 밸런스에서 판가름 난다

밸런스를 유지하는 습관이
결국 이긴다

길고 긴 레이스 끝에 어느새 고등학교 3학년의 영어 공부법까지 왔습니다. 지금 초등학생인 아이를 키우면서 이 책을 읽고 계신 분들이 많이 계실 거라 생각합니다. 물론 자녀가 이미 중고등학생인 분들도 계실 테고요. 아이가 학교에 들어간 순간, 부모에서 '학부모'가 되면서 성적, 입시, 내신, 수능과 같은 단어에서 한시도 자유로울 수 없었으리라 짐작합니다. 내 아이에게 하나라도 도움이 될 게 있지 않을까, 엄마가 정보력을 갖추어야 하지 않을까 생각하며 공부 원칙, 공부 방법을 다룬 강의라면 시간적, 공간적 제약이 있더라도 어떻게든 들어보려 애쓰셨을 겁니다. 유튜브로 접할 수 있는 강의도 최대한 챙겨보셨을 테고 말입니다.

이 시점에서 제가 꼭 말씀드리고 싶은 것은 그 많은 공부법과 정보들이 난무하는 와중에도 가장 먼저 챙겨야 할 것은 단연코 아이의 학습동기와 자기주도학습력이라는 점입니다. 초중고 로드맵에 걸쳐 꾸준히 학습동기와 자기주도학습력의 중요성에 대해 말씀드렸지만, 특히 초등보다는 성적이 나오기 시작하는 중학교에서, 중학교보다는 자력으로 공부해야 하는 고등학교에서 점차 저력을 발휘하는 것이 바로 학습동기와 자기주도학습력입니다.

공부하고자 하는 마음과 스스로 시간을 관리하고 계획을 세워 공부해 나가는 능력을 갖추는 것이 당장의 영어책 읽기나 문법 공부보다 중요합니다. 물론 학부모라면 내 아이의 성과에 욕심 나는 것이 당연합니다. 그래서 당장 눈앞에 보이는 성과를 올리기 위해 눈에 보이지 않는 '비인지능력'보다는 지식을 외우고 시험문제를 풀어서 몇 문제라도 더 맞힐 수 있도록 '인지능력' 향상에 더 많은 시간을 쏟습니다.

아이 스스로 공부하려는 자세가 더 중요하다고 생각하던 부모님들도 당장 성적이 나오고 석차가 나오면 평정심을 유지하기가 참 어렵습니다. 사람이라서 그렇고 학부모라서 그렇습니다. 선생님인 저도 우리 반 아이들이 더 잘해주었으면 하는 마음이 있는데 부모님은 오죽하겠습니까. 그래서 당장의 성과가 눈에 보이면 기쁜 것도 당연

영어 시험 잘보는법

합니다.

하지만 '그럼에도 불구하고' 지금, 내 아이가 어릴 때 더욱 신경 써야 할 것은 '아이가 공부하고 싶은 마음이 드는 환경 조성하기'와 '스스로 시간을 관리하고 공부계획을 세울 수 있는 일정한 시스템 갖추기'입니다. 2단계 시스템 갖추기부터 일정한 시간에 잠들면서 깨어 있는 시간을 잘 활용하도록 계획을 세우는 것은 모두 이와 관련이 있습니다. 특히 자기주도학습력은 꾸준한 연습에 의해 만들어집니다. 어느 날 아침 하늘에서 뚝 떨어지는 것이 아닙니다. 자기주도학습력의 핵심은 '일정한 시간'에 '해낼 수 있는 분량'의 공부를 배분하여 실제로 해내는 것입니다. 이 능력은 시간관리와 계획 실행력이 더해져야 갖출 수 있는, 실로 어마어마한 것입니다. 막연해서 엄두가 안날 수 있습니다. 하지만 시스템과 시간의 힘을 빌리면 내 아이는 반드시 자기주도학습력을 가지게 됩니다. 초등 로드맵에서 강조한 2단계 시스템을 기억하실 겁니다. 이처럼 일상에 2단계 시스템을 반드시 도입하시고 아이는 정해진 시간에 잠드는 연습을 시작하세요. 정해진 시간에 잔다는 것은 단순히 수면의 양을 채우라는 뜻이 아닙니다. 자는 시간이 되기까지 아이 스스로 자신에게 주어진 시간을 체크하고 계획한 일에 시간을 분배하고 이를 실천해보는 경험을 꾸준히 할 기회를 주는 것입니다.

다시 한 번 밸런스 영어의 4개 축을 보겠습니다. 책의 초반부에 이 표를 볼 때는 아마도 영어책 읽기와 문법학습, 독해학습에 눈이 더

갔을 것입니다. 하지만 이제 표를 다시 보시면 학습동기와 자기주도 학습력이 차지하는 위치가 눈에 들어올 것입니다. 4개 축의 시작이 학습동기이고 마지막이 자기주도학습력입니다. 올라운드 플레이어 를 만드는 기본이 학습동기이고 완성이 자기주도학습력이라는 뜻입 니다.

이 틀을 갖추고 밸런스 영어를 유지한다면 고등학교 3학년까지 안정적으로 레이스하며 원하는 지점에 골인할 수 있습니다. 끝까지 밸런스 영어를 유지하는 자가 이깁니다. 고등학생이 되어서도 이 사 실은 변하지 않는다는 것을 단단히 마음에 새겼으면 좋겠습니다.

영어 시험 잘보는법

밸런스 영어, 수험생활에 힘이 된다

고등학교 3학년 수험생 부모님들은 그저 기도하는 마음입니다. 그래도 평상심을 유지하면서 그간 해오던 영어 습관을 바탕으로 밸런스 영어를 유지해 나가야 합니다. 고3쯤 되면 사실 공부습관이나 실력보다는 오히려 체력에 신경 써야 할 난세입니다. 평소 컨디션을 유지하면서 결석, 지각, 조퇴 없이 묵묵히 공부를 이어갈 수 있느냐 없느냐가 관건입니다. 고3이 되면 각자 선호하는 학습 방식이 있고 자신의 취약점은 어디인지, 어떻게 보강해야 할지를 알고 있습니다. 여기에 체력이 받쳐주지 않으면 아무리 공부계획을 잘 세워도 소용이 없습니다. 게다가 이 시기에 컨디션이 들쑥날쑥하면 초반 시스템이 흐트러져 집중력에도 영향을 미칩니다.

수시를 노리고 있는 학생이라면 더더욱 내신에 신경을 써야 합니다. 내신 성적 관리는 앞서 고1, 2 로드맵에서 설명한 방식을 충실히 적용하면 됩니다. 수능을 목표로 하고 있다면 수시로 입시를 마친 학생들로 인해 공부 분위기가 다소 풀어지는 경우에도 흔들리지 않아야 합니다. 고등학교 1, 2학년 겨울방학에 주 1회 모의고사 풀기를 하지 못했다면 이제는 정말 시작해야 합니다. 타이머를 이용해서 시간을 재며 풀어내는 연습을 해야 합니다. 문제당 대략 1분이라는 시간을 설정하되 자신 있는 문항은 빨리 풀고 이렇게 아낀 시간을 더 어려운 문항 풀이에 쓰면서 시간을 조절하는 연습을 해야 합니다.

수시로 대학을 가는 학생이라도 대학이 요구하는 수능 최저등급을 맞춰야 하기에 수능 준비를 꾸준히 해야 합니다. 사설 모의고사를 풀어보는 것도 좋고 기출문제를 풀어보는 것도 좋습니다. 자주 틀리는 문항은 앞서 소개한 csbi 단추 서비스를 활용하여 비슷한 문제 유형을 많이 풀어보아야 합니다. 또한 고2 겨울방학 때 미리 살펴보고 준비해둔 문제집을 풀 시간을 학교 수업 스케줄과는 별개로 빼두어야 합니다.

3학년 여름방학

취약점을 보강할 마지막 기회다

고3 여름방학은 사실상 스스로 공부를 점검하고 보강하는 시기입니다. 꼭 필요한 경우가 아니라면 인터넷 강의나 학원 특강 등 외부 강의는 줄이고 그보다는 오히려 1학기 동안 치른 모의고사의 오답 유형을 분석해야 할 시기입니다. 오답노트를 작성하고 여전히 취약한 부분을 집중 보강하는 쪽으로 공부의 가닥을 잡아야 합니다.

사실 고3 여름방학에 영어만 공부하는 것도 아니기 때문에 어느 시간에 얼마만큼의 공부를 진행할지도 정해야 합니다. 스스로 공부 패턴을 돌아보면 어느 시간대에 가장 영어에 집중할 수 있는지 찾을 수 있습니다. 예를 들어 오전보다는 오후가, 또 오후보다는 저녁이 영어 공부에 적합하다고 판단한다면 자신에게 맞는 시간대에 공부를 진행해야 합니다.

무조건 열심히만 한다고 능사가 아닙니다. 고3은 체력관리가 관건이어서 방학이라고 학기 중보다 더 많은 시간과 체력을 쓰겠다고 생각하기보다는 수업 부담이 적은 이 시기에 공부하고 싶은 영역과 취약한 영역에 시간을 재량껏 쓸 수 있어야 합니다. 여름방학이 지나고 나면 2학기는 모의고사 몇 번 치르며 눈 깜박할 새에 지나갑니다. 혼자서 차분하게 자신의 공부를 돌아보고 보강할 수 있는 실질적인 시간은 이때가 마지막입니다. 따라서 1학기 기말고사를 치르고 나면 곧바로 여름방학 계획 세우기에 돌입해야 합니다.

계획을 세울 때는 무모하게 범위를 넓히기보다는 실제로 소화할 수 있는 분량의 공부계획을 세워야 합니다. 또한 시간과 체력이 한정되어 있으므로 정말로 필요한 공부만 집중적으로 하겠다는 마음이 필요하고 계획도 당연히 그러해야 합니다. 의욕이 앞서서 다소 버거운 계획을 세웠다가는 방학 초반에 지쳐서 나머지 날들을 번아웃 상태로 그냥 흘려보내게 됩니다. 이 컨디션이 2학기까지 영향을 미칠 수 있으므로 여름방학 계획을 현실적으로 세우는 것이 아주 중요합니다.

예를 들어, 모의고사에서 지속적으로 빈칸 추론하기 유형을 틀리고 있다면 여름방학 기간 동안 그 유형만 모조리 풀어보고 공부하는 것입니다. 답이 어떻게 도출되는지를 여러 문제를 통해 공부하고 또 공부해야 합니다. 초반에는 속도가 붙지 않다가 몇 번 반복하다 보면 문제 풀이에 속도가 붙습니다. 그러면 예상보다 빨리 목표를 달성할 수 있고 다른 파트를 공부할 여력이 생기기도 합니다. 이때 하는 공부는 하나도 버릴 것 없이 집중도 최상의 상태로 머리에 남게 됩니다. 여름방학 목표를 달성하고 2학기를 시작하면 수월하게 공부를 이어갈 수 있습니다.

3학년 졸업 이후

대학, 취업에서도 통하는 밸런스 영어

초중고 내내 그렇게 영어 공부를 했는데 대학 가서 다시 토익이다, 오픽이다 영어 공부를 해야 한다고 생각하면 가슴이 답답해집니다. 특히 중고등학교 때 내신 영어와 수능 공부에만 매달렸다면 더욱 그럴 것입니다. 대학에서도, 취업에서도 통하는 영어를 생각한다면 자기주도학습능력을 바탕으로 한 원서 읽기와 교재를 통한 문제 풀이를 병행하는 밸런스 영어가 답입니다. 취업준비생들이 사회에 진출하기 위해 영어를 준비할 때도 마찬가지입니다. 마치 입시 공부를 다시 시작하는 것처럼 구문을 분석하고 기출문제에만 매달릴 것이 아니라 어떤 영어 문제를 만나도 수월하게 해결할 수 있도록 영어 원서 읽기의 습관도 꾸준히 병행해야 합니다. 이때의 원서 읽기는 당연히 공부가 목적이 아닙니다. 초중고 내내 밸런스 영어를 이어왔

영어 시험 잘보는 법

다면 원서를 읽는 시간은 시험에 대비하는 영어와 맞물려 각자의 영어를 더욱 탄탄하게 잡아주는 역할을 할 것입니다.

취업준비생들이 면접에서 가장 까다롭게 여기는 것이 영어면접이라는 기사를 본 적이 있습니다. 해당 기사 댓글에는 학교에서 말하기 수업을 많이 해보지 않아서 그렇다는 얘기가 많았습니다. 중고등은 그렇다 치고 대학만 가도 영어 회화로 이루어지는 수업이 많이 있습니다. 그런데 오픽이나 보익스피킹 등 영이 말하기 테스트 강사들이 강의 때 하나같이 입을 모아 하는 말이 있습니다. 말을 하기 위해서는 말할 거리가 있어야 한다고요. 말할 거리가 있어야 그다음 말하기 스킬도 적용하는 것이죠. 그 말할 거리는 어디서 올까요? 바로 중고등학교 내내 영어책을 읽으면서 접한 다양한 배경지식에서 옵니다. 그러니 취업에서도 통하는 영어에 이르려면 밸런스 영어가 필수입니다.

우리나라와 같은 EFL English as a Foreign Language 상황, 즉 영어를 모국어가 아닌 외국어로 접하면서 학교나 학원을 통해 배워야 하는 환경에서는 우선 영어책과 영어 DVD로 영어라는 언어의 참맛을 재미있게 접하는 것이 중요합니다. 흥미롭게 시작하고 차차 학습적인 면을 보충해서 학교 영어에서 좋은 성적을 거두는 것, 그로 인해 아이의 성취감이 올라가고 또 그것이 다시 자기주도학습력으로 이어지는 선순환을 이루는 것이 진정한 영어 잘하는 법이라 생각합니다.

밸런스 영어란, 온전히 실용 영어이거나 학교 성적에 연연하는 영어, 어느 양극단으로 치닫는 것이 아니라 실용적 목적으로 시작해서 영어에 대한 친밀감을 높이고 학교 영어 시험에 대비하는 능력까지 길러 끝내는 각자가 세운 목표에 도달하게 하는 공부법입니다. 영어 시험을 잘 쳐서 영어 자존감을 기르고 그 힘으로 이후에 마주치게 될 영어까지 잘하게 만드는 내공을 기르는 것. 그것이 밸런스 영어가 지향하는 바입니다.

영어 시험 잘보는법